名 / 师 / 教 / 学 / 书 / 系

上海名师课堂

中学语文 兰保民卷

兰保民 ○ 著

上海教育出版社

序一：在"教得好"上下功夫

兰保民老师将出版语文课堂教学专集，嘱我作序，我欣然应允。

早在第一次见面时，他就给我留下了极好的印象：朴实、沉稳，注意倾听，身上有书卷气。此后数年，在首届上海名师培养基地与语文德育实训基地的诸多活动中，他无不专心致志，积极投入，深入思考，屡有独特见解提出，给人启迪，使同伴受益。他是北京师范大学的正宗研究生，有扎实的语文功底、较广的文化视野、相当的教学能力，但从不以此自喜自傲，而是谦虚谨慎，勤奋好学，具备了成为卓越教师的第一重要品质。

较长时间以来，教师的思考与行动都在"教"与"考"的圈子里转，往往忽略或没有意识到自身学习的重要作用。教得好，首先是学得好；不重视学，不主动积极地学，肯定教不好。教海无涯学为舟，学生发挥学习的主动性、积极性，会问出上自天文、下至地理的各种各样问题，对学科知识能力会有各种各样奇思妙想的追求。教学如大海，无边无际，不学习，不开阔视野，不精研专业，不在学术和文化积累上下功夫，自己怎可能发展、成长？自己不发展，不成长，墨守成规，抱残守缺，怎能满足学生学习的内在需求？怎能激发学生旺盛的求知欲？"自己一桶水，教给学生一杯水"的时代已经远去，企图把求学时代获得的一桶水用一辈子，无论如何也适应不了时代发展对教育教学的要求。教师学习必须长流水，日有长进，月有长进，年有长进，才可能跟随时代持续前进。舍弃学习这条"舟"，孤陋寡闻，怎可能在教海中破浪前进？

现在是"万般皆下品，唯有考分高"，只要反复训练、机械训练出获高分的学生，其他如提高阅读素养，提高表达能力，提高教研、科研能力，改进教学内容、教学方法等等，一概油盐不进。如果分数能反映学生的语文应用能力，反映学生的语文综合素养，那当然是好事，然而，可悲的是高分低能，语文水平不佳已是不争的事实。高一高二年级按规定被挤压到每周三节课,明智的校长增加到四节课,一到高三年级,课暴涨,少则七节,多的每周十节,用于对应考试内容、考试题型反复操练。这种母语教学的"变态"大概在世界上也罕见。造成这种状况的原因十分复杂,但教师的认识进入误区不能不说是原因之一。有的教师认为"考"就是要拼命训练,和"教"和"学"割裂开来,殊不知学得好就能教得好,教得好就能考得好。这个"好"就是对语言文字理解、领悟、运用的真本领,有认识水平、思维能力、生活源泉、文化积累为支撑的。这个"好"是从根上抓,不是表面文章,在形式上排列组合。

兰保民的课在"教得好"上下功夫,备课首先对文本怀有敬畏之心,静下心来认认真真读懂作者写这篇作品的真意,读的时候,多问自己几个为什么,想得一清二楚,解答得有理有据,不主观臆断,不蒙混过关,不人云亦云,不搞教学参考书搬家,网上下载;备课、教课同样对学生有敬畏之心,了解、研究学生的语文基础、学习兴趣、性格特点、学习追求所在。知之真切,教材处理就成竹在胸,删枝叶,强主干,制定切合实际的教学目标,并卓有成效地实现。集子里收录的一些课堂实录生动地显现了他钻研的功力,教学的智慧。课神采飞扬,构建的教学磁场中语言、思想、情感、思维常亮点纷呈,参与者全神贯注,听者动容,畅游在祖国语言文字编织成的锦绣之中,共同享受语文美的幸福。

这种认真、执着、毫不懈怠、常富有创意的工作,植根于教育自觉,植根于内心的深度觉醒。中国人有很强的历史使命感,世界上具有这种"天降大任"使命感的民族不多。兰保民的成长过程,受中华优秀传统文化的熏陶感染,教书育人的使命感很强,有担当意识。且不说教育教学工作,即使额外加的种种任务,如申请课题报告的起草,编写书籍的框架搭建,学员稿件的批阅、修改等,他均勇于担当,再苦再累也毫无怨言。在当今功利思潮横行,熙熙攘攘利来利去的情况下,这种担当意识、奉献精神尤其显得可贵。

在语文教学现状与走向众说纷纭的今朝,希望有志的教师继续振奋精神,加强学习,深入钻研,既有破解难题之勇,又有破解难题之艺,群策群力,恩泽莘莘学子。

于　漪

序二：春风化雨

我有时兴之所至,也会写些什么,但总是随意涂抹几笔,很不成个体统,也从没想过还有付梓的可能,所以老师开口约稿很是让我受宠若惊了一番。但接着就是为难,不知该从何处下笔。借用前人的一个比喻,"现实这东西是没有系统的,像七八个话匣子同时开唱,各唱各的,打成一片混沌。在那不可解的喧嚣中偶然也有清澄的、使人眼亮的一刹那,听得出音乐的调子,但立刻又被重重黑暗拥上来,淹没了那点了解。"所以在我记性不甚好的脑子里,语文课,还有兰老师,给我留下的影像竟然也是一些模糊的片段。

影像之所以模糊,可能是因为高中三年的校园生活时光里,留下了太多兰老师的影子吧。比如我们拿鲁迅与朱安说事,觉得大先生对这位妻子实在很不公平,兰老师便尽量全面地给我们解释这件事,并让我们理解,看历史不能随意地主观代入;比如学《子路、曾皙、冉有、公西华侍坐》的时候,我说自己最喜欢的是被孔子"哂之"的子路,因为他直率可爱,没想到兰老师调皮一笑,告诉我说他也是,遂引为知音。为此他还特意写了篇长文,题名就叫"子路的知音",很有一番独抒怀抱的意趣,与课上所讲全然不同;再比如毕业典礼上,毕业班的所有老师为我们合唱《真心英雄》,其中兰老师的音调是最为铿锵豪迈的。

而更多大块的记忆是关于语文课的,所以还是先从兰老师的课堂入手吧。

兰老师的课,似乎可以用上一些壮阔的句子,比如"高远如山,广博如海"什么的,但似乎又不是。之所以说可以,是因为我们那一届同学,虽然难称智者仁者,但在兰老师的课上,却是每人见山见水,受益各自不同;之所以说不是,是因为高山大海那种牛烘烘的气势,与我印象中兰老师课的样子并不相符,当然那也不是我所认为的好的课堂所应该呈现出的氛围。我觉得,好的课堂应该能够通过启发与鼓励,潜移默化地传递给学生一些东西,一如春风化雨。

《孟子·尽心上》言:"有如时雨化之者。"以风雨滋润草木的生命,以知识熏陶学生的成长,古人对于教育的定义已经很是贴切了;无独有偶,彼得·威尔导演的同名电影《春风化雨》(又名《死亡诗社》),则具象地描绘出了一种适时引导和助力的教育方式,片中主人公基廷老师教学生喊叫出内心的诗意,用爆发力激荡出对于人生的感悟,曾经给我留下深刻印象,他对教育价值的这种追求,让我不由自主地联想到了兰老师,所不同的是,兰老师的方式显得含蓄且适宜得多。他鼓励我们说出观点,并且不会轻易地作出否定,让我们在回答问题的过程中获得认同,于是我们自然而然地从羞于表达的扭捏蜕变成了渴望分享的积极,在逐渐轻松的课堂氛围中开始有了"说"的欲望。

我记得曾有一堂课学习柳宗元的《始得西山宴游记》。那时我的想法有些偏执,总觉得中国的古人大约都是有些登高癖的,非凌于绝顶不能显其坚毅豪迈。难道不爬山就感知不到人之一生的渺小了吗?不登顶就寻不到忘怀尘世的智慧了吗?对于像我这种在阅读中惯常出现的颇有些强盗逻辑的思维方式,我还记得兰老师作出过极精准的批评:"文字狱就是这么来的。"

但总之我当时对这些作品非常不以为然,对诗词的理解也喜欢剑走偏锋。那堂课上我被提问"此山因为这篇作品而闻名,那么如何……"这样的问题,但我满脑子想得却是:"我如果是这座山的话,当为自己一大哭!"这显然不符合老师的提问意图,是以我支吾了半天,答不出一个字,索性心内一横,憋出了一句:"我不知道!"

但兰老师通常不会姑息这种懒于思考的表现,"怎么会不知道呢?你对于这句话的看法是怎么样的?"

"看法……我的看法是,如果此山真因为这篇作品而闻名,那么这不该是它的荣耀,而应该是一种……羞愧或者耻辱。"

话说到这,我以为已经很明白了,潜台词就是"我理解错了,所以给不出标准答案,您另请高明吧"。但不成想兰老师的表情却变得更为和煦,一脸兴味地鼓励我继续说下去。而我突破了这种自我否定的障碍之后,表达上也破罐破摔出了一种顺畅:"这座山存在了不知多少万年,生命何其之长,但真正引起世人瞩目的,却是相较于它说非常渺小的一个人,以及一篇文章。那对于这座山来说,不是很可羞耻的一件事吗?"

我至今仍然记得,听完这个离经叛道的、有点儿近乎令人绝望的答案后,兰老师竟然挥挥手示意我坐下,说了一句:"这不是很好嘛!这样的理解也是可以的,为什么不敢说出来呢?其实你恰好说出了文化的力量啊!"

不敢说,是因为多年浸淫于采点抓分等等关乎答题技巧的训练,早已认定那些离经叛道的、不合常规的所谓错误观点没有表达出来的必要;而兰老师却试着让我看到标准答案之外的一些东西。有句话叫作"文无第一,武无第二"。从不同角度思考问题,用不同的方式表达想法,这才是语文学习的常态,人世间哪有那么多对错可言?语文很多时候需要凭自身的经验和积累去理解与感悟,没有人能保证说自己的看法就是尽善尽美的。兰老师还让我明白,观点和看法容许不同,但其中却有浅薄与深刻之分,摒弃浅薄并逐渐走向深刻,正是语文学习应该着力之处。而有些看来似乎毫无意义的问题,其实是在考验并雕琢着我们的理解力。是以,"你恰好说出了文化的力量"这类话给我留下了非常深刻的印象,甚至影响了我的思维方式。

兰老师的板书也充满着这种温润的提点。作为外行我实在说不出老师的字到底算好还是不好,据班里练过书法的同学说是颇有点功底的,可惜我不懂。但他写字时执笔很是用力倒是众所周知的。值日生擦他的板书总得多费点力气,还得扫掉一地被写断了的粉笔头,但兰老师从不悔改,还总是嘴硬:"你们班的粉笔豆腐依旧啊……"

但我很喜欢兰老师的板书,简洁质朴,极少有那种叠床架屋的系统结构,也不会长篇大论让学生抄之不已。他总是头脑风暴似的想到一个关键词,写到黑板上,然后慢慢串联出一篇课文的重点,简明扼要,提纲挈领,有时候甚至还会让人感到一点儿美的味道。

甚至还有些时候,上他的课可以完全用不到黑板。我一向觉得课文才是一堂课的根本,所有板书、课件不过是工具上的延伸,是辅助课堂的手段。一位老师如果能够单纯地用语言把一篇文章解析得条理分明,那才算得上是着眼于根本,也最能见其功力。作为学生,我当然不懂教学,因此我只能十分固执地认为,兰老师的语文课应该算是教得不错的,这大概不算出于"老师总是教自己的好"的偏心吧。

在我的记忆中,兰老师的课没有填鸭式的灌输,取而代之的是鼓励学生自我摸索、感知文章的结构思路,体会语言文字的味道。这种讲课风格,不知道是不是他的自觉追求，但我记得老师曾经带着些许文人的酸意向我们介绍过他的别号——"雨润轩主人"。其时我颇捂了一会儿腮帮子，而有位一向调皮的同学则在讲台下小声嗤笑："哟，火腿？"课后，当我带着好奇询问其出处时，兰老师的回答是："随风潜入夜，润物细无声。"背面敷粉，暗合了"春风化雨"的含义。故而我总觉得老师给自己取这么个别号，总有些自我表扬兼之自我激励的意思。

就这样，在不觉间兰老师陪伴我们度过了高中三年的时光。这三年学习的过程在书山题海中飞逝而去，但回过头重新审视自己对于语文的看法认识，才惊觉在潜移默化中已被影响了许多。

我自认为是喜欢语文的，虽说不上有多么擅长。在我看来，语文应该是一个感知、体悟和欣赏的过程，穿透纷繁复杂的表象，去理解文章的观点，聆听作者的心声，体会文字的美好，这个过程本身就足以使人沉醉其中，可为什么那么多的教辅与考题却一味专注于传授或测试答题的技巧呢？"言为心声"，语文不就是表达人情、人性和人心的吗？人同此心，心同此理，有好多东西本来就是"悠然心会，妙处难与君说"，根本犯不着多余的解释，而有些考题却非要我们学生勉为其难地去做翻来覆去的模式化解答，全然无视正常人心智与情感的共通性，这样的解答对我来说实在是困难，是以高三时每当遇到这样的题目，我笔下涂鸦的小人儿就显得格外暴躁。好在兰老师的课在应试技巧上也注重启发与引导，这多少让我笔下的小人儿安详了一些。据我的理解，老师虽然不满应试训练的俗套，却也并非犬儒之辈。他到底还是一个现实主义者，只是略微发着点儿理想主义的烧。

这些天断断续续地回忆着兰老师的课堂，而且写得极慢，因为想着想着就开始跑题。回忆这东西总是牵牵绊绊，零碎的片段俯拾皆是，兰老师的身影也左一个右一个地穿插其中。想来也是，都说是春风化雨，那自然是无孔不入而又难于描摹的了。

蔡飏飏

（作者系上海市敬业中学 2008 届学生）

序三:从宿命走向自觉
——我的语文教学成长之路

我常常想,如果说当一名中学语文教师是我的宿命,那么这一宿命是从什么时候便已种下根由了呢? 仔细推算一下的话,恐怕应追溯到 1986 年吧。

1986 年,我要读高二了。在那一年的文理分科时,我竟然选择了读文科! 那一年文科只有一个班,班主任恰巧是语文老师,他让我担任语文课代表,推荐我读了很多文学作品。两年后在他的指导下,为了确保万无一失,我填报了一个定向志愿。这个志愿令我很纠结,——因为师范,我很不情愿;因为中文,我又颇多向往。管它呢! 反正是定向,主要用来托底,一般不会作数的。没想到,"Duang",我一头撞了进来,从此与语文教师的宿命结缘。

这样看来,为了做好一名语文教师,从 1986 年我就已经开始准备了,三十年来一路磕磕绊绊,一直走到今天。我不禁自问:语文教学之路,你走明白了吗?

我的语文学习情愫

1992 年夏天,我大学毕业了,懵懵懂懂地踏上了语文教学之路。

说实在的,对于做一名中学语文教师,我确实没有思想准备,不像许多老师那样,很早就把这当作自己的理想。我是一个农村孩子,对于职业的选择,似乎从来就没有好好思考过。父母和周围的人也从来没有预设过我的人生走向。在他们心目中,好好读书,将来能够"吃上国家粮"就行了。他们看我还算机灵,对我的期许也就比较高。在他们期许和鞭策的目光护送下,我一路以优异的成绩走到了大学的门口,又阴差阳错地踏进了语文教学的门槛。

不过,我真爱语文,这份爱是从小培养起来的一份深深浓浓的情怀。

在我还只有四五岁的时候，每到晚上，忙碌了一天的父亲就用一本扫盲用的《识字课本》教我认字，有时就着皎洁的月光，有时就着如豆的灯光。现在想来，我的童年是被月光和灯光一起照亮了。

等到上学后，那一篇篇或深或浅的文章，在我面前展现出一个个用文字编织成的美妙世界：这里有小英雄雨来的故事，有卖火柴的小女孩无尽的忧伤；有杜甫的黄鹂和白鹭，还有李白的酒杯和月光……我忘情地投入到文字的世界里去，有时竟然差点闹了笑话。记得刚读初一的时候，从同学那里借来了一本《少年文艺》。周末的上午，阳光很好，我拿出那本书，在院子里读了起来。当我停下来抬起头，竟然发现我家低矮的院墙上露出好几张微笑着的面孔。我这才知道，是我不知不觉高声朗诵的声音引得他们前来探个究竟。

读高中的时候，我成了一名住校生，于是就有了每月五块零花钱，可是我却不大舍得花它，我还要用它买书呢！现在想来，我真正的阅读是从高中才开始的，三年的时间，在教我语文的赵春法老师引导下，我或借或买，读到了钱锺书的《围城》、沈从文的《边城》、老舍的《我这一辈子》、张爱玲的《金锁记》、戈尔丁的《蝇王》，还有《丁玲短篇小说选》、姚雪垠的《差半车麦秸》、路遥的《人生》、王蒙的《青春万岁》、茅盾的《蚀》，等等。尤其是沈从文的《边城》，那文字幻化出的清冷冷的水，水边的白塔，白塔下的老人和翠翠，翠翠梦中月下的虎耳草，简直让我如醉如痴，我反反复复不知读了多少遍。

大学毕业后，凭着对文学的一腔热爱，我无知无畏地踏上了讲台，读书和教书，构成了我一个单身教师的全部生活。用"一窗明月半床书"来概括我那时的生活，实在是很恰当的。每天学生放了学，校园归入沉寂的时候，我的内心也就归入沉寂中。在简陋的单身宿舍里，用替换下来的课桌作为书桌，我不分古典和现代地进入了阅读和写作的世界。我的读书毫无计划性可言，比如，有时我会连续几个晚上重读一首短短的唐诗或宋词，有时又会连续一段时间沉浸在经典小说的世界里，有时会关注当代作家新作，有时又会研读学人论著。但是我对自己提出了两个要求：第一，读必有得，有所得必有所记，不在乎是否能够发表。这种锻炼，一方面为我排解了孤独和寂寞，同时也提升了我文本解读的能力。作为这一时期的成果，我在大学学报上发表了几篇解读、阐释经典文本（如李白的《忆秦娥》、施耐庵的《水浒传》、苏童的

《纸》、韩愈的散文、沈从文的小说等)的文章,还因此有幸当选为市文代会里的教育界唯一一个代表。第二,我要求自己把阅读和教学结合起来,通过自己的阅读,带动学生的阅读。凭着一腔热情,我积极开办读书讲座,跟学生交流读书心得,组织学生开展读书交流会,刻印学生的优秀读书笔记,作为文学社团刊物的特刊在校内发行。于是,校园内读书氛围变得越来越浓厚,书香四溢,学生对语文学习热情高涨。

看到这样的局面,我很有成就感。把自己对语文的这份爱,传递到了学生身上,其乐何如?

我的语文教育启蒙

我读的是师范大学,但是,说来惭愧,我的大学学习却差不多是跛脚的。除了上课之外,我基本上把自己全部泡在了图书馆里读书,兴之所至地写文章,但在我的时间表上,却基本上没怎么给教育类课程留出多少位置。我的所有中文专业课程,成绩都很优秀;而涉及教育教学类课程,如《教育学》《心理学》《教师伦理学》《中学语文教学法》等,成绩都不怎么样。我在大学里最大的收获,一是理想情怀的培育,二是满满当当的几箱书。记得刚分配到中学时,许多老教师见到我这个新教师第一面,总会很好奇地问道:"听说我们学校的司机师傅给你拉回来一车书,是真的吗?"

真正对我进行教育学启蒙的是我的学生们。

大四的最后一个学期,我们中文系差不多所有同学由学校统一组织参加教学实习。去的时候还是春寒料峭,回来的时候却已经是杨柳依依了。在学校我上了第一堂语文公开课,体验到了语文教学给我的成就感。在听了我的几堂课后,带教我的吕老师竟然找到了我们中文系带队老师,商量安排我上一堂面向学校老师和所有实习同学的公开课,这是我始料不及的。于是怀着兴奋、激动、紧张和不安,我的第一堂公开课《小桔灯》鸣锣开场了。平心而论,一个刚刚踏上讲台的实习教师,课能讲得好到哪儿去呢? 可是,在我的带领下,那些天真的初一孩子对文中小姑娘的理解,他们的感动,他们的奇思妙想和富有感情的朗诵,尤其是那个因为激动而声音有些微微颤抖、小脸微微发红的小刘同学,让我俨然看到了自己童年和少年时期的影子。啊! 能够带着孩子们在文字的世界里做属于自己的梦,这是一件多么美妙的事情啊! 我第一次体验到了语文教学的乐趣。

对我触动更大的是我校一位英语老师的儿子小王同学。他对任课教师很挑剔，但是对我这样一位并没有多少教学经验的老师，他却丝毫没有轻忽之意。每次上课，他都那么投入。那专注的眼神，那动情的朗读，那积极的发言，还有那些从他母亲那里传来的对我的敬爱之词，都让我这名新教师备受鼓舞。两年以后，因为父母工作调动，他离开我校，到青岛就读去了。没过多久，我收到了他母亲的一封信，信中说，小王同学总是拿现任老师和我比，语文学习几近荒废，问我怎么办。我感到又焦急又惭愧，只好一次一次给他写信，并趁他回家探亲的机会和他谈话，好说歹说总算有所好转。

　　这件事对我触动很大，它让我认识到，一名语文教师，如果不能够通过教学彰显语文本身的魅力，那么，即使学生喜欢上你的课，也不会保持对语文恒久的兴趣。不仅要让学生喜欢你，而且还要让学生喜欢语文，这才是一个合格的语文老师应该尽到的责任。

　　1997年春节过后，我要到北京读研究生。我知道我所教两个班的学生非常喜欢我，很怕他们来送我，心里难过，再说又是晚上，因此，临走之前是悄无声息的。夜色慢慢浓起来，候车大厅里的灯光越来越亮了。正当我一个人百无聊赖地等待晚八点的火车时，从大厅的入口处传来了一阵喧闹的声音。我抬头望去，只见一群孩子，一边东张西望着，一边向厅内走了过来。那不是我的学生们吗？我胸口一热，心里面说不出是什么滋味，真不知道他们是从哪里打听到的消息。就这样，我们在一起说着，笑着，把个寒冷的大厅说笑成了一个暖意融融的春天，引得周围的旅客投来一片别样的目光，而我也顾不上那么多，恣意地享受着这由学生的爱所形成的温暖的世界。

　　坐在火车上，我一边回想着候车大厅里的情景，一边望着车外的月光发呆。火车疾速地行驶着，天上的月亮和我的思绪一起在飞。

　　一个老师，凭什么能够得到学生这样深深浓浓的情意？怎样才能不辜负学生对我的这份爱敬？我由衷地感谢这些我爱的和爱我的同学们，是他们给我启蒙了教育学。书本里学的那些干巴巴的理论和教条，就像沙漠玫瑰一样，是在他们甜甜的笑脸、伤心的眼泪和浓浓的爱意滋润下，才绽放在我的心中，变得鲜活起来，生动起来。我想，教育教学原理千千万，处于最核心的元素恐怕就是乐趣、爱意和责任吧。

我的语文教学自觉

20世纪90年代,在原山东省教研室语文教研员、著名特级教师吴心田老师指导下,齐鲁大地涌现出一大批语文教学才俊。有一次,我有机会参加了山东省高中语文十佳青年教师评选暨初中优秀课堂教学展示活动,观摩了很多名师的课堂教学,大开了眼界。我一边学习,一边反省自己,认识到自己往往在教学上热情有余,却缺乏应有的艺术性,反观他们,竟然能够把语文课上得那么精彩,令人由衷敬佩。

带着这种见贤思齐的心情,我做了一件在别人看来很痴狂的事。当时,我每月的工资只有480元,却购买了一台价值2900元的松下牌录像机。要知道,这在当时,绝对算得上一件奢侈品。我没有别的目的,就是为了能够更方便、更充分地研究优秀课例。为此,我四处搜集优秀教师的教学录像,认真揣摩他们每一个教学环节的匠心独运之处,用心领会每一堂课课堂设计的精髓之所在,并试图落实在自己的课堂教学上。经过一段时间的实践和探索,我的课堂教学在整体设计和具体环节处理上有了明显进步。

可是,没想到我栽了一个大跟头。1998年在有近千人参加的全省教研会议上,我应邀执教莫泊桑的《项链》。那堂课,我是精心准备的,很为教学过程中许多所谓"匠心独运"的设计而自鸣得意。我跳出当时"批判玛蒂尔德小资产阶级虚荣心"的主流解读而另辟蹊径,围绕"玛蒂尔德对幸福的追求"设置教学环节,形成了"燃点"十足的课堂景观。颠覆性的课堂教学结束后,学生涌上来,意犹未尽,恋恋不舍,请求"再听一节兰老师上的课"。做过老师的人都能体会,能获得学生这样的肯定与追捧,作为老师的幸福感与成就感,确实是满溢出来的。然而,当我怀着兴奋的心情去请教吴老师时,却遭到了吴老师的严厉批评:"你这堂课本来我没打算去听,但还是觉着不放心,就站在会堂入口处看着。整堂课你让学生读课文的地方只有一处,这是教语文吗?"还没从课堂的巅峰状态中回过神来的我,瞬间如坠深谷。

这件事对我触动非常大,多年以后,回想起当年的情景,我认识到,吴老师的批评,无异于禅师对弟子的"当头棒喝"。对于在语文教学路上前行的自己,这样的"当头棒喝"绝对是必要的,有益的,换一个角度来看,这未尝不是前辈专家对一位年轻教师的期许。而对于一个正在成长的教师而言,只有具备一种愿意接受质疑的胸怀,才能虚心接受批评,不断反思,并以此为新的起点,展开对语文教育更漫长、更执着的追寻与求索。

从那以后,我逐渐摆脱浮躁,陷入沉寂,在不断的阅读和思考中展开了更深层次的追索。尤其是 2006 年进入于漪老师的名师培养基地后,一次次说课、听课、讲课、评课,一遍遍深入研读于老师著作,我对语文教学的理解逐渐加深。在这期间,我不仅努力领会于漪老师对我课堂教学的指导意见,而且还精心选择了于漪老师在各种语文教学现场的九个评课案例进行深入研究,写了《语文课堂教学评课智慧》一书。这个过程,既是对一位语文大家教育智慧的学习过程,也是我的语文教学逐渐走向成熟、走向自觉的过程。

在学习过程中,我越来越明白这样一个道理:语文教学绝不是摆摊头、说相声、耍杂耍,而是一门科学性和艺术性密切融合的"教文育人"的大学问。一堂好的语文课,并不在于是否能够另辟蹊径出奇制胜,也不在于教师是否把自己从文本中读出来的东西完整地教给了学生,也不应是学生对某一人文话题的辨析与探讨;而是教师要扎扎实实地带领学生去品读文本,感受语言文字本身的魅力,教会学生如何从文本中读出自己的体验,得出价值层面的感悟和理解。一堂好的语文课,应该达到一种"激情与理性交融、学术与艺术共舞"的境界:教师的所谓教学激情,绝不是一味声嘶力竭的呐喊,而是基于文本思想、情感的深刻理解和感受而自然产生的教学动力;而教学理性的体现,不仅在于对文本语言结构、表达思路的清晰把握,更重要的是对学生学习心理的牵引、疏导和优化,二者合一,聚焦在学生的语言理解感受和表达能力、思维能力、审美品质的提升上。语文课,不仅要让学生心灵丰富、善良而又高贵,还要让学生头脑聪明。语文课堂没有艺术氛围,就没有感动人心的力量;没有学术意味,就没有启迪智慧的功能。因此,语文教学就要在立足文本核心教学价值的基础上,精心设计教学过程,让学生在文本阅读和语言揣摩的过程中产生内心的颤动和智性的开悟,从而受到文化的熏陶,获得语言智慧,提升思维水平和审美品质。

2016 年 4 月,我在《语文学习》第 4 期上发表了《经典重读课型的教学意义——以〈项链〉重读教学为例》一文。古人十年磨一剑,我用 18 年的时间将《项链》这篇课文在课堂上重新淬炼,也算是对当年敲醒自己的吴老师的一个交代吧。

在自己的语文教学成长之路上,如果说当年吴老师的批评类似于佛家的"当头棒喝",那么于老师的谆谆教导则无异于"醍醐灌顶"。那是一种"一直在追寻的声音"的感召和引领,那是一种满怀"使命感""信仰"和"情怀"的感染与激励。于老师的教诲,要求我不断地去开掘源自生命本身的职业动力,要求我始终坚持"独立思考"的姿态,在语文教学纷扰的乱象和喧嚣的噪声中时刻保持清醒的头脑。我深知,与众多优秀的语文教师相比,我还差得很远,我对语文教学的理解,还有很多肤浅、狭隘、不准确、不清晰的地方。但是我同时也深信,只要一如既往地不断努力学习、实践和探索,语文教学之路总会越走越明白,越走越亮堂。

兰保民

目 录

1. 项链

学生：上海市江镇中学高二(2)班

时间：2013年5月23日，下午第二节

【课堂实录】

师：刚才文本一发下去同学们就知道了，这堂课我们要学的课文是《项链》(板书：项链)。对同学们来说，这是一篇比较熟悉的文章，在高一下学期咱们曾经学习过。有同学可能要问了，这篇课文已经学过了，为什么还要再拿过来学习呢？这其实就是我们这堂课要回答的问题。《项链》是一篇经典小说，经典往往是常读常新的，今天这堂课我们就来看看，同学们重读这篇经典小说，能不能读出点新的东西来。我先要问问你们，高一时学习这篇小说后，你们学到了什么？(学生纷纷翻书)

生：这篇小说的情节安排很有特点，结尾出人意料，又合乎情理。

生：还有伏笔。

师：(板书：小说情节)还有吗？

生：玛蒂尔德这个人物的性格，她有虚荣的一面，也有诚实的一面和勇敢、坚强的一面。

师：一面一面又一面，好丰富好复杂啊，让我们认识到了人物性格的复杂性。还有吗？

生：不光玛蒂尔德有虚荣心，小说中写到的其他人物，像路瓦栽先生、佛来思节夫人，甚至珠宝店老板、赶马车的，他们都有虚荣心。

师：就是说玛蒂尔德是个典型人物，这篇小说对当时社会有批判性。这些理解应该说都没有什么问题。那么今天我们能不能再读出点新的东西来呢？咱们一起来努力哦。大家看第 11 页，咱们把最后一部分读一读。

（学生自由朗读最后一部分）

师：你觉着路瓦栽夫人和佛来思节夫人见面谈话时心情是怎样的？结合具体语句说说看。

生：她有点得意，课文里说"她带着天真的得意的神情笑了"。

生：我觉得她这时候的心情是坦然的，她对佛来思节夫人不再隐瞒什么了，把项链的真相都告诉了佛来思节夫人。

师：好的，在这一部分里，我们看到了一个在高贵的佛来思节夫人面前坦然甚至还有点得意的玛蒂尔德。同学们想一想，她原来见到佛来思节夫人或者去找这个当年在学校里的好朋友的时候，是一种什么样的心态呀？

生：原来她害怕去见佛来思节夫人，课文里说，当玛蒂尔德去还项链的时候，她很担心佛来思节夫人打开盒子。"如果她发觉是件代替品，她会怎样想呢？会怎样说呢？她不会把她的朋友当作一个贼吗？"

师：这里讲了玛蒂尔德唯恐佛来思节夫人发现项链的真相，心里忐忑不安的，但主要是因为项链被她偷梁换柱了，而不是因为对方是佛来思节夫人，不是因为这位朋友很高贵。

生：在第 7 页第三段。（师：你读一读。生读）"她有一个有钱的女朋友，是教会女校的同学，可是她再也不想去看望她了，因为看望回来就会感到十分痛苦。由于伤心、悔恨、失望、困苦，她常常整天地哭好几天。"

师：佛来思节这个朋友身份很高贵，家庭很富有，玛蒂尔德不愿意去见她。"再也不想去看望她了"，为什么？

生：因为她没有钱，没有好的家境，没有很高贵的身份，见到佛来思节夫人后就会感到很自卑，她本来就很悲伤，见到好朋友过得那么好，自己很一般，她心情就更加难过。

师：就是说在佛来思节夫人面前她心态很不平衡是吧？好，前后对比很鲜明。在这个基础上同学们思考，玛蒂尔德为什么前后会发生这么大的变化？难道在极乐公园见到佛来思节夫人时她富有了吗？身份高贵了吗？她有了好的家境了吗？

生：（纷纷）没有，更穷了。

师：是的，没有，反而她比原来物质上更加贫穷，身份更加卑微，家境更加窘困。可她为什么心态会发生那么大的变化？

生：因为这么多年她那么辛苦地劳作，利用这么一个机会，她可以发泄出来。

师：这位同学用了一个词——发泄。

生：还有这些年她为了还清债务，可以说受尽了劳累，她不再梦想过上那种日子了。

师：她不再沉溺于梦想了，经过十年的辛苦，为了还清债务，她拼死拼活地劳作，这好像让她懂得了点什么，是不是？

生：她经过十年的磨砺，经历了许多事情，把原来那些坏的毛病慢慢地改掉了，比如她的虚荣、自卑。

师：大家认识到了玛蒂尔德前后的变化。那么，她之所以会发生这么大的变化，和小说情节发展过程中哪一个环节密切相关？

生：赔项链。

师：她不得不去赔一挂昂贵的项链，因为她把借来的项链弄丢了。这是无妄之灾，飞来横祸，一下子把她抛入一个按原来生活发展逻辑不可能出现的生活境况之中，让她不得不面对非常残酷的现实。所以说，失项链这一环节，在小说情节的安排中很重要。小说中的情节有两大类，一类属于顺势情节（板书：顺势情节），这类情节按照生活发展本来的逻辑自然发展，没有超出生活常规；另一类属于逆势情节，超出生活常规范围，古希腊的亚里士多德称这类情节叫"突转"，就是说一些偶然的事件、突发的事件，让主人公不得不面临严峻的考验。这时候主人公必须对这类突发事件、特殊事件作出自己的选择（板书：逆势情节）。那么同学们想一想，在失去项链的时候，玛蒂尔德度过危机的办法除了"赔项链"之外，还有哪些选择？她为什么没有那样去做？

生：她还可以把这件事情如实地告诉她的朋友，但是我觉得玛蒂尔德不会这样做，这不是她的风格。

师：她什么风格？

生：她是要硬撑的，你看她明明买不起项链，却不肯戴玫瑰花去参加夜会，还要向朋友借项链去撑门面，弄丢了项链应该也是一件丢脸的事吧，她当然不会说了。

师：能撑过去就撑过去，对吧？"硬撑"！这个词又通俗又新鲜，还很准确，不错。她还有其他选择吗？

生：她还可以去买挂假项链，但是她没有这样去做。

师：她为什么没有这样做呢？去买挂假的，一旦糊弄过去，不就什么事都没了吗？

生：可是一旦被人家看出来，那坍台就不是一点点了，就像刚才×××说的，这也不是她的风格。

师：坍了台就彻底垮掉了，就再也撑不起来了对吧？看来她的这个"风格"在情节发展过程中一直在发挥作用。这两位同学所说的这个"风格"，其实就是人物行为的性格逻辑。（板书：性格逻辑）

师：如果不去考虑人物行为的这种性格逻辑的话，其实即便借下了债务，玛蒂尔德还是有别的选择，比如——

生：把债务扔给路瓦栽先生，自己跑掉，或者……或者改嫁别人。

师：很有想象力，有依据吗？

生：当然有，课文中写了在舞会上她出尽风头，很多有头有脸的人物开始注意她、喜欢她了。

师：嗯，听上去蛮有道理，那我们判断一下，这合乎玛蒂尔德的风格吗？

生：我认为不符合，我认为这只是情节发展的一种可能性，并不合乎人物性格的逻辑。

师：这位同学开始学会用性格逻辑来考量人物的所作所为了，进步很大呀。能不能说得再具体一点？

生：玛蒂尔德虽然有爱慕虚荣的毛病，但是我认为她道德品质并不坏。

师：何以见得她道德品质不坏呢？

生：当项链丢失了以后，玛蒂尔德和她先生一起整整一个星期都在寻找项链，这期间，为了能够拖延时间，她给佛来思节夫人写了一封信，这虽然是在说谎，但从另一个角度来理解，可以看出她是一个遵守约定的人。

生：还有就是项链丢失后，作者是这样写的："她面对着这不幸的灾祸，整天等候着，整天在惊恐的状态里。"这说明她对自己即将面临的处境是有心理准备的。她的惊慌和恐惧说明她极有可能要为这个事件的后果承担责任。

师：好，我们小结一下，她守信用，她自尊，她有责任感，像这样一个人，当事件发生的时候，让她抛弃路瓦栽先生去走自己所谓的阳光大道，她能做出来吗？

生：不能吧。

师：为什么？

生：她如果那样去做，就不用去承担由债务带来的沉重的生活重担了，从物质生活上来说她可能会无忧无虑，但有可能要被人议论，人们很可能会在她背后指指戳戳，说她是一个怎样怎样的女人。

师：也就是说那是一种让她尊严扫地的做法，所以她决定偿还这笔债务。那么咱们把她做出决定的这一段读一读吧。读的时候体会一下，这一段中哪个词语用得有点特别。

（生读"路瓦栽夫人懂得穷人的艰难生活了……租赁了一个小阁楼住下"）

生：我认为"毅然决然"比较特别。

师：说说你的理解。

生："毅然决然"就是非常坚定，毫不犹豫，连用了两个意思差不多的词，可以看出玛蒂尔德有股子狠劲儿，她勇敢地和路瓦栽先生一起挑起了偿还债务的重担，她没有选择逃避，把债务扔给路瓦栽先生。

生：我认为"英雄气概"在这里也很特别。

师：为什么？

生：英雄一般都是很高大的形象，像玛蒂尔德，不管从身份、地位还是从她的事迹看，都很难称为英雄。

师：对呀，玛蒂尔德怎么能成为英雄呢？一般来说，人们对英雄是有比较固定的理解的，比如他应该做出怎样的事情。

生：英雄往往会在危难关头挺身而出，做出一些一般人做不出的事情，让人肃然起敬。比如看到有人落水了，毫不犹豫地跳下去救人，再比如在危险面前挺身而出，还有路见不平、拔刀相助什么的。（众生笑）

师：也就是说，在人们心目中，英雄一般是能为了别人做出一番壮举的人，为了别人或群体而牺牲自己的利益乃至生命，他的行为往往带有拯救和捍卫的意味，对吧？那么同学们想一想，玛蒂尔德这股英雄气概与一般意义上的英雄行为有什么不同？（生沉默片刻）可以互相之间议论议论。

生：老师刚才说了，英雄往往是拯救别人的，我觉得玛蒂尔德这个决定，实际上是在拯救自己。

师：是一种自我拯救对吗？（板书：自我拯救）理解得很有深度啊，能不能说得详细一些？

生：前面说到玛蒂尔德的虚荣心，我认为这一点是不能回避的。玛蒂尔德很想过上有钱人的生活，吃得好，穿得好，有面子。在夜会上她引起别人的注意后，我觉得她简直有点忘乎所以了。课文里是这样写的："她狂热地兴奋地跳舞……陶醉在妇女们所认为最美满最甜蜜的胜利里。"如果没有丢项链、赔项链的事发生，她也许会迷失在这种幸福的迷雾里，因为忘乎所以而沉沦下去。直到项链丢了，她才真正清醒过来，她决定赔项链，说明她已放弃幻想，正视现实了。

师：你不仅理解得好，阐发能力也很强。可以这样说，丢项链这一情节把沉睡在玛蒂尔德性格深层的一些正能量激发出来了。不过有人认为，作者用"英雄"这一词语来描写玛蒂尔德，明显是大词小用，是对玛蒂尔德因虚荣而自食恶果的一种幽默的调侃，你对这种看法是怎么理解的？

生：我不这么认为。在那种情况下，像玛蒂尔德这样的人能够做出这种决定已经很不容易了，虽然她没有什么英雄壮举，但是能够下这样的决心，也很令人敬佩。

师：这可能关系到对"救世"与"自救"的高下判断，怎样理解两者的高下之分？

生：我认为不能说哪一个更高，从某种意义上来说，能够完成自我拯救也很了不起的。

师：同学们同意他的观点吗？（绝大多数学生表示赞同）我也投赞成票。咱们中国古人就一再强调自我完成、自我实现的重要性。一个在自己沉沦时都不能警醒、自救的人，怎么可能去救世呢？从这个意义上来说，玛蒂尔德堪称英雄。不过，仅仅认识到玛蒂尔德这一行为的自我拯救的意味，我认为还不够。我们看看对这个问题的理解还能不能再往深处走一步，玛蒂尔德是怎样实现这一"自我拯救"的呢？

生：我认为是十年来还债的辛苦经历把她自己从虚荣中拯救了出来，让她重新认识自己，让她变得自信起来。

师：重新认识自己，这一点说得很好。具体来说认识到了什么呢？（生默然，众生小声交流）

生：通过十年的辛苦劳作，玛蒂尔德从一个虚荣的、自卑的、原来很世俗的妇女，变得自信起来，相对而言没有那么虚荣了。

师：这是她的变化，实际上我们现在要探讨的是她能发生这些变化的内

在原因。为了更好地回答这一问题,同学们把这个表格填写一下。(用 PPT 出示表格)

	玛蒂尔德在干什么	描写玛蒂尔德心情的词语
丢失项链之前		
决定赔项链后		
我的发现:		

师:咱们一起交流一下表格填写的情况。

(学生七嘴八舌,基本情况汇总如下)

	玛蒂尔德在干什么	描写玛蒂尔德心情的词语
丢失项链之前	梦想、哭泣、跳舞	悲哀的感慨、狂乱的梦想、痛苦、伤心、悔恨、失望、恼怒、不耐烦、郁闷、不安、忧愁、惊喜、狂热、兴奋、沉迷、陶醉
决定赔项链后	刷洗杯盘碗碟、洗晾衬衣抹布、倒垃圾、提水,买生活用品并讨价还价,刷洗地板	回想、感慨

师:从这个表格中,你们发现玛蒂尔德前后有什么不同?

生:我发现她在丢项链之前干得少而想得多,后面正好相反,是干得多想得少了。

生:我发现玛蒂尔德在丢失项链之前没干什么事情,像梦想、哭泣、跳舞,实际上是没有什么实际意义的。但后面就不同了,虽然是普通的家务劳动,是一些粗活重活,很下层,但却是实实在在的。

生:玛蒂尔德前后心情也有很大不同,丢项链之前,她要么伤心痛苦,低落到极点,要么狂热兴奋,高兴到极点,整个人就跟坐过山车一样,后来胡思乱想就少多了。

师:坐过山车这个说法很形象啊,把玛蒂尔德那种失控状态说出来了。她控制不住自己,所以就坐上过山车了,那么掌控这过山车的是什么呢? 结合刚才几位同学的发言想想看。

生:是她的梦想。

师:她都梦想了些什么?

生:她梦想住得好,吃得好,穿得好,有身份,有地位,做有钱人。

师：是啊，同学们看，她追求身份、地位、优雅富贵的生活。这些都是物质性很强的东西，都是外在于她的，她一个小女子根本无法掌控，所以心情就忽高忽低，乍悲乍喜，用刚才同学的话说就是坐过山车。（板书：身外物质）那么十年之后她是不是能掌控自己的生活、自己的命运了呢？

生：我认为能掌控了。为了偿还债务，她过得确实很苦，但她靠自己的劳动可以一步步去改变它，我感觉到这时候她虽然很贫穷，很卑贱，但是活得很踏实。

师：说得不错。刚才有同学提到，十年的辛苦经历让她重新认识了自己，能不能具体说一说她可能认识到了什么？

生：她应该认识到原来人生必须掌握在自己的手中才行，必须靠辛苦劳作，才能够一步一步地改变自己的处境，靠幻想和哭泣根本就无法改变自己的处境。也就是说，在这十年中她发现了自己的价值，认识到了人生的真正含义是什么。

（一生高高举手）

生：小说中有这样一个细节，就是在极乐公园里玛蒂尔德跟佛来思节夫人打招呼时直呼其名（师：对，叫珍妮），让佛来思节夫人感到非常惊讶。

师：这说明什么问题呢？

生：这说明她很自信，虽然她现在还是个穷人，但靠自己的努力偿还了那么多债务，就感到很自豪。叫她珍妮，说明佛来思节夫人在她眼中只是她的朋友，而不是别的。

师：这一发现很了不起，对老师来说也有很多启发。是啊，身份、地位有高有低，钱财有多有少，但是在人格上我玛蒂尔德并没有逊色你一分一毫。所以我们说通过失项链这一人生变故，玛蒂尔德认识到了自己的价值，更准确地说，应该是认识到一种正确的生活态度对一个人来说是多么重要。失项链，让她激发起了自己内心的一种精神，让她认识到只有脚踏实地辛苦劳作，才能够真正活得有尊严，哪怕这些事情很琐碎很低级。（板书：内心精神）

好，讲到这里，我记得刚开始上课时这位同学谈到了对玛蒂尔德这个人物形象的认识，说她有虚荣的一面，也有诚实、勇敢、坚强的一面。那么同学们想一想，在这一面一面又一面的性格特征中，哪一种是人性中普遍存在的呢？

生：应该是虚荣心吧。

师：应该是虚荣心，对吧？我记得有位同学还说到，课文里其他人物也都有虚荣心，其实，不仅课文里的人物有，我也有，你也有，凡是人，或多或少总有点虚荣心。我们看作者是这样写玛蒂尔德的虚荣心的，同学们跟着老师的提示齐声朗读课文，朗读的时候体会一下，作者是以一种怎样的态度来刻画玛蒂尔德这个小人物的呢？

（PPT 显示提示文字，教师领读，学生接读）

师：她的丈夫揭开汤锅的盖子，带着惊喜的神气说："啊！好香的肉汤！再没有比这更好的了！……"

生：（齐读）"这时候，她就梦想到那些精美的晚餐，亮晶晶的银器；梦想到那些挂在墙上的壁衣，上面绣着古装人物，仙境般的园林，奇异的禽鸟；梦想到盛在名贵的盘碟里的佳肴；梦想到一边吃着粉红色的鲈鱼或者松鸡翅膀，一边带着迷人的微笑听客人密谈。"

师：每次看望佛来思节夫人回来后，她就感到十分痛苦……

生：（齐读）"由于伤心、悔恨、失望、困苦，她常常整天地哭好几天。"

师：路瓦栽先生提议她穿着上戏园子穿的那件衣服去参加夜会，话还没说完，就住了口，因为他看见……

生：（齐读）"妻子哭起来了，两颗大大的泪珠慢慢地顺着眼角流到嘴角来了。"（开始读得不齐）

师：把书翻一页，"夜会的日子近了……"

生：（齐读）"但是路瓦栽夫人显得郁闷、不安、忧愁。"

师：在夜会上，所有男宾都注视她……部长也注意她了……

生：（齐读）"她狂热地兴奋地跳舞，沉迷在欢乐里，什么都不想了。她陶醉于自己的美貌胜过一切女宾，陶醉于成功的光荣，陶醉在人们对她的赞美、羡慕和妒忌所形成的幸福的云雾里，陶醉在妇女们所认为最美满最甜蜜的胜利里。"

师：读得不错，合作愉快。刚才咱们齐读的文字，都是玛蒂尔德因为虚荣心而产生的种种心情，我们可以感受到她这种忽悲忽喜、乍梦乍惊的体验。从这些句子中你们感觉到莫泊桑是怀着一种怎样的心情来写玛蒂尔德的？我这里有几个词，你们可以从中选择一个词来谈谈你们的理解。（PPT 显示：可恨、可恶、可气、可笑、可悲、可怜、可叹、可爱、可敬……）当然可能还有更多其他的词。

生：我还没感受到。

生：我觉得"可笑"比较合适，我觉得这些描写里有一种调侃和嘲讽的味道。

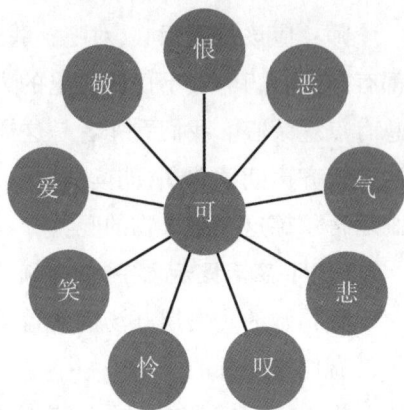

生：我选择"可悲"吧，因为我觉得这些句子里主要还是包含着作者的一种批判。因为莫泊桑是批判现实主义作家，玛蒂尔德的虚荣心代表了那个社会的风气，这正是作者要批判的。

生：我觉得她还有点可恶和可气，怎么说呢，个人认为她有点作(zuò)。（众生笑）

师：这是典型的男生视角。（众生又笑）同学们的意见我觉得都不能算错。不过大家有没有注意到课文开头的那句话："她也是一个美丽动人的姑娘，好像由于命运的差错，生在一个小职员的家里。"一个美丽动人的姑娘，没有好的身世，又没做什么丢人的事，只不过是喜欢胡思乱想，哭哭笑笑，就因为这个就对人家只是嘲讽、调侃、批判、厌恶吗？好像太狠心了点儿吧，莫泊桑有那么冷血吗？

生：其实玛蒂尔德挺可怜的。

师：其他同学能感受到玛蒂尔德的可怜吗？其实刚才那位同学肯定已经感受到了，她说玛蒂尔德就像坐过山车似的，好形象啊。你想一颗心天天在过山车上过日子，那是什么感觉！知道老师读到这些句子的时候感到了什么吗？我感到莫泊桑在不动声色的叙述中隐藏着巨大的悲悯，他是有深广的悲悯情怀的。（板书：悲悯情怀）他仿佛一边讲述着玛蒂尔德的种种表现，一边在心里念叨：哎，你这可怜的玛蒂尔德，你要远离颠倒梦想啊，否则整日生活在恐惧忧愁中，在过山车上过日子，那该有多么苦啊！你要有一颗平常心啊，别那么虚荣，别胡思乱想，别硬撑门面，别自讨苦吃。所以同学们看，刚才我们一起体会那个"英雄气概"，谈到了"自我拯救"的话题，那么这个"自我拯救"，除了激发内心的精神力量，阻止自我沉沦、堕落在物质世界里之外，现在看来是不是还有别的东西？

生：老师刚才说的，让我想起了一句话："苦海无边，回头是岸。"这里还应该有一种从人生苦海中自我拯救的意思吧。

师：说得太好了！人生苦海中的自我拯救，其实，对玛蒂尔德的悲悯，也就是对整个人类的悲悯，同学们同意我的观点吗？为什么这么说呢？因为她也是（重读）美丽的——姑娘，你也是（重读）美丽的，虽然不一定是姑娘，所有人的人生都应该是美丽的，就因为虚荣而沉沦苦海啊！（生陷入沉思）

老师认为，莫泊桑的悲悯之心在赔项链之后那一部分里表现得更明显，哪位同学能够结合着课文中的相关语句谈一谈？

生：在这个地方，倒数第二部分的最后一段："人生是多么奇怪，多么变幻无常啊，极细小的一件事可以败坏你，也可以成全你！"莫泊桑感叹人生的变幻无常，让人感到人生中有很多时候是无能为力的，人根本就主宰不了自己。

生：还有再往上一段。玛蒂尔德原来那么年轻漂亮，可是十年之后，艰苦的生活让她变老了，变粗俗了。课文写道："但是有时候，她丈夫办公去了，她一个人坐在窗前，就回想起当年那个舞会来，那个晚上，她多么美丽，多么使人倾倒啊！"这其实挺悲凉的，仿佛让人听到一声长长的叹息。

师：一声长长的叹息，说得太好了。一个人只有懂得叹息了，才说明她真正品尝到生活的滋味了，才说明她成熟了。这时候她回想过去，其实并不是想重新回到过去，或者想得到怎样怎样的生活，而只不过是"致我们终将逝去的青春"。（众生会意，笑）

师：其实莫泊桑的悲悯情怀还不止于此，同学们看结尾，找一个同学读一下最后两段。

（生读"佛来思节夫人感动极了……至多值五百法郎！……"）

师：同学们把"可怜"这个词圈出来。这里为什么说玛蒂尔德是"可怜"的？

生：因为她为了偿还项链的债务，用了十年的时间，吃了很多苦，人变得那么老，那么粗陋，而最后才知道那挂项链原来是假的，吃的苦受的罪显得毫无意义了。

师：是啊同学们，玛蒂尔德用了十年的时间，好不容易完成了自我的拯救，好不容易远离了颠倒梦想，好不容易让生活恢复平静，让心态恢复了平静，她终于有了一颗平常心，可以很天真很得意地面对过去，面对故人了，可是佛来思节夫人的一句话又打破了这种平衡。前面有同学说仿佛让人听到一声长长的叹息，老师认为，小说的结尾更是一声长长的叹息。这哪里只是一种"出人意料、入乎情理"的结构技巧啊,这分明是莫泊桑的仰天长叹:"哎,我可怜的玛蒂尔德!"可怜的所有的人呀!所以同学们,读小说不要只关注技巧,还要关注技巧背后作者的情感和态度,要记住,技巧的背后是思想,没有思想的技巧一文不值!

师:好,简单小结一下。开始上课的时候老师说看咱们"能不能再读出点新的东西来",同学们觉得咱们读出来了吗?

生:读出来了,有玛蒂尔德的自我拯救,莫泊桑的悲悯情怀,还有技巧背后的思想情感。

师:概括来讲,就是莫泊桑对虚荣心这一人性弱点的深度思考和深刻悲悯。同学们要有这样的意识,我们看一部文艺作品,它是否触及人性的层面,是否对笔下的人物怀有悲悯之心,应该是评判它艺术高下的重要标准之一。还有吗?

(生没有说话)

师:还有就是想让同学们知道,在读小说时,要从人物性格的内在逻辑中去理解情节,评判情节安排的高下优劣。高超的艺术家在安排情节的时候,那些顺势事件符合生活的逻辑(板书:生活逻辑),而逆势事件则是为了更充分地表现人物性格的内在逻辑。(板书:性格逻辑)所以,大作家的优秀作品,想象力非常丰富,设置出许多常人难以想象的情节,却让人觉着整个故事合情合理;而蹩脚的作家呢,在编排突发事件、偶然事件时,就让人觉着是在胡编乱造,因为这样的情节设计违背了人物性格的内在逻辑,其实往往这类事件恰恰能够表现人物性格的深刻度和丰富性。

好,这堂课我们就上到这里,下课。

附:板书设计

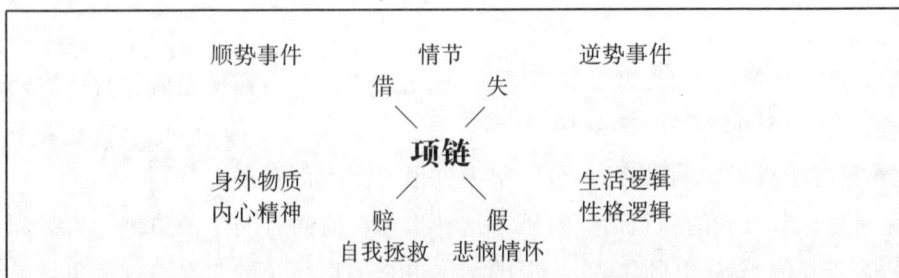

经典重读课型的教学意义

当前的语文课堂越来越呈现出同质化的取向,这种同质化,不仅表现为课堂结构的模式化和雷同化,而且还表现为对不同质量的文本在教学处理和教学投入上的等量齐观。

事实上,不同文本,其教学价值是不同的,这一点恐怕绝大多数教师都会认同的吧。但是我们是不是真的根据不同文本在教学价值上的差异,来确定不同的教学处理方式和教学投入的力度了呢? 实际情况是,我们对于基础教材中的入选文本,要么干脆不教,对于那些决定要教的篇目,我们往往又会不分轻重、毫无差别地按照时下的主导理念来作基本相同的教学处理。于是,一般篇目用一课时,经典篇目也是用一课时;一般篇目的教学程序是初读感知、再读品味、深读探究、拓展迁移,经典篇目的教学程序依然是初读感知、再读品味、深读探究、拓展迁移。其结果就是,学生不仅对那些文质平平的时文毫无印象,就连那些堪称经典的篇目也知之甚少,2005 年高考语文上海卷有一道题目,要求学生写出高中阶段所学过的茨威格的篇目,得分率竟然低得可怜,就是一个明证。

既然这样,那么对教学价值不同的文本,我们是不是可以有差别地对待呢? 是不是可以用一周乃至更多的时间带领学生通读《边城》原著? 是不是可以用一节课的时间处理几篇文章,教学生如何略读、如何浏览、如何比较阅读、如何概括要点、如何筛选信息呢? 是不是还可以借适当的时机回过头来把曾经教过的篇目再教一遍,让学生读出此前尚未读出的东西呢? 也就是说,当前我们不仅要有"课程"的意识,同时还要有"课"的意识。要知道"课程"主要是由一堂堂"课"构成的学习序列,而不同的"课"是有不同的"课型"区别的。虽然"课型"并不是一个新东西,但是我们却对它重视得很不够。

所以,对《项链》这样的经典作品,我在高一学生经历了第一次学习的基础上,在高二又安排了"经典重读"的课型教学。《项链》这样的经典文学作品,是需要重读,也值得重读的。

众所周知,语文教学的意义就在于提升学生的语言素养、思想素养和审美素养,而经典作品所蕴含的语文教学价值无疑是最大的。以《项链》为例,对莫泊桑的短篇小说，尤其是这篇《项链》，人们一般都非常赞赏其高超的结构艺术，如不动声色、不漏痕迹的伏笔艺术，出人意料、入乎情理的结局安排。因此在教学中，绝大多数教师都会讲到小说结构技巧中的"伏笔"和"照应"，点明这篇小说结局的高妙之处。但一般也就仅仅停留在"找一找小说情节中的伏笔"，续写小说的结尾。当阅读不断走向深入的时候，我们不禁要问，我们引领学生从小说文本中找到的这些伏笔仅仅具有结构意义吗？小说这样的结尾只是一种结构技巧吗？小说在情节高潮处便戛然而止，就文本意义的完整性而言，它是构成了一个业已完成的自足系统，还是有待补充的开放系统？从人物形象的性格发展史的角度来看，通过想象和联想再补充一个后续的结尾，对于人物性格的发展历程和表现深度，还能不能贡献出比文本自身更为丰富的东西呢？如果不能，那岂不是有画蛇添足、狗尾续貂之嫌呢？如果这些问题在教学中没有经过深入思考的话，那么，作为一篇文学经典作品，《项链》所蕴含的语文教学价值就必然在一定程度上被埋没了，就如同一块巨大的玉料，本来完全可以做成一个玉山子，我们却仅仅把它做成了一个小小的玉挂件。如果是这样的话，那就难以发挥文本对于提升学生语言素养、思想素养、审美素养的作用，这是对文本价值的巨大浪费！

通过学情诊断我了解到，学生在高一阶段对《项链》的理解主要有三方面：一是"小说的情节安排很有特点"，二是"玛蒂尔德这个人物的性格既有虚荣的一面，也有诚实、勇敢、坚强的一面"，三是小说以"虚荣心"为核心构成了对当时社会的"批判性"。

高一学《项链》时，教师引领学生找到的伏笔主要有三处：当玛蒂尔德迟疑而焦虑地提出要借那挂放在青缎子盒子里的精美的钻石项链时，佛来思节夫人非常爽快地说："当然可以。"这说明佛来思节夫人压根儿没把这挂项链当作一回事儿，暗示它并非什么很值钱的货色；还有，一个星期以后，当他们拿了盛项链的盒子，照着盒子上的招牌字号找到那家珠宝店，老板查看了许多账簿，说："太太，这挂项链不是我卖出的；我只卖出这个盒子。"一般来说，贵重的首饰往往会有精美的包装，而这挂项链的包装盒子竟然是后配的，这如果不是意味着它原本廉价，那还能意味着什么呢？第三，当路瓦栽夫人送还项链的时候，佛来思节夫人虽然为她归还项链太晚了而很不满意，但是却并没有打开盒子验看一下。所有这些细节都意味着，玛蒂尔德所借的那挂项链就是一个赝品，因此结尾处佛来思节夫人说出真相，自然就在情理之中了。

这些分析当然没有错。但是,当我们回头再读的时候,随着理解的深入,我们就会发现,所有这些伏笔,其实还隐含着小说情节和结构意义之外的意义——建构人物性格发展的内在逻辑。比如第一处和第三处伏笔,隐含着非常丰富的玛蒂尔德性格完成的内在依据。佛来思节夫人为什么那么爽快地答应了她的要求?又为什么对归还的项链不加验看?联系结尾部分两人之间的关系,不难看出,在佛来思节夫人眼中,玛蒂尔德是一个诚实的、值得信赖的朋友。再比如第二处伏笔,在丢失项链后,玛蒂尔德压根儿就没有想到她还可以去买一挂假项链,以鱼目混珠的手段骗过佛来思节夫人,从而渡过眼前的这一难关;即便听到珠宝店老板出人意料的回答,她也没有对项链的真实性产生任何怀疑。这说明了什么?这一方面让我们体会到丢掉项链后玛蒂尔德和丈夫内心难以摆脱的巨大的焦虑和恐惧,另一方面,难道我们就不为她的单纯而感动吗?所有这些,都是"她一下子显出了英雄气概,毅然决然打定了主意。她要偿还这笔可怕的债务"这一思想行为产生的性格逻辑,也清晰地勾勒出了她精神世界的变化轨迹。

丢项链之前,她天真地认为,"在妇女,美丽、丰韵、娇媚,就是她们的出身;天生的聪明,优美的资质,温柔的性情,就是她们唯一的资格。"十年的艰辛让她"懂得家里的一切粗笨活儿和厨房里的讨厌的杂事了"。可见,我们对文本的解读,无论关注的是社会批判的层次,还是经验和人性的层次,抑或是命运或象征的层次①,都离不开对玛蒂尔德性格发展史及其内在逻辑的考查。而文本中有关"伏笔"的这些环节,也只有纳入到人物性格发展史及其内在逻辑的视野,才具有更为丰厚的内涵和更为深刻的小说叙事学意义。仅仅停留在情节结构的层面,显然是不够的。正如有的学者指出的那样:"纵观《项链》的故事情节,人的自尊、人的尊严是主人公性格历史的两块基石。是一挂项链改变了玛蒂尔德的命运,是命运推动着她的虚荣性格的形态由显到隐地转移变化……"②从耽于幻想、自怨自艾到偿还债务、坦诚地面对旧友,小说清晰地勾勒出了玛蒂尔德"自我生命价值的发现与自我尊严感觉的觉醒"历程。而她之所以能够完成从过分关注外在物质世界,到最终"能够从

---

① 刘洪涛《中学语文中的外国文学问题》,《北京师范大学学报》(人文社会科学版)2001年第1期第135-141页。
② 参阅《新的教学理念指导下的〈项链〉之解读》,闫苹编著《中学语文名篇的时代解读》第126-153页,广东教育出版社2007年版。

自己内在的精神中,找到支撑自己、支撑自己的生活、支撑自己全部人生幸福的精神力量"①,是有其内在的性格逻辑作为支撑的。

再看结尾部分。当佛来思节夫人对那正"带着天真的得意的神情笑了"的玛蒂尔德揭示了项链的真相后,小说便戛然而止。这当然为读者呈现了一种与首尾完整的传统叙事方式不同的小说结构美学,但其意义仅仅如此吗?

冯骥才有一个很妙的比喻:一个人平平常常走在路上——就像散文;一个人忽然被推到水里——就成了小说;一个人给大地弹射到月亮里——那是诗歌。按照他的这种说法,那么《项链》的结尾,无异于玛蒂尔德从意想不到地"被人忽然推到了水里"的境遇里费尽力气挣扎着爬上岸来,正当惊魂甫定,为能够生还而暗自得意之际,不知从哪里伸出来一只大手,她猝不及防地一下子又被推到水里去了。我们知道,莫泊桑的小说创作主张很重要的一点就是"在作品中隐藏自己",但是在《项链》中,他不由自主地从文本背后跳了出来,在叙事过程中大发感慨:"人生是多么奇怪,多么变幻无常啊,极细小的一件事可以败坏你,也可以成全你!"是一种怎样的情感力度,让一个崇尚客观、真实、冷静、典型地再现社会生活的现实主义小说家,不惜违背自己的创作主张而在作品中袒露心迹、流露性情、抒发感慨呢? 前面我们说过,文本世界往往具有三个层次:社会批判层次、经验和人性的层次、命运或象征的层次。而在这三个层次中,对当时社会黑暗和丑恶现实的厌恶和批判,或者对玛蒂尔德个人遭际的同情,或者对命运多舛人生无常的宿命感叹,其中单单任何一个层次都不足以让一个小说家坏了自己创作的规矩,而这三个层次聚合起来的力量,却足以打动人心。从这个意义上来说,小说结尾呈现出来的这种深刻的人生悲悯,是作品多元主题取向和多维意义空间的聚合处和整合点。这样的结尾,不仅具有小说结构美学的意义,其更为深刻的意义在于,它彰显出经典文学作品意义阐释空间的丰富性、多元性和深广度,它标志着经典文学作品和经典作家在社会关怀、人性思考和人生体验上所达到的高度。一篇文学作品,它之所以能够成为经典,固然有多种因素,而就其内部而言,则在于它"写出了人类共通的'人性心理结构'和'共同美'",在于它"思想

---

① 王富仁《失落的与获得的》,《解读语文》第378-390页,福建人民出版社2010年版。

意义比较开阔,可供挖掘的东西很多很深厚",在于"作品本身的辽阔阐释空间"①。而《项链》正是文学作品中这样的经典之作,其丰富内涵,也正是因为有了这样的结尾,才得到了更为有力的彰显和深化。

至于玛蒂尔德能不能再次从岸边爬上来,其实已经不是一个问题了,因为小说文本在人物自身性格的建构过程中,已经完成了"自我生命价值的发现和自我尊严感觉的觉醒",从这个意义上来说,对小说的续写,去表现她在这样的打击面前会有怎样的反应,会衍生出怎样的故事,已经没有太大的意义了,因为从人物性格发展逻辑来看,如果要做到与经典文本意义系统的对接和人物自身性格逻辑的融洽,后续的补写实在很难呈现出更为丰富的人物性格发展的可能性了。在这种情况下,续写只能落入两种局面:要么以另一种情节在经典文本原本具有的意义空间中打转,要么罔顾经典文本的内在逻辑,编造与人物性格发展毫无联系的另一种情节。在这一点上,我很认同孙绍振的观点:"当情节完成了探索人物的心灵深层隐性奥秘之时,其任务就完成了。如果继续写下去,物归原主,从人物的心灵检测来说,并无大碍,但于情节本身则是一种贬值,从审美层次陷落到实用层次,而且是对读者想象和参与创造的一种阻断。"②

文学经典所具有的这种意义空间的广阔性,意义内涵的丰富性,社会关怀、人性揭示、人生体验的深刻性,以及艺术与审美的圆融性,在教学中不是一次就能完全揭示出来的。正因如此,所以从学生学习的角度来看,经典重读教学同样具有非常重要的意义。我们知道,有效的阅读教学,必须建立在学生的语言经验、阅读经验和人生经验基础之上。如果无视或者脱离了学生已有的语言经验、阅读经验和人生经验这一教学现实,那么再"高大上"的教学内容也不会产生什么教学效果。也就是说,教师从文本所提供的语言经验、阅读经验和人生经验中挖掘出教学内容,由于它们不在学生学习的"最近发展区",学生就够不着、进不去,从而也就体会不到,因此学习便没有什么收获。

需要指出的是,当前语文课程理论的建设和学科内容的开发,为教师的教学提供了有益的帮助。但是,与之相伴的是,当前的中学语文课堂,注重了文本

---

① 童庆炳《文学经典建构诸因素及其关系》,童庆炳、陶东风主编《文学经典的建构、解构和重构》第79-90页,北京大学出版社2007年版。

② 孙绍振《一个人物的两个自我》,《解读语文》第400页,福建人民出版社2010年版。

的解读,关注了教学内容的确定,重视了文类和文体的特点,但是对学生的学习经验关注得却很不够。比如古代诗歌教学,韵律和节奏当然是很重要的形式要素,需要关注,但是在学生对语言的音韵特征毫无了解的初中中低年级,就把教学内容和教学重点定位在这一方面,教学能奏效吗? 再比如,叙事学领域的专业内容,诸如叙事时间、叙事节奏、叙事视角、叙事模式等,当然是小说这种文体的重要研究因素,那么是不是小说教学就一定要从这些专业角度切入呢? 有些教师,虽然面对的是初中学生,却也摆出一张十分专业的面孔,让学生从叙事视角的角度体会小说主题表达的意图,或小说的艺术特征,这就太难了。要知道,中学阶段的学生,既不是专业的文学研究人员,也不是抽象的概念人群。他们要学习的是"语文",而不是专门研究哪类文体,此其一;特定阶段的学生,其学习都以具体的经验为前提,而不是随便教给他什么内容他都能学得会,此其二。从专业的角度来解读文本、挖掘教学内容绝对是没有错的,但必须与学生的语文学习经验,包括文本阅读经验、语言经验和生活经验相对接,必须聚焦在学生的"语文"学习,而不是哪类专门学问的学习上。

可见,经典作品教学并不是通过一次教学将教师理解到的内容一股脑儿地全塞给学生,而是要根据学生学习接受、体验、感悟、理解的可能性,先有选择地教给他们一些。然后随着其语言经验、阅读经验和人生经验的提升,再为他们展现经典文本的更为丰富的意义空间、更为美妙的审美风貌、更为隽永的语言体验,以及更加震撼人心的情感力量。正如姚斯所说的:"文学演变的一个新阶段出乎意料地把一束光投到被遗忘的文学上,使人们从过去没有留心的文学中找到某些东西。"①这种经典重读教学,一方面能让学生充分认识到经典值得反复品读并能"常读常新"的道理,从而建立起亲近经典的情感和反复阅读经典的姿态,另一方面也能够充分发挥经典作品所具有的那种超越一般作品之上的语言价值、文学价值、思想价值、审美价值。从这个意义上来说,在高一语文教学中,让学生认识玛蒂尔德性格的丰富性,理解小说的社会批判力量,体会小说"出人意料、入乎情理"的结构艺术,显然是没有问题。但是,如果就这样教过算数,一方面是对经典作品教学价值的浪费,更为严重的是降低了学生学习经典文本时可能达到的深度和厚度,使他们误以为课上所学的内容就是经典作品所可能达到的高度,这显然不利于学生阅读

---

① 姚斯《走向接受美学》,《接受美学与接受理论》第44页,辽宁人民出版社1987年版。

品质、思维品质和审美品质的提升。

应该说,当下的文化语境尤其需要经典重读的教学。台湾出版人郝明义引用亚瑟·克拉克《2001：太空漫游》中描绘太初时代的原始人的一句话,非常准确地概括出了我们这个时代的阅读危机——"身处丰饶之中,却逐渐饥饿至死"①。这句话看似有些危言耸听,但却发人深省。它以鲜明的对比揭示出了当前人们所面临的十分尴尬的阅读困境:一方面是令人应接不暇的新书层出不穷地出版,一方面是人们阅读的肤浅与倦怠;一方面是各种阅读媒介的空前泛滥,一方面是人们阅读视野的浅近与狭窄;一方面是物质水平的突飞猛进,一方面是精神世界的日益贫弱。走进书店或者图书展销会场,相信有不少人会在潜意识中觉得,那浩如烟海的、良莠不齐的出版物正在把人淹没掉,不用说还有各种报纸杂志,更不用说还有网络上的各种资讯和读物。于是,人们要么会有一种时不我待的阅读紧迫感,所有的阅读行为因此便全都搭乘了高铁列车,从文本表层匆匆掠过,而眼中脑中心却没有留下任何值得品赏的风景;要么干脆在海量的读物面前举手投降,干脆放弃阅读,举起"娱乐万岁"的牌子,成为后现代文化生活中熟练的消费者。因此,在基础教育阶段,尤其是在一个人文化价值取向和判断能力形成的关键期——高中阶段,有必要通过经典阅读的教学,让学生明白:在人的一生中,有些作品,有些书籍,值得一读再读,因为它们能为你的一生打下一个坚实的精神底子,我们不该把生命中宝贵的时间花费在阅读那些不值得阅读的文化垃圾上。

所以,我们应当重视并适当安排"经典重读"这一类型的教学。

【同行链接】 华东师范大学第二附属中学　刘强

文本精读与阅读教学

印象中兰保民老师在课堂上一向是儒雅、从容的。基于对文本的精读与分析,他总能有所开掘,再通过师生互动的一系列活动,帮助学生更深地进入文本,从而提升其阅读能力,并在文学和生命价值层面上使学生有所领悟,这堂课也是如此。

《项链》是高中语文小说阅读的经典篇目,各种教学案例层出不穷,如果

---

① 郝明义《越读者》第31页,人民文学出版社2009年版。

把这篇小说近二十年来的教学案例按教学思想的发展阶段编成一册,定有特别可观之处,只是我们的教学理论研究还很少从接受史的角度进行个案分析。兰老师的这节课是站在前人的思考之上,具有后来居上的优势和鲜明的时代特征。在小说教学中,对于主人公不能进行贴标签的解读已经成为常识,文本细读也成为大多数语文老师拥护的进入文本的最重要的途径,但用什么工具进入,如何进入,对其中规律的认知和探索都还不够。从这个意义上说,这堂课不但成功,也很有启示意义,下面我将从课堂教学内容的确定、基于活动的导学艺术、小说教学观的思考等三个方面予以说明。

一、课堂教学内容的确定

兰老师在这堂课上面临的最大挑战是学生已经在一年前学习过这篇小说了,而且学生们对这篇小说情节安排的特点——出人意料,又合乎情理,以及主人公性格的复杂性和典型性都还有着较深的印象。那么,能否让学生有新的收获,从而满足他们对这节课的期待,就是必须要跨过去的一道坎。显然兰老师是有备而来的:学生们虽然了解主人公性格既有虚荣的一面又有诚实、勇敢的一面,却未必能对诚实与勇敢的内涵分析到位;学生们虽然对小说情节的特殊性留下深刻印象,却未必对作者的匠心和情怀有深刻的认识。因此,这堂课的教学目标定为:从人物性格的内在逻辑出发,分析情节的合理性及在人物塑造中的作用;体会莫泊桑对笔下人物的悲悯情怀。

为了实现目标,老师第一步是让学生懂得作者把玛蒂尔德塑造成了一个既虚荣又勇敢的人,虚荣的内涵比较确定,而勇敢的内涵则是“自我拯救”。在这一步,老师先引导学生从已知处发现未知,于无疑处发现疑问,对比玛蒂尔德对待佛来思节夫人前后态度的变化。果然,学生虽然能够说出前后态度的不同,但对主人公为什么会这样却语焉不详。兰老师适时地引入“逆势情节”的概念,又给了学生通过人物行为的性格逻辑分析情节的合理性的方法,使得学生能够分析出“自救”和“救世”两者的共同意义。

第二步,兰老师让学生懂得作者是怎样让玛蒂尔德实现“自我拯救”的。他通过对比“丢失项链之前”“决定赔项链后”玛蒂尔德在干什么,和“描写玛蒂尔德心情的词语”,更进一步揭示了主人公是如何为追求那些物质性的东西而陷入“过山车”一样的失控状态,而十年的辛苦经历让她激发起了自己内心的一种精神——只有脚踏实地辛苦劳作,才能够真正活得有尊严。

第三步,兰老师引领学生从小说对人物的塑造和情节的安排,体会作者那种悲悯情怀。在他看来,这种情怀不但表现在那些刻画主人公虚荣的语句中,更表现在作者对于已经完成"自我拯救"的主人公的态度上。这里可以算是教学的难点,兰老师通过与学生分享细读经验,顺利地突破了难点。

从这堂课教学目标的实现来看,兰老师对学生阅读经验的判断是准确的,对于学生阅读经验的提升也是有效的。李海林教授在分析文学作品时常提到"四个世界":现实世界、文本世界、作者世界与读者世界。其中文本是阅读与教学活动的载体,人物的典型性是现实世界的反映,这两个世界在日常的小说教学中最受重视,这在学生上课之初的回答中已然得到印证。具体到这篇小说,人物的复杂性与情节的特殊性,对应的正是现实世界与文本世界。兰老师站在这个基础之上,又把教学内容推进了一层,深入到了作者世界,不但关注作者的叙述技巧,更关注作者的悲悯情怀。这是本堂课教学效果的最重要体现。当然,如果条件允许,教师还可以带领学生进入读者世界,研读不同时代里文学评论家对这篇作品的认识,这可以帮助教师从多个层面解读作品,从而打开教学思路,不再局限于小说的"三要素"。

二、基于活动的导学艺术

语文课堂比较理想的教学形态是把语文学习活动化,老师把教学内容按照其难度和学情进行分解,再设计与此相适应的多种形态的语文活动,学生在这一系列活动中逐层突破难点,最终达成学习目标。通过这一过程,学生学习的主体地位和老师的主导作用都能得到充分的确认。

兰老师在这堂课中非常出色地实践了活动化的教学理念。为了引导学生在阅读上更上层楼,必须让学生更深入地细读文本。兰老师精心设计的第一种活动是通过自由朗读、同学读、老师读、齐读等各种方式的有声阅读,达到明确范围,引学生入境,品味重点语句,确认阅读成效等目的。其中老师主动要求读的有好几处,前后两次读小说的最后部分,重点齐读概述小说开篇直写玛蒂尔德虚荣心的部分,还有若干处带领学生品味词句,重点揣摩人物的心理,体会小说叙述中的悲悯情怀。这些活动让学生的情绪一直十分饱满,从而专注于文本的探究。

填表格是兰老师设计的第二种语文活动,也是这堂课效果最好的一项活动。学生在之前的问答中体现了较好的局部阅读能力,对于情节的合理性,以及人物行动与性格之间的关联都有很精彩的剖析。但在综合全文信息,分析玛蒂尔德"自我拯救"的内在原因时,进入了第一个爬坡阶段。老师的表格要求简单明确,在本质上是对难点的分解:请同学概述丢项链前后,玛蒂尔德"在干什么",并摘抄"描写玛蒂尔德心情的词语"。当学生们七嘴八舌地填好之后,一下子就明白了人物内心的变化过程,在发言中有位同学还用"过山车"来形容主人公的心理失衡,既生动又准确,非常精彩。而学生的精彩表现表明,他们开始能够从小说的整体出发,在比较中读出以往所忽视的东西,这也进一步说明了该教学环节设置的巧妙。

现在,在以孙绍振教授为代表的学者的推动下,文本细读已成为许多语文老师备课阶段的自觉追求,但如果在课堂教学形态的构建上没有突破,那教学还是会重走教师一言堂的旧路。而兰老师的这堂课,师生互动的语文活动能帮助学生细读文本,朗读、填表、比较辨析,这些活动能让学生一次又一次亲近文本,最终形成新的阅读经验。

当然,这堂课兰老师在很多重要问题上的追问,既是对学生思路的启发,又是对学习方法的揭示,多有可圈可点之处,这里就不一一赘述了。

三、小说教学观的思考

相对于散文教学,小说教学的目标还是比较容易把握的。然而长期以来的"文""道"之争,以及语文新知的匮乏与不系统,也给一线教师带来了许许多多的困惑。是重在教"情怀",还是重在教"技巧",事关文学作品教学的基本理念。

欲辨明理念,首先应该弄清楚有哪些"技"是可以教的。其实在过去的三十多年里,小说家对于小说的追求可谓紧跟世界的脚步,而且也有了属于本民族的重大收获;文学批评也早已是山头群立,热闹非凡。"三要素"式的小说解读早就已经无法满足师生的需求,于是很多新的学术名词纷纷出现在小说教学中。特别是近十年来,老师们普遍接受了"虚构"是小说的本质特征,逐步尝试着从叙事层面推进小说阅读教学;同样,结构、场景、角色、视角等一系列名词进入了中学语文的课堂,小说阅读教学已经步入一个新的阶段,虽然确立新的知识体系的过程尚未完成。

这堂课重点讲解的"性格逻辑""生活逻辑""逆势情节""顺势情节"等概念,对于理解人物性格的复杂与深刻有着特别重要的作用,自然也可以成为学生应该学会运用的鉴赏知识。

其次,以较新的文学理论来看,我们更倾向于认为"技"本身也是"道"。

借用兰老师这堂课上的分析,叙述的语气不也是"悲悯情怀"的反映吗?作者安排的逆势情节,还有那些夹杂在其中的作者评论,不也是这种情怀的具体体现吗?从这点上看,分析"技"就是分析"道",不必在"技"的鉴赏之上,再单独分析作品的"道",两者是合而为一的,不能割裂开来。因此兰老师所说的"技巧的背后是思想,没有思想的技巧一文不值"在现今看来更有借鉴意义。

阅读教学的实施者是人,学习者也是人,优秀的文学作品又离不开对"人性"的探寻,那么何必在教学中把"道"与"技"分开来理解呢?我们说某个作家某种手法运用得好,一定是因为这种手法有利于某种情或理的表现。相反,如果脱离了文本,不作具体的鉴赏而得出的情与理的结论,一定会是概念化的,这对阅读能力的提升和人格的培养,全无益处。

影响课堂教学的因素本来就多,在固定的时间内师生思维火花碰撞的过程更是难以精确测量,所以作为旁观者的絮絮叨叨,无论怎么说都是一种超越常情的苛求。好在前面讲过兰保民老师是一个气质儒雅的人,相信随便说什么他都不会拂袖起身弃我而去的。若其中能有一两点所言非谬,则幸甚,愿与兰老师共同探索之。

【专家点评】 上海市建平中学 郑朝晖

善引在深思

通观兰老师讲《项链》的教学实录,大家第一感觉一定是他特别善于引导。

作为一堂以重读为目的的讲读课,最难的地方就是讲出文本之中有、而各位心中无的东西。所以我一直觉得公开课进行"重读"带有某种"炫技"的成分,没有底气,往往不敢这样设计。

应该说,这堂课是在兰老师的引导下展开的。这里就有一个问题可以讨论,现在许多人都说,学生应该是课堂的主体,课堂应该反映学生的学习过程,教师在课堂中的作用是引导和组织。但是,兰老师的这堂课,教师的预设意识强有力地引导着学生,虽然学生活动很精彩,发言很热烈,但都是在兰老师的指引下,最终达到了兰老师的预定目标。这似乎和我们现在竞相标榜的"新课堂"有差别,但是,我以为这样做是和本堂课"重读"的设计有关,因为

"重读"就是在原有的认知基础上的提高与深化,教师如果没有一点引领的努力,这样的深化就很难实现。现在很多地方都在推行一些有明确指标的所谓"新课堂",搞"一刀切"的评价,这往往是违反了教育规律的,教学形式应该是和教学目标相匹配的。而在这堂课上,在兰老师的引领下,学生们的思维达到了以前所没有的高度,这就是教学成功的标志。

第二个方面,我想说的是语文教师专业水平的高下,很大程度上取决于他(她)的文本阅读理解的能力,尤其是精细解读的能力。苏东坡谈读书有三个境界,一曰自达,一曰自得,一曰自胜。达,就是通达的意思;得,就是有所心得的意思;胜,则是超越自我产生全新认识的过程。《项链》是一篇经典的老课文了,早些年主要用来揭露资本主义社会中小资产阶级的虚荣心,近年来观点有了一些变化,有人提出了在玛蒂尔德身上表现出平民勇于承当的精神这样的说法。但是,兰老师更多的是从一般的人性的角度、从作者写作动机的角度,提出了"悲悯说",更好地体现出对于作者创作意图的理解与把握。正因为他将文章读深了,读透了,从自达到了自得乃至自胜的阶段,才可能有这样精彩的解读。可以说,这样的解读是兰老师进行整个教学设计的基础。

第三个方面当然是我以为最精彩的部分,那就是课堂的引导环节。现在许多课堂都很热闹,有师生答问、有小组活动、有演示表演,但是我看课堂教学活动,往往更注重活动中思维的开放性和挑战性。那种在低思维水平上的"狂欢",那种对于教师思维范式的因袭,在我看来,即便热闹之极,其课堂教学价值也是寥寥。课堂教学形式当然应该更丰富,但是我更欣赏思维的丰富与活跃。在兰老师的课堂实录里这样精彩的对答比比皆是:

师:佛来思节这个朋友身份很高贵,家庭很富有,玛蒂尔德不愿意去见她。"再也不想去看望她了",为什么?

生:因为她没有钱,没有好的家境,没有很高贵的身份,见到佛来思节夫人后就会感到很自卑,她本来就很悲伤,见到好朋友过得那么好,自己很一般,她心情就更加难过。

师:就是说在佛来思节夫人面前她心态很不平衡是吧?好,前后对比很鲜明。在这个基础上同学们思考,玛蒂尔德为什么前后会发生这么大的变化?难道在极乐公园见到佛来思节夫人时她富有了吗?身份高贵了吗?她有了好的家境了吗?

生:(纷纷)没有,更穷了。

师：是的，没有，反而她比原来物质上更加贫穷，身份更加卑微，家境更加窘困。可她为什么心态会发生那么大的变化？

这里的第一问只是一般性的探究，但是第二问就显得有点"咄咄逼人"了，这个问题是基于学生回答之后的"追问"，我们可以看到，这种追问，是对学生思维水平的挑战。第二问是揭示了学生第一个回答与当前讨论的问题之间的矛盾，这种揭示有效地引导学生作更深层次的思考，和我们惯常所见的"有预谋"的问答比起来，更能够体现教育的价值和意义。一堂课的意义，有时候就在于对学生的思维发起挑战。以前我写过一篇文章《电子游戏为什么比课堂教学吸引人》，讨论了课堂教学与电子游戏之间的差异，其中有一点就是挑战性。学生对课堂的厌倦，有时候不是因为问题太难，而是因为他没有发现其中的挑战性。兰老师的设问，是顺着学生的思路问，然后揭示学生思考问题中的内在矛盾。这样的问题，就是一个好问题。

其实，还有更深层次的意义，那就是教育价值的问题。有时候我们总是特别关注课堂教学的教学内容，尤其是知识、技能之类的。有一个阶段，我们也曾经关注教学的伦理价值。但是新课程标准提出了"过程与方法"这个维度。我以为这是整个课程标准中最有创新意义的一个环节，但是在实际的教学中我们还是或多或少地忽视了这个方面。在实际操作中，我们有些教师将"过程与方法"维度的要求错误地理解为教学方法与教学过程。实际上，所谓的"过程与方法"指的是课程学习的过程与方法，具体到语文学科，就是关注学生理解和表达的过程与方法。这恰恰是我们所遗忘、所忽视，而又最能够体现学习者主体意识的方面。兰老师的提问实际上就是体现这样的思维的"过程性"的提问，是引导学生反思自己的思维过程的提问，所以有着很强的过程与方法的指导性。

引导的另一个表现就是提升，让学生在原有的认知基础上有新的了解与认识。兰老师在引出"顺势情节""逆势情节"以及"性格逻辑"的时候，都采用了提升的方法。事实上，这些概念和术语所指向的内容都是学生在讨论中逐渐形成的，只是他们并不清楚。这样的不清楚表现为两类，一类是缺乏分析，眉毛胡子一把抓，而兰老师通过分析，发现情节有着不同的功效，进而进行了分类阐述；另一种是有所感，但表达含糊，比如"性格逻辑"，学生们用"风格"一词来表达。有时候老师还是应该帮助学生"跳一跳"的。当然，也要考虑这样的跳一跳，是否值得，是否体现了真正的生命体验的积累。

善引在深思。我以为兰老师的这堂课至少在两个方面给我们启示:一是一个优秀的教师必然对文本有着独到(不是独特、不是另类)的理解。这样的理解或者是基于更广阔的人文视野的高屋建瓴,或者是深入文本的披文入理,总是需要足够的学养作为支撑的。另一方面,优秀的教师在与学生交流时应该是能够直达"心灵"的,师生间的交流应该是基于倾听与理解基础之上的。这样的深思,就抓住了课堂教学的两极:文本和学生。

如果,对于兰老师的课还要提一些意见和建议的话,我觉得课堂还是有点满,内容一多,课堂节奏就会变得比较紧张,问题一个接着一个,有点让孩子喘不过气来,课堂上有时还是要给学生一点"回过神来""转念一想"的时间和空间的。徐徐然,蔼蔼然,岂不更加从容倜傥?

【教材原文】

项　链

莫泊桑

她也是一个美丽动人的姑娘,好像由于命运的差错,生在一个小职员的家里。她没有陪嫁的资产,也没有什么法子让一个有钱的体面人认识她,了解她,爱她,娶她;最后只得跟教育部的一个小书记结了婚。

她不能够讲究打扮,只好穿得朴朴素素,但是她觉得很不幸,好像这降低了她的身份似的。因为在妇女,美丽、丰韵、娇媚,就是她们的出身;天生的聪明,优美的资质,温柔的性情,就是她们唯一的资格。

她觉得她生来就是为着过高雅和奢华的生活,因此她不断地感到痛苦。住宅的寒伧,墙壁的黯淡,家具的破旧,衣料的粗陋,都使她苦恼。这些东西,在别的跟她一样地位的妇人,也许不会挂在心上,然而她却因此痛苦,因此伤心。她看着那个替她做琐碎家事的勃雷大涅省的小女仆,心里就引起悲哀的感慨和狂乱的梦想。她梦想那些幽静的厅堂,那里装饰着东方的帷幕,点着高脚的青铜灯,还有两个穿短裤的仆人,躺在宽大的椅子里,被暖炉的热气烘得打盹儿。她梦想那些宽敞的客厅,那里张挂着古式的壁衣,陈设着精巧的木器,珍奇的古玩。她梦想那些华美的香气扑鼻的小客室,在那里,下午五点钟的时候,她跟最亲密的男朋友闲谈,或者跟那些一般女人所最仰慕最乐于结识的男子闲谈。

每当她在铺着一块三天没洗的桌布的圆桌边坐下来吃晚饭的时候,对面,她的丈夫揭开汤锅的盖子,带着惊喜的神气说:"啊!好香的肉汤!再没有比这更好的了!……"这时候,她就梦想到那些精美的晚餐,亮晶晶的银器;梦想到那些挂在墙上的壁衣,上面绣着古装人物,仙境般的园林,奇异的禽鸟;梦想到盛在名贵的盘碟里的佳肴;梦想到一边吃着粉红色的鲈鱼或者松鸡翅膀,一边带着迷人的微笑听客人密谈。

她没有漂亮服装,没有珠宝,什么也没有。然而她偏偏只喜爱这些,她觉得自己生在世上就是为了这些。她一向就向往着得人欢心,被人艳羡,具有诱惑力而被人追求。

她有一个有钱的女朋友,是教会女校的同学,可是她再也不想去看望她了,因为看望回来就会感到十分痛苦。由于伤心、悔恨、失望、困苦,她常常整天地哭好几天。

然而,有一天傍晚,她丈夫得意扬扬地回家来,手里拿着一个大信封。

"看呀,"他说,"这里有点东西给你。"

她高高兴兴地拆开信封,抽出一张请柬,上面印着这些字:

"教育部部长乔治·郎伯诺及夫人,恭请路瓦栽先生与夫人于一月十八日(星期一)光临教育部礼堂,参加夜会。"

她不像她丈夫预料的那样高兴,她懊恼地把请柬丢在桌上,咕哝着:

"你叫我拿着这东西怎么办呢?"

"但是,亲爱的,我原以为你一定很喜欢的。你从来不出门,这是一个机会,这个,一个好机会!我费了多大力气才弄到手。大家都希望得到,可是很难得到,一向很少发给职员。你在那儿可以看见所有的官员。"

她用恼怒的眼睛瞧着他,不耐烦地大声说:

"你打算让我穿什么去呢?"

他没有料到这个,结结巴巴地说:

"你上戏园子穿的那件衣裳,我觉得就很好,依我……"

他住了口,惊惶失措,因为看见妻子哭起来了,两颗大大的泪珠慢慢地顺着眼角流到嘴角来了。他吃吃地说:

"你怎么了?你怎么了?"

她费了很大的力,才抑制住悲痛,擦干她那润湿的两腮,用平静的声音回答:

"没有什么。只是，没有件像样的衣服，我不能去参加这个夜会。你的同事，谁的妻子打扮得比我好，就把这请柬送给谁去吧。"

他难受了，接着说：

"好吧，玛蒂尔德。做一身合适的衣服，你在别的场合也能穿，很朴素的，得多少钱呢？"

她想了几秒钟，合计出一个数目，考虑到这个数目可以提出来，不会招致这个俭省的书记立刻的拒绝和惊骇的叫声。

末了，她迟疑地答道：

"准数呢，我不知道，不过我想，有四百法郎就可以办到。"

他脸色有点发白了。他恰好存着这么一笔款子，预备买一杆猎枪，好在夏季的星期天，跟几个朋友到南代尔平原去打云雀。

然而他说：

"就这样吧，我给你四百法郎。不过你得把这件长衣裙做得好看些。"

夜会的日子近了，但是路瓦栽夫人显得郁闷、不安、忧愁。她的衣服却做好了。她丈夫有一天晚上对她说：

"你怎么了？看看，这三天来你非常奇怪。"

她回答说：

"叫我发愁的是一粒珍珠、一块宝石都没有，没有什么戴的。我处处带着穷酸气，很想不去参加这个夜会。"

他说：

"戴上几朵鲜花吧。在这个季节里，这是很时新的。花十个法郎，就能买两三朵别致的玫瑰。"

她还是不依。

"不成，……在阔太太中间露穷酸相，再难堪也没有了。"

她丈夫大声说：

"你多么傻呀！去找你的朋友佛来思节夫人，向她借几样珠宝。你跟她很有交情，这点事满可以办到。"

她发出惊喜的叫声。

"真的！我倒没想到这个。"

第二天，她到她的朋友家里，说起自己的烦闷。

佛来思节夫人走近她那个镶着镜子的衣柜，取出一个大匣子，拿过来打开了，对路瓦栽夫人说：

"挑吧，亲爱的。"

她先看了几副镯子，又看了一挂珍珠项圈，随后又看了一个威尼斯式的镶着宝石的金十字架，做工非常精巧。她在镜子前边试这些首饰，犹豫不决，不知道该拿起哪件，放下哪件。她不断地问着：

"再没有别的了吗？"

"还有呢。你自己找吧，我不知道哪样合你的意。"

忽然她在一个青缎子盒子里发现一挂精美的钻石项链，她高兴得心都跳起来了。她双手拿着那项链发抖。她把项链绕着脖子挂在她那长长的高领上，站在镜前对着自己的影子出神好半天。

随后，她迟疑而焦急地问：

"你能借给我这件吗？我只借这一件。"

"当然可以。"

她跳起来，搂住朋友的脖子，狂热地亲她，接着就带着这件宝物跑了。

夜会的日子到了，路瓦栽夫人得到成功。她比所有的女宾都漂亮、高雅、迷人，她满脸笑容，兴高采烈。所有的男宾都注视她，打听她的姓名，求人给介绍；部里机要处的人员都想跟她跳舞，部长也注意她了。

她狂热地兴奋地跳舞，沉迷在欢乐里，什么都不想了。她陶醉于自己的美貌胜过一切女宾，陶醉于成功的光荣，陶醉在人们对她的赞美、羡慕和妒忌所形成的幸福的云雾里，陶醉在妇女们所认为最美满最甜蜜的胜利里。

她是早晨四点钟光景离开的。她丈夫从半夜起就跟三个男宾在一间冷落的小客室里睡着了。那时候，这三个男宾的妻子也正舞得快活。

她丈夫把那件从家里带来预备给她临走时候加穿的衣服，披在她的肩膀上。这是件朴素的家常衣服，这件衣服的寒伧味儿跟舞会上的衣服的豪华气派很不相称。她感觉到这一点，为了避免那些穿着珍贵皮衣的女人看见，想赶快逃走。

路瓦栽把她拉住，说：

"等一等，你到外边要着凉的。我去叫一辆马车来。"

但是她一点也不听,赶忙走下台阶。他们到了街上,一辆车也没看见,他们到处找,远远地看见车夫就喊。

他们在失望中顺着塞纳河走去,冷得发抖,终于在河岸上找着一辆拉晚儿的破马车。这种车,巴黎只有夜间才看得见;白天,它们好像自惭形秽,不出来。

车把他们一直拉到马丁街寓所门口,他们惆怅地进了门。在她,一件大事算是完了。她丈夫呢,就想着十点钟得到部里去。

她脱下披在肩膀上的衣服,站在镜子前边,为的是趁这荣耀的打扮还在身上,再端详一下自己。但是,她猛然喊了一声。脖子上的钻石项链没有了。

她丈夫已经脱了一半衣服,就问:

"什么事情?"

她吓昏了,转身向着他说:

"我……我……我丢了佛来思节夫人的项链了。"

他惊惶失措地直起身子,说:

"什么!……怎么啦!……哪儿会有这样的事!"

他们在长衣裙褶里、大衣褶里寻找,在所有口袋里寻找,竟没有找到。

他问:

"你确实相信离开舞会的时候它还在吗?"

"是的,在教育部走廊上我还摸过它呢。"

"但是,如果是在街上丢的,我们总听得见声响。一定是丢在车里了。"

"是的,很可能。你记得车的号码吗?"

"不记得。你呢,你没注意吗?"

"没有。"

他们惊惶地面面相觑。末后,路瓦栽重新穿好衣服。

"我去,"他说,"把我们走过的路再走一遍,看看会不会找着。"

他出去了。她穿着那件参加舞会的衣服,连上床睡觉的力气也没有,只是倒在一把椅子里发呆,精神一点也提不起来,什么也不想。

七点钟光景,她丈夫回来了。什么也没找着。

后来,他到警察厅去,到各报馆去,悬赏招寻,也到所有车行去找。总之,凡有一线希望的地方,他都去办了。

她面对着这不幸的灾祸,整天等候着,整天在惊恐的状态里。

晚上,路瓦栽带着瘦削苍白的脸回来了,一无所得。

"应该给你的朋友写信,"他说,"说你把项链的搭钩弄坏了,正在修理。这样,我们才有周转的时间。"

她照他说的写了封信。

过了一个星期,他们所有的希望都断绝了。

路瓦栽,好像老了五年,他决然说:

"应该想法赔偿这件首饰了。"

第二天,他们拿了盛项链的盒子,照着盒子上的招牌字号找到那家珠宝店。老板查看了许多账簿,说:

"太太,这挂项链不是我卖出的;我只卖出这个盒子。"

于是他们就从这家珠宝店到那家珠宝店,凭着记忆去找一挂同样的项链。两个人都愁苦不堪,快病倒了。

在皇宫街一家铺子里,他们看见一挂钻石项链,正跟他们找的那一挂一样,标价四万法郎。老板让了价,只要三万六千。

他们恳求老板,三天以内不要卖出去。他们又订了约,如果原来那一挂在二月底以前找着,那么老板可以拿三万四千收回这一挂。

路瓦栽现有父亲遗留给他的一万八千法郎。其余的,他得去借。

他开始借钱了。向这个借一千法郎,向那个借五百法郎,从这儿借五个路易,从那儿借三个路易。他签了好些债券,订了好些使他破产的契约。他跟许多放高利贷的人和各种不同国籍的放债人打交道。他顾不得后半世的生活了,冒险到处签着名,却不知道能保持信用不能。未来的苦恼,将要压在身上的残酷的贫困,肉体的苦楚,精神的折磨,在这一切的威胁之下,他把三万六千法郎放在商店的柜台上,取来那挂新的项链。

路瓦栽夫人送还项链的时候,佛来思节夫人带着一种不满意的神情对她说:

"你应当早一点还我,也许我早就要用它了。"

佛来思节夫人没有打开盒子。她的朋友正担心她打开盒子。如果她发觉是件代替品,她会怎样想呢? 会怎样说呢? 她不会把她的朋友当作一个贼吗?

路瓦栽夫人懂得穷人的艰难生活了。她一下子显出了英雄气概,毅然决然打定了主意。她要偿还这笔可怕的债务。她就设法偿还。她辞退了女仆，迁移了住所，租赁了一个小阁楼住下。

她懂得家里的一切粗笨活儿和厨房里的讨厌的杂事了。她刷洗杯盘碗碟，在那油腻的盆沿上和锅底上磨粗了她那粉嫩的手指。她用肥皂洗衬衣，洗抹布，晾在绳子上。每天早晨，她把垃圾从楼上提到街上，再把水从楼下提到楼上，走上一层楼，就站住喘气。她穿得像一个穷苦的女人，胳膊上挎着篮子，到水果店里，杂货店里，肉铺里，争价钱，受嘲骂，一个铜子一个铜子地节省她那艰难的钱。

月月都得还一批旧债，借一些新债，这样来延缓清偿的时日。

她丈夫一到晚上就给一个商人誊写账目，常常到了深夜还在抄写五个铜子一页的书稿。

这样的生活继续了十年。

第十年年底，债都还清了，连那高额的利息和利上加利滚成的数目都还清了。

路瓦栽夫人现在显得老了。她成了一个穷苦人家的粗壮耐劳的妇女了。她胡乱地挽着头发，歪斜地系着裙子，露着一双通红的手，高声大气地说着话，用大桶的水刷洗地板。但是有时候，她丈夫办公去了，她一个人坐在窗前，就回想起当年那个舞会来，那个晚上，她多么美丽，多么使人倾倒啊！

要是那时候没有丢掉那挂项链，她现在是怎样一个境况呢？谁知道呢？谁知道呢？人生是多么奇怪，多么变幻无常啊，极细小的一件事可以败坏你，也可以成全你！

有一个星期天，她到极乐公园去走走，舒散一星期来的疲劳。这时候，她忽然看见一个妇人领着一个孩子在散步。原来就是佛来思节夫人，她依旧年轻，依旧美丽动人。

路瓦栽夫人无限感慨。她要上前去跟佛来思节夫人说话吗？当然，一定得去。而且现在她把债都还清，她可以完全告诉她了。为什么不呢？

她走上前去。

"你好，珍妮。"

那一个竟一点也不认识她了。一个平民妇人这样亲昵地叫她，她非常惊讶。她磕磕巴巴地说：

"可是……太太……我不知道……你一定是认错了。"

"没有错。我是玛蒂尔德·路瓦栽。"

她的朋友叫了一声：

"啊！……我可怜的玛蒂尔德，你怎么变成这样了！……"

"是的，多年不见面了，这些年来我忍受着许多苦楚，……而且都是因为你！……"

"因为我？……这是怎么讲的？"

"你一定记得你借给我的那挂项链吧，我戴了去参加教育部夜会的那挂。"

"记得。怎么样呢？"

"怎么样？我把它丢了。"

"哪儿的话！你已经还给我了。"

"我还给你的是另一挂，跟你那挂完全相同。你瞧，我们花了十年工夫，才付清它的代价。你知道，对于我们这样什么也没有的人，这可不是容易的啊！……不过事情到底了结了，我倒很高兴了。"

佛来思节夫人停下脚步，说：

"你是说你买了一挂钻石项链赔我吗？"

"对呀。你当时没有看出来？简直是一模一样的啊。"

于是她带着天真的得意的神情笑了。

佛来思节夫人感动极了，抓住她的双手，说：

"唉！我可怜的玛蒂尔德！可是我那一挂是假的，至多值五百法郎！……"

【华东师范大学出版社"高级中学课本"《语文》(试用本)一年级第二学期】

2. 老人与海

学生:河南省郑州市 101 中学高一(5)班
时间:2012 年 2 月 16 日,14:30—15:15

【课堂实录】

师:(板书课题)今天我们学习一篇小说——《老人与海》,这篇小说大名鼎鼎呀,是吧?为什么说它那么有名呢?

生:它是海明威的作品。

师:嗯,因为海明威很有名。

生:他于 1957 年获得诺贝尔奖。

师:其实海明威获得诺贝尔奖,主要因为这篇《老人与海》。纠正一下,1954 年。课前大家预习了吗?我想了解一下,通过预习,你们觉得这篇小说哪些内容读懂了?因为我们的学习不是零起点。我们的班长已经跃跃欲试了,来!

生:感受比较深的是,老人出海始终没有捕到鱼,当他终于捕到鱼的时候,鱼在归途中又被鲨鱼吃了,但是老人始终没有放弃,始终在和鲨鱼作着搏斗,虽然最后一千五百多磅的大马林鱼被吃掉了,但老人和鲨鱼搏斗的过程中,人生的价值被非常充分地体现出来了。

师:这位同学读到了老人的一种……

生:坚强!

师:你把它概括为坚强,其实从你的发言中我还体会到了坚韧。(板书:坚强)这是×××同学的收获,其他同学呢?

生:通过《老人与海》这篇文章,我感受到了人的爆发力。人在面对困难、接近绝望的时候能爆发出自己原有的潜力,在文章中老人给我们呈现出来的就是他非常勇敢,非常有毅力,敢于去同鲨鱼作斗争,维护自己的利益。

师: 危险困难面前他爆发出了自己内在的那样一种勇气。(板书:勇敢)

生: 一个年近古稀的老人竟能这样,不禁让我们的内心受到深深的震撼。

生: 我读到的是乐观,人生如果不乐观度过的话,人就会感受不到人生的快乐,人生的意义。如果每个人都像这个老人这么乐观的话,我们的人生将充满意义。(板书:乐观)

师: 你从哪里读到他的乐观?

生: 他跟鲨鱼搏斗,鲨鱼很厉害,他已经知道了,但他还用很多话安慰自己,让自己平静下来,以便一会儿跟鲨鱼搏斗时不会慌乱。他拿刀子插进鱼脑的时候,动作很坚定,当他把鲨鱼打退的时候,虽然他的鱼已经只剩下鱼骨头了,但是他还是在安慰自己,也没有绝望。

师: 好的。也就是说,鲨鱼一条两条、两条一条、成群结队地扑过来的时候,老人还能够不断地在这样一种困难重重的逆境中鼓舞自己不要放弃,是不是?

生: 我觉得老人有拼搏的精神。对这条大马林鱼,不管多么难,老人拼了自己的老命也要把它带回去。

师: 有拼劲儿。(板书:有拼劲)

师: 这是同学们的收获。看来,在同学们的预习中,一个坚强、勇敢、乐观、有拼劲、很坚韧的老人形象已经树立在同学们心中了。我觉得,这样一些词语,比如"坚强""勇敢""乐观""有毅力"等,当然是这个老人身上不可缺少的性格特点、精神品质,但是当我们把这些标签贴上之后,就会感觉到这不是海明威笔下的老人的完整形象。除了这些之外,老人在与鲨鱼搏斗的过程中,有没有令你感到他不是一个战神、他不是一个大力金刚、他不是一个打了鸡血般只知与鲨鱼拼杀的形象,他也有着我们普通人在困难、危险和不可避免的威胁到来时内心不由自主会产生的那些情感?能读到吗?从哪些地方能读到?

(学生翻看教材)

师: 有发现你就举手,或者看着我。

生：第 31 页写道，"他想：这回它们可把我打败了。我已经上了年纪，不能拿棍子把鲨鱼给打死。但是，只要我有桨，有短棍，有舵把，我一定要想法去揍死它们。"刚才说这个老人如果贴上"坚强""乐观"的标签，是类似战神一样的人物，而"这回它们可把我打败了。我已经上了年纪，不能拿棍子把鲨鱼给打死"这一句却体现出老人在面对鲨鱼时内心的一丝慌乱或者说一丝担忧，担忧自己不能把鲨鱼给再次打死。

师："一丝慌乱""一丝担忧"，这两个词语用得很有分寸感！就是说老人内心也有瞬间的软弱，对自己对抗困境、逼退威胁的能力，他也有怀疑，产生了犹豫，是不是？

生：27 页倒数第三段，"他想：能够撑下去就太好啦。这要是一场梦多好，但愿我没有钓到这条鱼，仍然独自躺在床上的报纸上面。"他想他如果没有钓到这条鱼，就不会遇到这么多困难了，他也害怕。

师：害怕了，退缩了，片刻的、暂时的退缩，是不是？实际上，为钓这条鱼，他可以说历尽艰辛啊！同学们知道他费了多少时间才钓到这条大马林鱼？

生：84 天。

师：是 84 天一无所获，然后再次出海。那么仅就他这一次出航而言呢？

生：三天两夜。

师：对，三天两夜。为捕到大马林鱼，他被牵引到大海的极遥远处，那时候他退缩过没有？

生：没有。

师：没有，没有片刻的退缩。

生：31 页倒数第三段，"他想：我没指望再把它们弄死了。当年年轻力壮的时候，我会把它们弄死的。"就是说，他在进行一次一次搏斗的时候，已经觉得自己年老体衰了，感到筋疲力尽了，他幻想自己年轻的时候会把它弄死。

师：这个老人年轻的时候了不起。怎么了不起呢？小说中通过老人的回忆讲了他年轻时候的一个故事，还没读过原著的同学回去后把《老人与海》的原著读一读，这故事在这里我就不讲了。还有同学有发现吗？

生：第 33 页，"他想：我希望我不必再去跟它们斗啦。我多么希望我不必再跟它们斗呀。"这句话就可以看出，面对困难时，他和我们普通人一样，都有想要逃避的心理。

师：逃避。这词用得很好。咱们一起来研究,这些研究的积极成果,同学们要能够积累下来,咱们集体研究的每一个成果,都是后面继续研究的新起点。

生：第30页,"我真盼望这是一场梦,但愿我根本没有把它钓上来。鱼啊,这件事可真叫我不好受。从头错到底啦。"他觉得有点累了,也有点后怕的感觉,但是这种感觉还是非常短暂的。

师：说"后悔"是不是更准确一些? 好,咱们概括一下,老人在一批一批的鲨鱼扑向他的小船——一条非常脆弱、非常渺小的小船的时候,心里有慌乱,有迟疑,甚至于他还有逃避的想法。(板书:慌乱、迟疑、逃避)他有没有恐惧呀?

生：有。第33页中间一段,"他一时间害怕起来。他担心了一会儿。"从这一句可以看出他的恐惧。

师：嗯,这是作者交代出来的。他表现出来过吗?(学生纷纷看书)

生：第29页三十一段到三十四段。

师：请你来读一读。太长了,第三十三段跳过去。

(生读课文)

师：大家注意,这里要读"臭(xiù)迹"。"臭"这个字作名词时,是气味的意思,读 xiù,不要读错了。作者在这里写了老人的两句话,一个是"呀",这个"呀",作者说没法表达出来,所以他用了一个类比的手法,来传达老头看到两条铲鼻鲨扑过来时内心的这种感受。你觉得这个"呀"怎么去发出来才能传达出老头瞬时的真切感受呢? 我们在座的同学可能都没有被钉子穿透手掌然后被钉在木头上的感受,但是这种情景通过想象是能够感同身受的。十指连心,更何况手掌呀。哪位同学来试试? 这位男同学你来试一试。

(生沉默)

师：(语速由慢渐快)你的手正漫不经心地放在桌面上,忽然一根钉子像子弹一样急速飞来,"嚓"地一下穿透你的……

生：呀!(众笑,鼓掌)

师：对不对,同学们? 是这感觉吧! 太妙了! 你体会到老人为什么会发出这种声音了吗?

生：因为看到鲨鱼又袭来了,老人心中不由自主地产生了惊慌和恐惧。

师：第三十四段后面这句话充满了什么意味？你来读一下。

生："Galano，来吧，Galano。"（听课教师与众生一起鼓掌）

师：你想干什么？

生：（脱口而出）挑战。（众笑）虽然老人已经很疲惫了，也没有什么像样的工具作为武器，但是面对凶残的鲨鱼，他还是迎了上去，勇敢地发出了挑战。

师：好极了。他有惊恐（板书：惊恐），有慌乱，有迟疑，有退缩，有逃避，但是他的可贵之处，是能够在这样的情况下，不断鼓舞自己，在毫无希望的情况之下，努力为自己寻找战斗下去的理由。哪怕心中一片荒凉，也要努力地寻找希望。这样老人才是真实的。他是真实的，他不是一个高、大、全的人物，正是因为这样，我们觉着老人与我们更贴近了。

师：这是同学们研究的收获。我还想问同学们，你们在独立阅读这篇文本的时候，有没有读不懂的地方？或者遇到什么不能独立解决的问题？要知道，预习最关键的是能够生成一些问题。

生：课文里为什么这么多"他想"？

师：这些心理描写、内心独白读上去你是不是觉得很繁琐、很不耐烦啊？

生：课文里"他想"出现得太频繁了！几页文章里差不多都是"他想"。

师：这位同学眼光很敏锐啊，很善于抓住文章的特点。这是一个很值得研究的问题呀。不知同学们有没有注意到，其实老人不只是在"想"，小说中还有很多……

（许多学生："他说"）

师：同学们不妨沿着两条路径去思考这个问题。一条路径是，他的"想"和"说"这种行为本身意味着什么；一条路径是他"想"和"说"的内容有什么意义。

（生沉思）

师：我们先沿着第一条路径思考：他"想"和"说"的时候在干什么？

生：和鲨鱼搏斗。

生：（部分）中间他也一直在想。

师：是啊，有鲨鱼扑来时老人就想方设法击退它们，没鲨鱼扑来的时候他也在"想"和"说"。那么他可以不想吗？

生：不能吧。他在大海上漂流，除了想之外，他又没有什么其他事情。

生：其实他很孤单,在那么大的海上连个说话的人也没有,只能靠自言自语来排遣寂寞。

师：说得真好,你算贴到老人的心上去了,读到了他的孤单、他的寂寞。其实,老人虽然因为鲨鱼的原因不能睡觉,但他也可以不想的,比如他可以发呆。作者为什么不写一个发呆的老头儿,而是不厌其烦大段大段地写他不断地想,不停地自言自语呢?

(生沉思)

师：(出示PPT)我摘录了法国思想家帕斯卡尔的一段名言,请同学们读一读。

生：(齐读)"人因为思想而伟大! ……人只不过是一根芦苇,是自然界最脆弱的东西;但他是一根能思想的芦苇。用不着整个宇宙都拿起武器来才能毁灭他;一团水蒸气、一滴水就足以致他死命。然而,即使宇宙毁灭了他,人却仍然要比致他于死命的东西更高贵;因为他知道自己会死去,知道宇宙所超过他的优势,然而,宇宙对此却一无所知。因此,我们的全部尊严就在于思想。"

师：能悟出点儿什么来吗?

生：作者这样写,实际上是在表现人的尊严,还有思想的力量。老人能够在那么困难的情况下一次次击退鲨鱼,就是因为他是会思想的人,有一股内心的力量在支撑着他。

师：说得真好。这样读下来,题目"老人与海"中的"老人"就耐人寻味了。他一次次击退鲨鱼,没有青春年少的强健体魄——课文里说过吗?(生:有的。)也没有什么先进的武器可以依靠,他靠的就是内心的信念,精神的力量。作者海明威在老人的想东想西和自言自语中,彰显的是人性的高贵和尊严。(重笔突出"老人与海"中的"人"。板书:人性)前面咱们读到老人形象中那么丰富的东西,是不是在这里可以找到源泉?(学生纷纷点头)

师：接下来咱们再做第二件事。同学们不妨找任何一个地方,你读一读看,在大多数情况之下,当然不是一概,不是绝对,"他想"的内容和"他说"的内容构成了什么关系?

(生读书)

生：我发现他想的大多数是危险和不利,他说的内容往往是在激励自己。

师：也就是两个自我的对话，是不是，同学们？当软弱的自我、恐惧的自我、迟疑的自我出来的时候，他就用自言自语的自我不断地去鼓励自己，激发自己的斗志。对吗？他可以依靠别人吗？他只能自己给自己鼓劲啊！

师：这位同学为我们贡献了一个非常有意义的答案。其他同学没有问题了吗？

生：29页第四段。（读）"他看不见帆，看不见船，也看不见船上冒出来的烟。只有飞鱼从船头那边飞出来，向两边仓皇地飞走。还有就是一簇簇黄色的马尾藻。他连一只鸟儿也看不见。"这里写他看不见很多东西，可为什么写他看到了飞鱼和马尾藻？

师：咱们一起把这一段读一下。

（生齐读此段）

师：为什么在这片海里"看不见"许多东西，甚至一只鸟儿，却能看到某些东西，是不是有点矛盾啊？

生：我认为不矛盾，他看不见的东西，像船啊、帆啊、船上冒出来的烟啊、鸟儿啊什么的，都是这片海之外的东西，飞鱼和马尾藻是海里本来就有的东西，当然就看得到。

师：一语中的啊！也就是说，这片海对于外界来说是个怎样的区域？

生：这片海十分遥远，一般人根本就不会到这里来捕鱼。

师：其实不只是人，连鸟儿也很难飞到这里来，这是一个外界的生命很难涉足的地方。可是老人进来了，并且还要从这里带走他的战利品。你不觉得这段景物描写意味深长吗？

生：别人来不了的地方，老人来捕鱼，说明他有一种探索的精神。俗话说："不入虎穴，焉得虎子。"老人是一个敢闯虎穴龙潭的人，所以他才能够捕到大马林鱼。

师：也就是说这段景物描写对于塑造人物有意义。其他同学还有补充意见吗？

生：这段景物描写我感到很静，静得让人感到有点恐怖，就像武侠小说里写的似的，很静，很空旷，但实际上隐藏着杀机。

师：你讲得很有味道，品读到小说叙事的节奏了。表面上看似平静，其实正酝酿着更加激烈的搏杀。那么它和全文有什么关系吗？

（生翻阅课文，思考）

师：同学们看第 32 页。在这里老人不断纠结自己的"运气"，他希望有运气，但是呢他又怀疑自己的运气，他说："你走得太远，把运气给败坏啦。"其实小说原著一开头的时候就交代了，这个老人在当地人眼中是一个怎样的老人。哦，这位同学读过原著了，对，是个"背运"的老人。海明威解释说，背运，就是倒霉到了极点。他为什么"背运"呢？

生：84 天没有捕到鱼。

师：为什么没有捕到鱼？如果说他满足于小鱼小虾之类生存必备的食物，像其他的渔夫一样，在浅海、近海去捕捞，像老人这样一个经验丰富的捕鱼高手还会"背运"吗？

生：不会。老人背运是因为他的目标、追求。他目标太远大了，走到别人不能走到的地方，几乎没有什么生命可以到那里去。目标越大，实现目标的难度就会越大，会遇到许多困难，像鲨鱼什么的。这就像玩游戏一样，过的关越多，离起点越远，难度就越高，出现的怪兽就越难对付。

师：呵，玩游戏都玩出了感悟，你真行，看来我们应该给电玩正名了。回到那段景物描写上去。大家读到了两点，一个是静，空旷寂静，暗藏杀机，一个是远，远到连一只飞鸟也看不见。读到这个层次，我想老人把失败的原因归结到走得太远了，这点在理解上不成问题，是不是？（生点头）你来谈谈对这个问题的理解好吗？

生：我很赞同刚才×××同学的理解，老人的目标和追求太高了，他要证明一个渔夫的价值，他是一个很有荣誉感的渔夫，他不仅仅追求物质上的满足，所以才会进入一般的渔夫很难到达的海域，这样他就必须付出代价，经受常人难以承受的考验，这大概就是老人说走得太远把他打败了的意思吧。

师：这位同学已经上升到理性的高度来思考这个问题了，他对老人的这种解读让我们联想到人类文明进程中许许多多先驱者、探险者的故事。

生：比如说布鲁诺，当时人们都信奉基督教所说的地心说，但是他却发展了哥白尼的思想，到处宣扬日心说，并且还思考太阳系之外的宇宙，结果被宗教裁判所活活烧死了。

师：他的思想超越了世俗，超越了时代，走得太远了，他的遭遇确实有老人的味道。这样的人从古到今从来就没有断绝过，老人的结局，仿佛就是这些追求者的宿命。（板书：宿命）其他同学肯定还想到了很多，由于时间关系，咱们就不再展开了。

通过老人与鲨鱼搏斗的故事，同学们应该认识到，真正优秀的文学作品，不仅给我们提供了一个故事文本，而且它往往还是一个思想文本，一个价值文本，一个具有隐喻性和象征性的文本，它能够借助这样一个特殊的故事引发我们对人类精神生活中一些根本问题的思考。

师：好，刚才咱们一起研究了两位同学提出的看法，老师有一个问题，请同学们一起思考。在第十二段，我们一起读："可是一个人……"预备，读。

生：（齐读）"可是一个人并不是生来要给打败的，"他说，"你尽可把他消灭掉，可就是打不败他。"

师：真正的人永远不可能被打败，这是老人第一次击杀了那条鲭鲨的时候，他给"人"下的定义。但是同学们来看，文章在第八十七段写道："他知道他终于给打败了"，也就是说宁死也不认输的老人最后竟然认输了，这不是矛盾吗？如果他真的是被打败了，那海明威笔下的这个老人还有什么价值呢？这个问题我觉得比较难解决的，你怎么看？

生：我想说的是，文中的渔夫和中国历史上李煜曾经形容过的一个渔父非常不同，但我很想用他的一句话来形容这个渔夫，就是："一壶酒，一竿纶，世上如侬有几人？"这个老人他说的一句话我很喜欢，"人并不是生来要给打败的"，他这句话是针对"人"来说的，人为什么不能被打败呢？在面对困难的时候，他没有放弃，他敢于用自己的一双手，一个鱼叉，还有船上的东西，去与这些来来去去的鲨鱼作斗争，虽然结局是失败了，但是他战胜了自己，他并没有被自己打败。最后我想说的是，用一句话来形容文章中的老人，他非常符合那句话——人可以被消灭，但不可以被打败。他没有被打败。

师：你的阅读面很广，恐怕很少有人知道李煜这首词啊，你能灵活运用，确实不容易。不过你一方面认为结局是失败了，一方面又认为他没有被打败，似乎还讲不大通。

生："人并不是生来要给打败的"，我觉得老人可以坚持下去，因为作为一个渔夫，他代表的就是人，鲨鱼代表的也可以说是自然，在人与自然的对立当中，人其实是非常渺小的，但是老人在和鲨鱼搏斗的过程中用他自己的一些行为，向我们证明了在人与自然的搏斗中，人的力量也是不容小觑的。老人就是为了证明自己的勇气和毅力，为了证明作为一个渔夫的光荣，作为人的尊严。

师：两位同学的意见都肯定了在整个搏斗过程中，老人已经彰显出作为人的精神力量,但是对于他到底有没有被打败,看来还是比较纠结。我觉得同学们不妨先来思考这样一个问题:老人被打败了,这个标志是什么?

生:鱼被吃掉了。

师:很好。那么第二个问题:大马林鱼对老人来说意味着什么?

生:它是一个人。

师:太抽象了。

生:就在他知道自己终于给打败了时,他说:"吃吧,Galano。做你们的梦去,梦见你们弄死了一个人吧。"而且第一段说"他们在海里走得很顺当",课下注释给的是:"他们"是指老人、渔船及他所捕获的、拴在渔船后的大马林鱼。这个老人相当于把这条鱼当成了一个人,而且在"你尽可把他消灭掉,可就是打不败他"中,"他"也可能就代表那条大马林鱼。

师:这个同学谈到了老人和大马林鱼的关系。大马林鱼是一个捕猎的对象,同时呢,它又是老人的伙伴,甚至是老人的一部分,因为它是老人维持一冬的食物。这个意思原文中有没有?

生:有,在第30页。"这是把一个人养活一整个冬天的鱼啊。"

师:所以说,鱼养活他,失掉鱼也就是失去了他赖以生存的物质生活保障啊,老人在后面更是把鱼和自己作为一个整体来说的,是不是?哪些句子?

生:在32页,"这把你和我都给毁啦。可是我们已经弄死了许多鲨鱼,你和我,还打伤好多条。"

师:从这个意义上来说,在老人捕到大马林鱼以后,大马林鱼实际上就是物质化、肉体化的老人的一个存在,这样理解同学们同意吗?鲨鱼把大马林鱼的肉吃掉,实际上就是把老人给消灭掉了,从这个意义上来说,老人是被消灭了——象征性地消灭了。可打败了没有呢?

(有学生摇头)

生:我认为没有被打败。真正打败,就要把老人最宝贵的、最看重的东西都一同消灭掉。

师:老人最看重什么?也就是说,大马林鱼对老人来说除了是维持生命的食物之外,还意味着什么?

生:在第28页有这样的话:"你把鱼弄死不仅仅是为了养活自己,卖去换东西吃。你弄死它是为了光荣,因为你是个打鱼的。"就是说这条大马林鱼代表了老人作为一个渔夫的光荣和尊严。捕获这么大的一条大马林鱼,说明他是一个了不起的渔夫。鲨鱼虽然吃掉了它所有的肉,但是那一具骨架还在。别人还可以隐约看到老人作为一个渔夫的尊严。所以我认为老人没被打败。(师板书:尊严)

生:我不同意。老人最后不是放弃抗争了吗? 第33页上说:"夜里,鲨鱼又来咬死鱼的残骸,像一个人从饭桌子上捡面包屑似的。老头儿睬也不睬它们,除了掌舵,什么事儿都不睬。"这不是彻底放弃了吗?"哀莫大于心死。"这还不算是失败吗?

生:前面已经说了,老人这时候已经被象征性地消灭了,被消灭了的人还能反抗吗? 再说了,大马林鱼的肉已经被吃光了,再去反抗还有什么意义? 白费力气嘛!

师:(对前面一生)你还有反驳的意见吗?

(生无语)

师:精彩,太精彩了。所以我们说,老人从某种意义上来说是一个被毁灭的悲剧,我们为什么读这篇小说会感受到一种震撼? 因为这是一个真正的人在某种意义上被毁灭的悲剧,因为老人是一个悲剧的英雄。(板书:悲剧)

师:老人这个形象,还有《老人与海》构成的这个文本世界,如果我们去深入地解读,还可以有很多感悟,老人呀,鲨鱼呀,还有大马林鱼呀,还可以赋予很多象征意义。推荐同学们读一本书——(出示PPT:吴晓东《从卡夫卡到昆德拉》,生活·读书·新知三联书店2003年版)我们通过它可以更深入地了解海明威,也了解一些其他的现代小说。作为一个现代人,不要对世界上重要的现代小说一无所知。下课!

附:板书设计

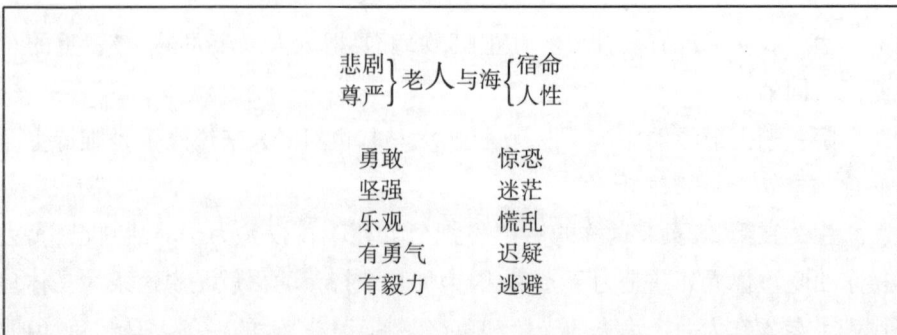

阅读教学的"品位与格调"

《老人与海》是一篇外国现代小说,收入人民教育出版社出版的"普通高中课程标准实验教科书"《语文·必修3》第一单元,华东师范大学出版社出版的高三《语文》第一学期第三单元也选入了这篇课文,单元人文主题是"品位与格调"。

华师大版语文教材的编写,主要以"人文主题"为单元组织依据。我一直以为,人文主题当然可以作为单元组织依据,但每一个人文主题却不应该仅仅作为确定这个单元编选课文的主题依据,同时它还应该是这一单元教学目标的重要尺度,教师应从阅读积累、语言素养、思维品质、文化情怀等维度,将单元人文主题融化在每一篇课文教学目标的设定中。比如"品位与格调",绝不应该是一个浮泛的人文标签,而应落实为学生阅读的品位与格调、语言的品位与格调、思维的品位与格调的提升,并最终积淀成为学生较高的文化品位与格调。

那么什么是品位?什么是格调?两者之间是什么关系?作为一个单元的人文主题,它有怎样的语文教学价值呢?

在我看来,品位,指的是人对事物分辨与鉴赏所达到的程度;格调,则是指人内在素养呈现出来的品格与风范。两者互为表里,有高品位自有高格调,反过来,格调高雅标志着一个人所达到的品位水平。在人教版教材《老人与海》的教学处理中,我大胆地把我对华师大版《老人与海》的教学处理方式借鉴过来,以"品位与格调"作为教学目标设定的重要尺度,来确定这个文本的教学价值。

与华师大版教材不同的是,人教版教材的这个单元是一个文体单元,共编选了三篇中外小说。在单元导语中,编者写道:"学习这个单元,要着重欣赏人物形象,品味小说语言。"说实在的,这种表述很空泛。落实到具体文本中,"人物形象"重点应该放在性格层面,还是社会意义,还是典型价值,抑或是人物所引起的读者反应?怎样欣赏?为什么要"欣赏"?这里的"欣赏"是"鉴赏"的意思吗?那么"小说鉴赏"该鉴赏什么呢?如果学生连小说都还没完全读懂,那么应该怎样处理"鉴赏"与"解读"的关系?"品味小说语言"同样涉及很多具体问题,比如具体到《老人与海》这样一篇翻译作品,小说语言的品读教学价值是什么? 是语言的修辞学层面、文章学层面,还是文学表现层面? 应该以怎样的方式去品读才合乎这样一篇小说文本的学习规律? 是咬文嚼字还是感悟、比较、评析、思辨? 还有,小说教学中的语言品读和人物鉴赏是怎样的关系? 怎样处理才能够避免一堂课"两张皮"乃至"几张皮"现象?

我们知道,中学语文课不同于文学课,因此没有必要对作家、文学流派、理论主张作过多过细的讲解。中学语文课中的小说鉴赏课,需要教师引导学生通过对文本的深入品读,去感受、理解人物、情节、环境中的情感思想和哲理,或社会生活内涵,在这种品读、感受和理解中,学生的阅读趣味、语言素养、心灵世界自然而然地得到潜移默化的提高。作为以"鉴赏"为取向的小说教学,直白一点儿讲,就是要教会学生如何去判别小说写得好不好,好在哪里,怎么个好法。而对于高一学生来说,像这样一篇有深度的小说,他们恐怕连小说本来的深度也难以挖掘出来,更别说在此基础上去讲鉴赏了。

这么说来,"品位与格调"的人文主题定位,就很有鉴赏教学的内在价值了。就学生现有的认知水平而言,这篇小说好在哪里呢? 好就好在它有深度,有作为文学经典的独特的品位与格调。也就是说,这篇小说,可以让学生认识到,原来除了那些以情节性见长的小说外,还有这样一种极有人物性格张力的小说,这关乎学生阅读趣味的品位与格调;它也可以让学生认识到,原来除了那些极富表现力的语言之外,还有这样一种省略、简捷、内敛的小说语言,这关乎学生语言品读的品位与格调;它还可以让学生认识到,不管在文学的世界里,还是在现实世界中,人并非色彩单一的存在:不是高大便是卑微,不是清醒便是迷茫,不是乐观便是悲观,不是好汉便是软蛋,不是君子便是小人。人和世界都是多元的、复杂的,要紧的是能够在多元与复杂的局面中挺立为人的尊严,不沉沦,不垮掉,这既关乎思维品质的品位与格调,又关乎精神世界的品位与格调。

从这个意义上,我不仅找到了这篇小说教学的一个支点,也找到了这一人文主题与课程标准的相关要求之间的交点,应该说这也决定了我教学思考、教学设计与教学实施的品位与格调。可以这么说,无论从人物形象的丰满度、文学语言的独特性,抑或是文本意义的隐喻性看,《老人与海》都是一个品位与格调很高的经典文本。老人孤独寂寞而又温暖单纯、迷茫沮丧而又坚韧顽强的性格，与文本冷静、内隐、具有省略性的叙述语言和极富张力的叙述节奏融为一体，构成了一个意义丰富的文本阐释空间，读来令人心灵震撼，而且还能引发人们对人性与神性、荣誉和尊严、苦难与抗争，甚至是死亡和永恒等人文母题的理性思考。而这种理性思考，又反过来能深化读者对人物性格深度的理解，让阅读的情感冲击和心灵震动闪耀出理性的光辉，激荡起哲理的余韵。

需要指出的是，与人教版的节选方式相比，华师大版教材对原作的节选却有些问题。在我看来，阅读教学中每一篇课文，无论是名著节选，还是独立篇章，都应该是一个自足自洽自证的文本系统。只有满足这样一个基本条件，在阅读教学中才有可能引导学生达到苏东坡所说的"自达""自得"乃至"自胜"的境界。但是上海版教材中的《老人与海》作为一篇节选课文，却不具有自足自洽自证的特征。课文节选了老人捕获大马林鱼归航途中四次击退鲨鱼进攻的那些部分。最后一段是老人的一句独白："'跟它们斗，'他说，'我要跟它们斗到死。'"这样节选的好处是能够突显老人那种不服输的精神，主题当然是很集中的。但是从情节的相对完整性和老人性格的深度表现来看，这样的节选方式则是有缺陷的。这样单一主题的阅读文本，从某种意义上来说，对高三这样高学段学生的阅读品质和思维品质的提升，并没有多少教学价值；照这样的节选方式，课后"思考与练习"中"想一想，桑提亚哥老头是失败者还是胜利者"也就很难解决。相比而言，人教版教材节选了从鲨鱼出现到老人回到渔港的部分，构成了一个相对完整的教学文本。这样做的好处是开拓了文本的阐释空间，因此也就开拓了学生阅读和思维的空间，使学生对人物性格深度的理解有足够的文本资源作为支撑，否则，学生对老人这一人物形象的理解，就会流于平面化、单一化。

《老人与海》内涵非常丰富，茫茫大海上，一个衰老疲惫的老人，面对不断袭来的鲨鱼，他一次次振作起精神，鼓舞起力量，在海天茫茫中孤独地搏战三天两夜，最后却只带回了大马林鱼空空的骨架。这样一篇小说，其文本解读的成果，梳理起来至少有七种：

1. 诺贝尔文学奖"颁奖辞"说：这篇小说，是对于即使在物质的收获归于乌有时，仍然要坚持下去的战斗精神之赞歌，是在失败中获得道德上的胜利的赞词。《中国大百科全书·外国文学卷》有关海明威的词条中写道：《老人与海》的主题思想是人要勇敢地面对失败。

2. 也有研究者认为,《老人与海》揭示的是人类的生存、命运与环境冲突的主题,潜藏着海明威对自然、人类、社会诸种关系的深沉忧虑和哲学思考。桑地亚哥的"硬汉"行为,只体现海明威的人生态度,并不能涵盖《老人与海》思想内容的全部。

3. 有研究者认为,海明威创作《老人与海》时正值麦卡锡主义在美国猖獗横行,民主与进步力量遭到疯狂迫害的年月。在政治高压面前,海明威用《老人与海》表达了他的立场。他独具匠心地创造了一个寓言式的人物桑地亚哥,将这个古怪的老渔夫置于远离人群的大海上,让他扬着孤帆,沉思默想,独自感慨,表达了作者关于现实世界和人类命运的认识与思考,隐晦地传达出他对美国现实的极度悲观。

4. 西方女权主义评论家菲利普·扬的"负伤理论"认为,"作家在一次大战中负伤而带来的损伤,一直是他生活与工作的动力"。现代文明困境中,他们身为男儿在肉体和精神上备受挫伤,却无能为力,只有在迷惘中逃离痛苦。透过他们的悲剧命运,我们看到父权文化在走向衰落,传统意义上男人们专有的权威、尊严和荣誉的光晕在消失。但他们大多有勇敢顽强、临危不惧、与厄运斗争到底的强烈个性,是一个凭着个体生命的全部勇气和力量来与命运抗争的个人主义英雄。①

5. 日本学者庆一原田从原型批评的立场出发,认为老人桑地亚哥在茫茫大海中追捕大马林鱼,被带往远海之中,最终被鲨鱼围攻空手而归的故事,隐含着古代英雄神话的原型。作为居住在暂时和有限序列中的人,桑地亚哥进入大海所代表的属于永恒序列的神性领域,并企图将战利品运出神域,向人们揭示那个不可知的领域,这是一种渎神行为,因此必须为这种傲慢而付出代价,受到惩罚。在这里,老人的捕鱼行动,代表了一种超越世俗局限而获知神性、超越暂时局限而追问永恒的努力;而他的失败,则证明了生活在时间序列里的人类在神性和永恒面前的局限性,因为这种失败,他有资格成为人类存在和人类命运的评判者,从这个意义上来说,他的失败又转化成为他的胜利。②

6. 意大利评论家纳米·达哥斯蒂诺认为,包括《老人与海》在内的海明

---

① 第1-4转引自王屹宇、陈应德的《现代小说:在语言的冰山下》,载《中学语文教学》2012年第1期。

② 参见董衡巽编选的《海明威研究》,中国社会科学出版社1980年版。

威系列小说都表达了他对人生的基本态度，那就是人生是一场孤独的斗争，是行动的拼死的激情，在这背后意识不到任何意义或理由。人生里没有什么东西可以被说明、被改善或被挽救，也不能真正提出或解决什么问题。在这个基本上没有信仰的世界上，人可以愤怒和死亡——作家作为人性的保卫者，则伤心、无力地在人生的藩篱上观望。①

7. 有学者从存在主义立场出发，认为《老人与海》以现代寓言的形式诠释了存在主义的核心命题——世界的荒诞性。这个寓言式故事说明，人在同外界势力的斗争中逃脱不了失败的命运，这外界势力可以是战争、是黑暗的社会，也可以是自然界不可阻挡的异己力量。在这些强大的对手面前，孤立无援的人免不了失败。②

这些文本解读成果，有社会批判视角、道德评判视角、人类学视角、神话学视角、哲学视角，甚至女权主义视角，等等。这些专业的文本解读成果，可以为教学提供一定的参考，却肯定不能机械地移植到课堂上来。在教学中，教师应该引导学生把老人桑地亚哥孤独寂寞而又温暖单纯、迷茫沮丧而又坚韧顽强的性格深度从文本叙述中读出来，把老人所象征的那种捍卫人性尊严和荣誉，并为此而勇敢担当起苦难，即使被消灭也永不屈服的精神，从老人的独白和内心独白中读出来，读到全文贯通，读到有自己的见解和看法，读到深入到冰山在海面下的"八分之七"，而不是浮在表面。这是文本的核心价值之所在。

那么学情是怎样的呢？现代小说的学习，尤其对于外国现代小说的学习，很多学生视为畏途，一是不喜欢，二是不会读，读不出感动心灵的深度，读不出余韵悠长的味道。主要原因在于，学生已有的阅读经验与现代小说所提供的文本经验之间存在着巨大差异。学生已有的阅读经验是，习惯于从跌宕起伏的情节中感受人物的性格强度，从外显性的叙述和动作性的描写中把握文本的表达诉求。因此，对《老人与海》，学生会特别关注"一个人并不是生来要给打败的……你尽可把他消灭掉，可就是打不败他"这句名言，也能够很快把握住老人勇敢、坚韧、不屈等品性，因为课文对老人一次又一次击退鲨鱼的动作描写是切合他们已有的阅读经验的。

---

① 参见董衡巽编选的《海明威研究》，中国社会科学出版社 1980 年版。
② 傅守祥《现代荒原上的西绪福斯——试论海明威小说蕴含的存在主义主题》，《哈尔滨工业大学学报》（社会科学版）2002 年第 4 期。

而海明威以"冰山理论"为代表的极简主义美学追求,使作品呈现出一种"零度写作"(罗兰·巴特)和原生态叙述的特征,文本语言更多表现为内隐、省略和暗示性的特点,而人物性格的深度和文本的丰富意义,恰恰就蕴含在这些独特的语言中。同时,"正是这种原生情境中蕴含了生活本来固有的复杂性、相对性和诸种可能性"①。学生所缺乏的恰恰是阅读此类文本的经验。

　　因此这篇小说的教学重点应该是:引导学生品读那些内隐的、富有暗示性的文本语言,把文本省略的无限丰富的内涵"浸泡"出来,从而去探索人物的性格深度,进而领会这篇现代小说所具有的象征意蕴和隐喻内涵。

　　随着教学经验的不断丰富,我逐渐确立了一种教学过程的"建构取向"。就是说通过学情分析和文本分析,教学的逻辑起点和目标终点基本上是可以确定的;教学过程中的基本环节大致上是可以预设的,但课堂教学展开过程中学生遇到的问题和障碍往往呈现出动态和变异的特征。如果完全按照教学设计来实施教学,学生就很容易被教师牵着鼻子走,学习的自主性和积极性就会受到压制,因此也就很难在课堂上闪耀出智慧的火花。因此,教学设计上我一直坚持一个原则:外放而内收。所谓"外放",就是让学生提出不能独立解决的问题,让学生质疑;所谓"内收",就是教师将学生提出的问题按照目标达成的梯度和学生学习的心理逻辑进行梳理、归类,建立起教学活动开展和教学过程推进的有序链条,通过适当地引导,最终达成教学目标。遵循学生文本阅读的心理逻辑和教学设计梯度化原则,我设计了这样的教学程序:

　　第一步,根据学生已有的阅读经验确定教学起点,发现学生阅读理解上的认知偏差,引导学生精读文本,体会老人的犹豫、动摇、恐惧、退缩,还原一个生活意义上的真实的老人。

　　第二步,根据学生提问的情况,梳理出教学的基本层次,首先以"他想""他说""我想"等文本语言为抓手,引导学生将老人激情、勇敢、强悍的一面,与他矛盾、纠结、困扰的一面,纳入到他内心世界的层面来理解,从而触探老人性格深层中所蕴含的人性深度。

　　第三步,在第二步的基础上,引导学生关注文本叙述语言以及老人内心

---

① 吴晓东《从卡夫卡到昆德拉》第 138 页,生活·读书·新知三联书店 2003 年版。

独白的前后联系,引发学生对老人的命运观、荣誉感、尊严感的理解。

第四步,聚焦"老人到底有没有被打败"这一问题,引导学生从文本语言中探索老人与马林鱼的关系,理解"打败"和"消灭"的区别,从而深入理解人物的悲剧意蕴和象征内涵。

学生阅读、思维和文化方面的品位与格调的提升,要求教学同样要有"品位与格调"。而教学的品位与格调,要求教师不仅要"胸中有书,目中有人",而且还要"手中有法"。

教学时我对每一环节学生在阅读中可能出现的问题或障碍,作了尽可能充分的估计,并预设好相应的教学策略和方法。除了问题引领和追问外,我先后采用的教学方法有:极端归谬法、问题梳理法、路径指引法、支架提供法、情境设置法、矛盾激发法等等。

比如在第二环节中一个学生很自然提出问题:课文里为什么有这么多"他想"? 我抓住学生的问题延伸开去,让学生进一步发现文中还有许多"他说",接下来重点讨论"他想"与"他说"。我给他们指出思考路径:一是老人的"想"和"说"这种行为本身意味着什么,二是他"想"的和"说"的内容有什么意义。这种路径的指引将问题具体化,让学生的思考有了明确的方向。

由于知识储备的不足,对第一个问题,学生仅仅能够体会老人的孤独,再往深处思考就难以推进了,于是我用 PPT 亮出帕斯卡尔那句"我们的全部尊严就在于思想"的名言,于是学生一下子就明白了。

当学生自以为明白的时候,我又抛出问题:"他想"的内容和"他说"的内容构成了什么关系? 这其实是给学生指出一个新的思考方向,学生通过对比阅读,很快就体会到了老人在苦难的境遇中犹疑、沮丧却又不断自我激励的内心力量。人物性格的深度,恰恰就隐含在这类文本语言中。

再比如当第二次看到鲨鱼的时候,文章用了一个"呀"字来表现老人的心理反应。这种体会很难表述清楚。于是我通过教学语言描述"被钉子穿透手掌然后被钉在木头上"的情境,让学生在想象中不由自主地发出这个"呀",收到了很好的效果。这种"默会知识",只有设计情境和活动,才能让学生体会到。

这样的教学,让学生获得了豁然开朗的思维乐趣和柳暗花明的阅读体验。在这样的课堂中,我和学生一起享受着提升"品位与格调"的快乐。

【同行链接】 上海市浦东教育发展研究院　张广录

从教学观念到课堂技术

一、教师对语文教学的认识

1. 语文学习不是从零起点开始。

在课的开始,兰老师强调语文学习不是从零起点开始,说明他对语文学习的本质有较深刻的认识。这是当下语文教学中的一个非常重要的话题。

首先,学生已经是十六七岁的年龄,对世界的认识在许多方面已经非常丰富,教师没必要把他们当作幼儿园的小朋友那样来对待。

正因为兰老师有这样的认识,所以他能够在课堂上不把高中生当作幼稚的小孩子看待,能充分地给学生阐释文本的时间和空间,由学生对文本作了很到位的阐释,许多精彩的发言正是在这样的情境下产生的,教师的这个认识告诉我们,永远不要低估学生,只要教师引导到位,学生是能够到达理解文章该有的高度的。

2. 语文课要有"语文味"。

比如,对于学生的发言,兰老师在课堂上有这样的评价:"'一丝慌乱''一丝担忧',这两个词语用得很有分寸感! 就是说老人内心也有瞬间的软弱,对自己对抗困境、逼退威胁的能力,他也有怀疑,产生了犹豫,是不是?""很有分寸感",教师的这种评价能引起学生对语言使用的敏感反应。而语文学习的主要作用之一就是提高学生对语言的敏感度,教师的这种评价很有"语文味"。

又比如,这一段非常经典:"大家注意,这里要读'臭(xiù)迹'。'臭'这个字作名词时,是气味的意思,读 xiù,不要读错了。作者在这里写了老人的两句话,一个是'呀',这个'呀'作者说没法表达出来,所以他用了一个类比的手法,来传达老头看到两条铲鼻鲨扑过来时内心的这种感受。你觉得这个'呀'怎么去发出来才能传达出老头瞬时的真切感受呢? 我们在座的同学可能都没有被钉子穿透手掌然后被钉在木头上的感受,但是这种情景通过想象是能够感同身受的。十指连心,更何况手掌呀。哪位同学来试试? 这位男同学你来试一试。"这一部分,正是对语文课上的"语文味"的很好诠释。首先是对字词读音的纠正,然后是"呀"字如何来读才能更准确地传递出情感,表面看起来,这是在进行诵读教学,但其实质是对文本背后的情感的体验,非常好地体现出了语文课的专业性。

二、教师的认知高度

1. 文本需要深度解读。

许多次,兰老师在学生理解之后,提出了完全不同的新看法,引导学生去思索不同的结论,把课堂学习引向对文本的深入解读。这充分体现了教师教学的价值。试想,如果仅仅是让学生发言,学生说着他们原本就会说的话,热热闹闹一节课,但实际上学生收获很有限。所以说,教师的存在价值,就在于引导学生对文本有新的认识和理解。

在评价老人的形象时兰老师说:"他是真实的,他不是一个高、大、全的人物,正是因为这样,我们觉着老人与我们更贴近了。"教师把前面学生的各种认知加以总结,直接引导到"真实"的老人形象上,摒弃了高大全的人物形象分析,这是教师对学生认识能力的一种提升。效果较好。

在教学的第三板块中,兰老师摘录了法国思想家帕斯卡尔的一段名言,并且在PPT中予以呈现,让全体学生朗读,这是非常必要的内容铺垫,属于对学生要理解的内容的一种"前理解"铺垫。而现在语文课上,学生有时无法对教师的教学内容作出回应,往往就是因为缺乏"前理解"。这种"前理解"的补充能够体现教师的一种眼界和高度。通过这样的引导,学生认识到文章彰显的是人性的高贵和尊严,这是对课文内容的一种提升。接下来兰老师指出文本的实质是"两个自我的对话",这是一个非常有质量的阅读结果,是小说情节和描写背后的一种哲学层面的认识,显示了教师自身的认识高度,对学生认识的提高很有帮助。

兰老师在课的末尾部分总结说:"从这个意义上来说,在老人捕到大马林鱼以后,大马林鱼实际上就是物质化、肉体化的老人的一个存在,这样理解同学们同意吗?鲨鱼把大马林鱼的肉吃掉,实际上就是把老人给消灭掉了,从这个意义上来说,老人是被消灭了——象征性地消灭了。可打败了没有呢?"这是对文本的一种真正的理解。阅读文本,教师的指导作用,就体现在如何通过巧妙的引导,把学生对文本的认识,从表面化的故事情节引到对文学表达手法的一种真正的理解上来。其实,海明威正是用这样一种对世界的象征来讲故事的,故事里面的"老人""海""鲨鱼"等其实是这个世界的一种符号式存在。只有通过这样的解读和剖析,学生才可能对文本有深刻的认识和理解。

2. 对学生偏差认识的纠正。

教师在课堂上的作用，还体现在对学生可能产生的偏差认识的纠正上，这是教师应尽的责任。比如在第二板块中，学生把害怕、逃避作为老人当时的心理特点提出来，对此兰老师进行了一步步的分析、引导："害怕了，退缩了，片刻的、暂时的退缩，是不是？实际上，为钓这条鱼，他可以说历尽艰辛啊！同学们知道他费了多少时间才钓到这条大马林鱼?""对，三天两夜。为捕到大马林鱼，他被牵引到大海的极遥远处，那时候他退缩过没有?""没有，没有片刻的退缩。""有慌乱，有迟疑，有退缩，有逃避，但是他的可贵之处，是能够在这样的情况下，不断鼓舞自己，在毫无希望的情况之下，努力为自己寻找战斗下去的理由……"兰老师通过巧妙的引导，实际上否定了对老人性格贴标签式的认识，体现了教师的判断力。所以，在具体的文本分析中，教师必须对学生的认识作出判断，及时把控，而不是一味肯定和鼓励，这才是教师存在的价值。

三、教师的学生观

1. 课文分析建立在学生已有认识的基础上。

从实录中我们可以看到，课堂的大部分时间，其实都是学生在发言。课堂一开始，学生就已经点到了小说存在的意义、价值：在过程当中体现人的价值。这已经是一种超越日常生活层面的认识能力，说明学生对如何阅读小说有着很成熟的阅读经验和欣赏小说的基本能力。

在课堂教学的第一个板块中，教师从学生的发言中找到四个教学"点"：坚强、勇敢、乐观、有拼劲，第二个板块中的四个讨论点——害怕、退缩、自感衰老、逃避也是从学生的发言中生成的，第三个板块中的"课文里为什么这么多'他想'""孤单""寂寞"等也是学生自己生成的认识，真正的课堂教学就应该是这样，从学生的阅读感受中生发出新的教学点，这样能保证以后的教学内容是由学生的认识生成出来的。

兰老师在课堂中说："咱们集体研究的每一个成果，都是后面继续研究的新起点。"此处似乎露出了教师自己的上课思路：从学生已有的认识中，往后拓展和研究，生发新的教学内容——这是真正的"以学生为中心"的课堂。

2. 关注学生群体。

兰老师在学生发表看法后，几次问其他同学有什么看法，这是一种很好的学生意识。当下的班级授课制，需要教师对全体学生予以关注。但我们常常见到这样的课堂:因为某位学生比较对教师的口味,结果课堂教学就演变成了教师和某位学生的对话,其他学生被忽略了。这对其他学生来说,是非常不公平的。而兰老师课上的这些看似随意的提问,体现的是一种关注学生群体的意识。

四、教师的课堂教学技术

1. 自然的引导。

大部分情况下,兰老师都能比较自然地、不动声色地进行引导,学生则按着教师的指引,很容易就寻找到了文本解读的新的突破点,从而形成了对文本的新认识和新理解。整堂课指向正确,非常有实效。

2. 及时的追问。

在第一板块,学生谈自己对老人形象的感受时,当有学生答出"乐观"二字,兰老师立即追问:"你从哪里读到他的乐观?"这句追问问得好:真正的阅读,应该一切从文本中生成。这种追问,既和学生的思维走向紧密相连,又可以把课堂研究的中心内容时时控制在对文本的理解中——阅读的本质,实际上就是对文本的研究和揣摩。离开了文本而进行文外的讨论,毕竟不是阅读教学的核心内容。

3. 恰到好处的板书。

兰老师在课堂上,非常好地使用了随机板书,把学生的发言重点时时写在黑板上。随机板书是非常重要的教学工具,虽然看起来很普通,但实际上,在具体的课堂教学环境中,它是非常有效的,能为下一步的讨论提供可视化的内容,也有利于集中课堂研讨的目标。

4. 课堂情境的创设。

让我们看一看下面这段精彩的实录:

师:(语速由慢渐快)你的手正漫不经心地放在桌面上,忽然一根钉子像子弹一样急速飞来,"嚓"地一下穿透你的……

生:呀!(众笑,鼓掌)

师:对不对,同学们? 是这感觉吧? 太妙了! 你体会到老人为什么会发出这种声音了吗?

语文课上需要一些情境设置,以保证学生能够在特有的情境中,把自我的体验和作者的体验关联起来,但这需要教师的精心设计。兰老师在这一点上做得很专业,他通过引导,营造情境,让学生对文字背后的内容有一种"情景再现"的体会和认知,使学生对文本的体认更加深刻。这就是语文教师在课堂上应该起到的作用。

5. 教学术语的正确使用。

比如当学生问:"课文里为什么这么多'他想'?"兰老师说:"这些心理描写、内心独白读上去你是不是觉得很繁琐、很不耐烦啊?"巧妙地把学生问题的内容化为"心理描写""内心独白"两个术语,自然而然地引导学生学习用术语解释文本,这也是语文课堂该有的一种教学行为。

【专家点评】 广东省深圳明德实验学校 程红兵

展现师生智慧的课堂

一段时间以来,我对课堂产生了比较大的兴趣,几年下来听了几百堂课,我曾经对课堂作了自己的分析概括,我以为课堂有三个层次:规范的课堂、高效的课堂、智慧的课堂。所谓规范的课堂应该是:目标适当,聚焦于学生行为;内容恰当,体现学科要求;方法得当,自然而且得体。所谓高效的课堂应该是:目标精确,有时间、数量、质量的水平要求;内容精当,目中有人,基于学生,服务于学生;方法精准,对于学生的差异做到心中有数、手中有法。所谓智慧的课堂应该是:思维层次比较高,着重于批判性思维能力的培养;开放程度比较广,着眼于打开学生的视界,多角度、全方位地打开学生的思维窗户;文化意味比较浓,着力于人的文化品位的提升。

兰保民老师的这堂课,无疑是一堂智慧的课,他的智慧与前面我所说的不完全相同,更鲜明地体现了启迪学生智慧的特性,让学生在课堂上尽兴地展示自己的思想和才华,毫无疑问,兰老师这堂课是成功的!这是一堂成功的语文课,这是一堂成功的小说鉴赏课,这是一堂成功的人文素养课。

先回顾一下这堂课的教学过程:课堂第一步是让学生述说对小说的总体感受,学生概述了故事情节,总结了对主要人物老人桑地亚哥的看法——坚强、勇敢、乐观、有拼劲,这一步的目的是检验学生预习的情况,以便教师确定本节课的教学起点,学生的认识起点就是教学的逻辑起点。兰老师一方面肯定学生的认识,另一方面并不是简单地停留在学生的认识层面上,而是迅速找出学生认识上的思维偏差:学生是用单一的肯定角度去评价人物的特性——那些高大的方面。兰老师用桑地亚哥"有没有令你感到他不是一个战神、他不是一个大力金刚"这样的反问,非常巧妙地将学生的观点引向极端,让不合理性充分暴露出来,使学生立刻明白了问题之所在,并理解了人物的另一面——"内心也有瞬间的软弱,对自己对抗困境、逼退威胁的能力,他也有怀疑,产生了犹豫",而不是用标签式的语言贴在人物身上。兰老师不厌其烦地让学生深入文本细处,去认真地体会人物在特定时候、面对特定对象、处于特定境况时的心理动态,哪怕是一丝的犹豫动摇恐惧退缩都让学生抓住了,通过否定之否定,还原了一个真实的老人形象。

第二步,教师让学生提问,将学生在预习过程中的发现或者问题提交出来,目的主要是想让学生对文本作细致的研究,特别是对小说的写法和语言作鉴赏。其中一个学生问道:课文里为什么有这么多"他想"?兰老师抓住学生的问题延伸开去,让学生进一步发现文章里还有许多"他说",接下来重点讨论"他想"与"他说"。教师给出思考路径:一条路径是,他的"想"和"说"这种行为本身意味着什么;一条路径是他"想"的和"说"的内容有什么意义。笔者认为这是教师教学到位的地方,"于无路处指路"这是教师应尽的职责。当学生思考不下去的时候,兰老师适时地给出支架,亮出法国思想家帕斯卡尔的一段名言,给学生以启迪和力量,"于无力处给力",学生的思想柳暗花明又一村。当学生自以为明白的时候,兰老师又抛出问题:"他想"的内容和"他说"的内容构成了什么关系?这其实是给学生指出一个新的思考方向,"于无向处指向"。学生经引导豁然开朗:"他想"的大多数是危险和不利,"他说"的内容往往是在激励自己。兰老师再顺势点明——"也就是两个自我的对话"。

第三步,教师继续让学生提问,很自然地过渡到景物分析上面,让学生明了这片海是遥远的、人迹罕至的海。兰老师让学生体会这段景物描写对于塑造人物有什么样的意义,他这样处理的聪明之处体现在:虽然课堂学习是散开来让学生自己去阅读、发现、提问,然后来分析讨论,但始终在文本的框架内,在主要人物的框架内,始终扣紧人物来分析,这样教学集中有效,效果就非常明显。经过大家讨论、教师点拨,学生理解了人物的远大目标,理解了老人是一个很有荣誉感的渔夫。教师进一步延伸开去,让学生认识文本的张力,由老人联想到有着这种精神的其他人物,把人物的典型意义充分挖掘了出来,小说的意义得到了充分揭示。

第四步,教师提问,在学生无疑处教师提出问题:到底老人是否被打败?

"于无疑处生疑",兰老师抓住文本的矛盾处提问:"真正的人永远不可能被打败,这是老人第一次击杀了那条鲭鲨的时候,他给'人'下的定义。但是同学们来看,文章在第八十七段写道:'他知道他终于给打败了',也就是说宁死也不认输的老人最后竟然认输了,这不是矛盾吗?……"兰老师没有停留在文本上,他抛出这些问题,领着学生从文本到现实,从写实到象征,深入理解小说所揭示的悲剧性,深入理解人物的悲剧性。

这堂课教学呈现出两条线索:一是学生的行为,这是明的,课堂上呈现出来的;一是教师的行为,基本上是暗的。教师没有多少现场独白,而是让学生充分展示自我,但他始终在引导学生,于无路处指路、于无力处给力、于无向处指向、于无疑处生疑。在教师的循循善诱之下,学生的能动性被充分调动起来,学生对文本的理解走出简单化、浅显化的格局,他们打开思路,放飞思想,尽情思考,深入理解,最终豁然开朗。这里应该指出的是,教师的引导作用是在尊重学生的前提下产生的,学生阅读,学生感受,学生发现,学生提问,基于学生的学习现状,教师加以引导,而不是让学生始终被教师牵着走,教师在课堂上始终保持好自己的角色定位,到位而不越位。所以我说这堂课是成功的,是充分展现学生智慧的课堂,当然也是充分展示教师教学智慧的课堂。

【教材原文】

老人与海

海明威

他们在海里走得很顺当,老头儿把手泡在咸咸的海水里,想让脑子清醒。头上有高高的积云,还有很多的卷云,所以老头儿知道还要刮一整夜的小风。老头儿不断地望着鱼,想弄明白是不是真有这回事。这时候是第一条鲨鱼朝它扑来的前一个钟头。

鲨鱼的出现不是偶然的。当一大股暗黑色的血沉在一英里深的海里然后又散开的时候,它就从下面水深的地方蹿了上来。它游得那么快,什么也不放在眼里,一冲出蓝色的水面就浮现在太阳光下。然后它又钻进水里去,嗅出了踪迹,开始顺着船和鱼所走的航线游来。

有时候它迷失了臭迹。但它很快就嗅出来,或者嗅出一点儿影子,于是它就紧紧地顺着这条航线游。这是一条巨大的鲭鲨,生来就游得跟海里速度最快的鱼一般快。它周身的一切都美,只除了上下颚。它的脊背像剑鱼一样蓝,肚子是银白色的,皮是光滑的、漂亮的。它生得跟旗鱼一样,不同的是它那巨大的两颚,游得快的时候它的两颚是紧闭起来的。它在水面下游,高耸的脊鳍像刀似的一动也不动地插在水里。在紧闭的双嘴唇里,它的八排牙齿全部向内倾斜着。跟寻常大多数鲨鱼不同,它的牙齿不是角锥形的,它们像爪子一样缩在一起的时候,形状就如同人的手指头。那些牙齿几乎跟老头儿的手指头一般长,两边都有剃刀似的锋利的口子。这种鱼天生地要吃海里一切鱼,它们游得那么快,身子那么强健,战斗的武器那么好,以至于没有别的任何的敌手。现在,当它嗅出了新的臭迹的时候,它就加快游起来,它的蓝色的脊鳍划开了水面。

老头儿看见它来到,知道这是一条毫无畏惧而且为所欲为的鲨鱼。他把鱼叉准备好,用绳子系住,眼眨也不眨地望着鲨鱼向前游来。绳子短了,少了他割掉用来绑鱼的那一段。

老头儿现在的头脑是清醒的、正常的,他有坚强的决心,但是并不抱多大的希望。他想:能够撑下去就太好啦。看见鲨鱼越来越近的时候,他向那条死了的大鱼望上一眼。他想:这也许是一场梦。我不能够阻止它来害我,但是也许我可以捉住它。"Dentuso",他想,去你的吧。

鲨鱼飞快地逼近船后边。它去咬那条死鱼的时候,老头儿看见它的嘴大张着,看见它那双奇异的眼睛,它咬住鱼尾巴上面一点的地方,牙齿咬得嘎吱嘎吱地响。鲨鱼的头伸在水面上,它的脊背也正在露出来,老头儿用鱼叉攮到鲨鱼头上的时候,他听得见那条大鱼身上皮开肉绽的声音。他攮进的地方,是两只眼睛之间的那条线和从鼻子一直往上伸的那条线交叉的一点。事实上并没有这两条线,有的只是那又粗大又尖长的蓝色的头、两只大眼和那咬得格崩崩的、伸得长长的、吞噬一切的两颚。但那儿正是脑子的所在,老头儿就朝那一个地方扎进去了。他鼓起全身的气力,用他染了血的手把一杆锋利无比的鱼叉扎了进去。他向它扎去的时候并没有抱着什么希望,但他抱着无比的决心和十足的恶意。

鲨鱼在海里翻滚过来。老头儿看见它的眼珠已经没有生气了,但是它又翻滚了一下,滚得自己给绳子缠了两道。老头儿知道它是死定了,鲨鱼却不肯承认。接着,它肚皮朝上,尾巴猛烈地扑打着水面,两颚格崩格崩响,像一只快艇一样在水面上破浪而去。海水给它的尾巴扑打得白浪滔天,绳一拉紧，它的身子四分之三都脱出了水面，那绳不住地抖动，然后突然断了。老头儿望着鲨鱼，它在水面上静静地躺了一会儿，后来就慢慢地沉了下去。

"它咬去了大约40磅。"老头儿高声说。他想：它把我的鱼叉连绳子都带去啦，现在我的鱼又淌了血，恐怕还有别的鲨鱼会窜来呢。

他不忍朝死鱼多看一眼，因为它已经给咬得残缺不全了。鱼给咬住的时候，他真觉得跟他自个儿身受的一样。

他想：但是我已经把那咬我这条鱼的鲨鱼给扎死啦。我从来没看过这么大的"Dentuso"。谁晓得，大鱼我可也看过不少呢。

他想：能够撑下去就太好啦。这要是一场梦多好，但愿我没有钓到这条鱼，仍然独自躺在床上的报纸上面。

"可是一个人并不是生来要给打败的，"他说，"你尽可把他消灭掉，可就是打不败他。"他想：不过这条鱼给我弄死了，我倒是过意不去。现在倒霉的时刻就要来到，我连鱼叉也给丢啦。"Dentuso"这个东西，既残忍，又能干，既强壮，又聪明。可我比它更聪明。也许不吧，他想。也许我只是比它多了个武器吧。

"别想啦，老家伙。"他又放开嗓子说，"还是把船朝这条航线开去，有了事儿就担当下来。"

他想，可是我一定要想。因为我剩下的只有想想了。除了那个，我还要想垒球。我不晓得老狄马吉奥可喜欢我那样击中它的脑子？这不是一桩了不起的事儿。什么人都能办得到。但是，你是不是认为我这双受伤的手跟骨刺一样是个很大的不利条件？我可没法知道。我的脚后跟从来没有出过毛病，只有一次，我在游泳的时候一脚踩在一条海鳐鱼上面，脚后跟给它刺了一下，当时我的小腿就麻木了，痛得简直忍不住。

"想点儿开心的事吧，老家伙。"他说，"一分钟一分钟过去，离家越来越近了。丢掉了40磅鱼肉，船走起来更轻快些。"

他很清楚，把船开到海流中间的时候会出现什么事情。但是现在一点儿办法也没有。

"得，有主意啦。"他大声说，"我可以把我的刀子绑在一只桨把上。"

他把舵柄夹在胳肢窝里，用脚踩住帆脚绳，把刀子绑在了桨把上。

"啊，"他说，"我照旧是个老头儿。不过我不是赤手空拳罢了。"

这时风大了些，他的船顺利地往前驶去。他只看了看鱼的前面一部分，他又有点儿希望了。

他想:不抱希望才蠢哪。此外我还觉得这样做是一桩罪过。他想:麻烦已经够多了,还想什么罪过。何况我根本不懂这个。

我不懂得这种事,也不怎么相信。把一条鱼弄死也许是一桩罪过。我猜想一定是罪过,虽然我把鱼弄死是为了养活我自己,也为了养活许多人。不过,那样一来什么都是罪过了。别想罪过了吧。现在想它也太迟啦,有些人是专门来考虑犯罪的事儿的。让那些人去想吧。你生来是个打鱼的,正如鱼生来是条鱼。圣彼得罗是个打鱼的,跟老狄马吉奥的爸爸一样。

他总喜欢去想一切跟他有关联的事情,同时因为没有书报看,也没有收音机,他就想得很多,尤其是不住地想到罪过。他想:你把鱼弄死不仅仅是为了养活自己,卖去换东西吃。你弄死它是为了光荣,因为你是个打鱼的。它活着的时候你爱它,它死了你还是爱它。你既然爱它,把它弄死了就不是罪过。不然别的还有什么呢?

"你想得太多啦,老头儿。"他高声说。

他想:你倒得乐意把那条鲨鱼给弄死。可是它跟你一样靠着吃活鱼过日子。它不是一个吃腐烂东西的动物,也不像有些鲨鱼似的,只知道游来游去满足食欲。它是美丽的、崇高的,什么也不害怕。

"我弄死它是为了自卫。"老头儿又高声说,"我把它顺顺当当地给弄死啦。"

他想:况且,说到究竟,这一个总要去杀死那一个。鱼一方面养活我,一方面要弄死我。是孩子在养活我。我不能过分欺骗自己了。

他靠在船边上,从那条死鱼身上给鲨鱼咬过的地方撕下了一块肉。他嚼了一嚼,觉得肉很好,味道也香,像牲口的肉,又结实又有水分,可就是颜色不红。肉里面筋不多,他知道可以在市场上卖大价钱。可是他没法叫肉的气味不散到水里去,他知道倒霉透顶的事儿快要发生了。

风在不住地吹,稍微转到东北方去,他知道,这就是说风不会停息了。老头儿朝前面望了一望,但是他看不见帆,看不见船,也看不见船上冒出来的烟。只有飞鱼从船头那边飞出来,向两边仓皇地飞走,还有就是一簇簇黄色的马尾藻。他连一只鸟儿也看不见。

他已经在海里走了两个钟头,在船艄歇着,有时候嚼嚼从马林鱼身上撕下来的肉,尽量使自己好好休息一下,攒些力气,这时他又看见了两条鲨鱼中首先露面的那一条。

"呀!"他嚷了一声。这个声音是没法表达出来的,或许这就像是一个人觉得钉子穿过他的手,钉进木头时不由自主发出的声音吧。

"Galano。"他高声说。他看见第二条鱼的鳍随着第一条鱼的鳍冒上来,根据那褐色的三角形的鳍和那摆来摆去的尾巴,他认出这是两条铲鼻鲨。它们嗅出了臭迹以后就兴奋起来,因为饿得发呆了,它们在兴奋中一会儿迷失了臭迹,一会儿又找到了臭迹。但是它们却始终不停地向前逼近。

老头儿系上帆脚绳,把舵柄夹紧。然后他拿起了上面绑着刀子的桨。他轻轻地把桨举起来,尽量轻轻地,因为他的手痛得不听使唤了。然后,他又把手张开,再轻轻地把桨攥住,让手轻松一些。这一次他攥得很紧,让手忍住了疼痛不缩回来,一面注意着鲨鱼的来到。他看得见它们的阔大的、扁平的铲尖儿似的头,以及那带白尖儿的宽宽的胸鳍。这是两条气味难闻的讨厌的鲨鱼,是吃腐烂东西的,又是凶残嗜杀的。饥饿的时候,它们会去咬桨或者船舵。这些鲨鱼会趁海龟在水面上睡觉时就把它们的腿和前肢咬掉。它们饥饿的时候会咬在水里游泳的人,即使人身上没有鱼血的气味或者鱼的黏液。

"呀!"老头儿说,"Galano,来吧,Galano。"

它们来了。但是它们没有像鲭鲨那样的直接游来。一条鲨鱼转了一个身,就钻到船底下看不见的地方,它把那条死鱼一拉一扯,老头儿感觉到船在晃动。另一条鲨鱼用它裂缝似的黄眼睛望着老头儿,然后飞快地游到船跟前,张着半圆形的大嘴朝死鱼身上被咬过的部分咬去。在它那褐色的头顶和后颈上,在脑子和脊髓相连的地方,清清楚楚地现出了一条纹路,老头儿就用绑在桨上的刀子朝那交叉点攮进去,又抽出来,再攮进它的猫似的黄眼睛里。鲨鱼放开了它咬的死鱼,从鱼身上滑下去,死去的时候还吞着它咬下的鱼肉。

由于另一条鲨鱼正在蹂躏死鱼的缘故,船身还在晃荡。老头儿松开了帆脚绳,让船向一边摆动,使鲨鱼从船底下暴露出来。一看见鲨鱼,他就从船边探出身子把刀子朝它身上扎去。他要扎的只是肉,可是鲨鱼的皮很结实,好不容易才把刀子戳进去。这一下不仅震痛了他的手,也震痛了他的肩膀。鲨鱼又很快地露出头来,当它的鼻子伸出水面来靠在死鱼身上的时候,老头儿对准它扁平的脑顶中央扎去,然后把刀子拔出,又朝同一个地方扎了一下。它依旧闭紧了嘴咬住鱼,于是老头儿再从它的左眼上戳进去,但它还是缠住死鱼不放。

"怎么啦?"老头儿说着又把刀子扎进它的脊骨和脑子中间去。这一次戳进去很容易,他觉得鲨鱼的软骨断了。老头儿又把桨翻了一个身,把刀放在鲨鱼的两颚中间,想把它的嘴撬开。他把刀子绞了又绞,当鲨鱼嘴一松滑下去的时候,他说:"去,去,Galano。滑到一英里深的水里去。去见你的朋友吧,也许那是你的妈妈呢。"

老头儿擦了一擦他的刀片,把桨放下。然后他系上帆脚绳,张开了帆,使船顺着原来的航线驶去。

"它们准是把它吃掉四分之一了,而且吃的净是好肉。"他大声说,"我真盼望这是一场梦,但愿我根本没有把它钓上来。鱼啊,这件事可真叫我不好受。从头错到底啦。"他不再说下去,也不愿朝鱼看一眼。它的血已经淌尽了,还在受着波浪的冲击,他望了望它那镜子底似的银白色,它身上的条纹依然看得出来。

"鱼啊,我不应该把船划到这么远的地方去。"他说,"既不是为了你,也不是为了我。我很不好受,鱼啊。"

"好吧。"他又自言自语地说,"望一望绑刀的绳子,看看断了没有。然后把你的手弄好,因为还有麻烦的事儿没有来到呢。"

"有一块石头磨磨刀子该多好,"老头儿检查了一下绑在桨把上的绳子以后说,"我应该带一块石头来。"他想:好多东西都是应该带来的,但是你没有带来,老家伙。现在不是想你什么东西没带来的时候。想一想用你现有的东西可以做的事儿吧。

"你给我想出了很巧妙的主意,"他敞开了喉咙说,"可是我懒得听下去啦。"

他把舵柄夹在胳肢窝里,双手泡在水里,随着船往前漂去。

"天晓得,最后那一条鲨鱼撕去了我好多鱼肉。"他说,"可是船现在轻松些了。"他不愿去想给撕得残缺不全的鱼肚子。他知道,鲨鱼每次冲上去猛扯一下,就给扯去了好多的死鱼肉,现在死鱼已经成为一切鲨鱼追踪的途径,宽阔得像海面上一条大路一样了。

他想:这是把一个人养活一整个冬天的鱼啊。别那样想吧。歇一歇,把你的手弄好,守住剩下来的鱼肉。水里有了那么多的气味,我手上的血腥味也算不得什么,何况手上的血淌得也不多了。给割破的地方算不了什么。淌血会叫我的左手不抽筋。

他想:我现在还有什么事儿可想呢? 没有。什么也别去想它,只等着后边的鲨鱼来到吧。但愿这真是一场梦,他想。但是谁晓得呢? 也许结果会很好的。

下一个来到的鲨鱼是一条犁头鲨。它来到的时候就活像一头奔向猪槽的猪,如果一头猪的嘴有它的那么大,大得连你的头也可以伸到它嘴里去的话。老头儿先让它去咬那条死鱼,然后才把绑在桨上的刀扎进它的脑子里去。但是鲨鱼一打滚就往后猛地一挣,那把刀子咔嚓一声折断了。

老头儿只管去掌他的舵,连看也不看那条大鲨鱼,它慢慢地沉到水里去,最初还是原来那么大,然后渐渐小下去,末了只有一丁点儿了。这种情景老头儿一向是要看得入迷的,可是现在他望也不望一眼。

"我还有鱼钩呢,"他说,"但是那没用处。我有两把桨,一个舵把,还有一根短棍。"

他想:这一回它们可把我打败了。我已经上了年纪,不能拿棍子把鲨鱼给打死。但是,只要我有桨,有短棍,有舵把,我一定要想法去揍死它们。

他又把手泡在水里。这时天色渐渐地晚了,除了海和天,什么也看不出来。天上的风刮得比先前大了些,他希望不久就能够看到陆地。

"你累乏啦,老头儿,"他说,"里里外外都累乏啦。"

直到太阳快落下去的时候,鲨鱼才又向他扑来。

老头儿看见两个褐色的鳍顺着死鱼在水里所不得不造成的那条宽阔的路线游着。它们甚至不去紧跟着鱼的气味,就肩并肩地直朝着小船扑来。

他扭紧了舵,把帆脚绳系好,从船艄下面去拿那根短棍。它原来是个桨把,是从一支断桨上锯下来的,大约两英尺半长。因为它上面有个把手,他只能用一只手有效地使用,于是他用右手紧紧地攥住它,弯着手按在上边,一面望着鲨鱼游过来。两条都是"Galano"。

他想:我要先让第一条鲨鱼把死鱼咬紧了,然后再朝它的鼻尖儿揍,或者照直朝它的头顶上劈去。

两条鲨鱼一道儿来到跟前,他看见离得最近的一条张开大嘴咬进死鱼的银白色的肚皮时,就把短棍高高地举起,朝鲨鱼的宽大的头顶狠狠地劈去。短棍落下的当儿,他觉得好像碰到了一块坚韧的橡皮,同时也感觉到打在铁硬的骨头上。鲨鱼从死鱼身上滑下去的时候,他又朝它的鼻尖上狠狠地揍了一棍。

另一条鲨鱼原是忽隐忽现的，这时又张开了大嘴扑上来。当它咬住了死鱼、闭紧了嘴的时候，老头儿看见从它嘴角上漏出的一块块白花花的鱼肉。他用棍子对准了它打去，只是打中了它的头，鲨鱼朝他望了一望，然后把它咬住的那块肉撕去了。当它衔着鱼肉逃走的时候，老头儿又揍了它一棍，但是打中的只是橡皮似的又粗又结实的地方。

　　"来吧，Galano，"老头儿说，"再来吧。"

　　鲨鱼又冲上来，一闭上嘴就给老头儿揍了一棍。他把那根棍子举到不能再高的地方，结结实实地揍了它一下。这一回他觉得已经打中了它的脑盖骨，于是又朝同一个部位打去，鲨鱼慢慢吞吞地把一块鱼肉撕掉，然后从死鱼身上滑下去了。

　　老头儿留意望着那条鲨鱼会不会再回来，可是看不见一条鲨鱼。一会儿他看见一条在水面上打着转儿游来游去，却没有看到另一条的鳍。

　　他想：我没指望再把它们弄死了。当年年轻力壮的时候，我会把它们弄死的。可是我已经叫它们受了重伤，两条鲨鱼没有一条会觉得好过。要是我能用双手抡起一根棒球棒，保险会把第一条鲨鱼打死。即使现在也能行。

　　他不愿再朝那条死鱼看一眼。他知道它的半个身子都给咬烂了。在他跟鲨鱼格斗的时候，太阳已经落下去了。

　　"马上就要天黑了，"他说，"一会儿我就要看见哈瓦那的灯火了。如果我往东走得更远，我会看见从新海滩上射出来的灯光。"

　　他想：现在离港口不会太远了。我希望没有人替我担心。只有那孩子，当然，他一定会替我担心的。可是我相信他有信心。好多打鱼的老头儿也会替我担心的。还有好多别的人。我真是住在一个好地方呀。

　　他不能再跟那条大鱼讲话，因为它给毁坏得太惨啦。这时他的脑子里突然想起了一件事。

　　"你这半条鱼啊，"他说，"你原来是条整鱼。我过意不去的是我走得太远，这把你和我都给毁啦。可是我们已经弄死了许多鲨鱼，你和我，还打伤好多条。老鱼，你究竟弄死过多少鱼啊？你头上长着那只长嘴，可不是白长的。"

　　他总喜欢想到这条死去的鱼，想到要是它能够随意地游来游去，它会怎么样去对付一条鲨鱼。他想：我应该把它的长吻儿砍掉，用它去跟鲨鱼斗。可是船上没有斧头，后来又丢掉了刀子。话又说回来，当时要是我能够把它的长吻儿砍掉，绑在桨把上的话，那该是多好的武器呀。那样一来，我俩就会一同跟它们斗啦。要是它们在夜里蹿来，你该怎么办呢？你有什么办法呢？

"跟它们斗，"他说，"我要跟它们斗到死。"

现在已经天黑了，可是天边还没有红光，也看不见灯火，有的只是风，只是扯得紧紧的帆，他觉得大概自己已经死了。他合上两只手，摸一摸手掌心。两只手没有死，只要把两只手一张一合，他还觉得活活地痛哩。他把脊背靠在船艄上，才知道自己没有死。这是他的肩膀告诉他的。

他想：我许过愿，要是我捉到了这条鱼，我一定把所有的那些祷告都说一遍。但是我现在累得说不出了。倒不如把麻袋拿过来披在肩膀上。

他躺在船梢，一面掌舵，一面留意着天边红光的出现。他想：我还有半条鱼。也许我有运气把前面半条鱼带回去。我应该有点儿运气的。"可是没有呀，"他说，"你走得太远，把运气给败坏啦。"

"别胡说八道啦！"他又嚷起来，"醒着，掌好舵。也许你的运气还不小呢。"

"我倒想买点儿运气，要是有地方卖的说。"他说。

我拿什么去买运气呢？他问自己。能用一把丢掉的鱼叉、一把折断的刀子、一双受了伤的手去买吗？

"可以的，"他说，"你曾经想用海上的84天去买它。人家也几乎把它卖给了你。"

他想：别再胡思乱想吧。运气是各式各样的，谁认得出呢？可是不管什么样的运气我都要点儿，要什么报酬我给什么。他想：但愿我能见到灯光。我的愿望太多，但眼下的愿望就只有这个了。他想靠得舒服些，好好地去掌舵；因为觉得疼痛，他知道他并没有死。

大约在夜里10点钟的时候，他看见了城里的灯火映在天上的红光。最初只是依稀可辨，如同月亮初升以前天上的光亮。然后，当渐渐猛烈的海风掀得海面波涛汹涌的时候，灯火渐渐清楚了。他已经驶进了红光里面，他想，现在他马上就要撞到海流的边上了。

他想：现在一切都过去了。不过，也许它们还要向我扑来吧。可是，一个人在黑夜里，没有一件武器，怎么去对付它们呢？

他现在身体又痛又发僵，他的伤口和身上一切用力过度的部分都由于夜里的寒冷而痛得厉害。他想：我希望我不必再去跟它们斗啦。我多么希望我不必再跟它们斗呀。

可是到了半夜的时候，他又跟它们斗起来，这一回他知道斗也不会赢了。它们是成群结队来的，他只看到它们的鳍在水里划出的纹路，看到它们扑到死鱼身上去时闪现的磷光。他用棍棒朝它们的头上打去，听到上下颚裂开和它们钻到船下面去咬鱼时把船晃动的声音。凡是他能够感觉到的、听见的，他就不顾一切地用棍棒去劈。他觉得有什么东西抓住了他的那根棍子，随后棍子就丢掉了。

他把舵把从舵上拽掉，用它去打，去砍，两只手抱住它，一次又一次地劈下去，但是它们已经蹿到船头跟前去咬那条死鱼，一忽儿一个接着一个地扑上来，一忽儿一拥而上，当它们再一次折转身扑来的时候，它们把水面下发亮的鱼肉一块一块地撕去了。

最后，一条鲨鱼朝死鱼的头上扑来，他知道一切都完了。于是他用舵把对准鲨鱼的头打去，鲨鱼的两颚正卡在又粗又重的死鱼头上，不能把它咬碎。他又迎面劈去，一次，两次，又一次。他听到舵把折断的声音，再用那裂开了的桨把往鲨鱼身上戳去。他觉得桨把已经戳了进去，他也知道把子很尖，因此他再把它往里面戳。鲨鱼放开鱼头就翻滚着沉下去。那是来到的一大群里的最后一条鲨鱼。它们再也没有什么东西可吃了。

老头儿现在简直喘不过气来，同时他觉得嘴里有一股奇怪的味道。这味儿带着铜腥气，甜滋滋的，他一时间害怕起来。他担心了一会儿。不过那种味道并不浓。

他往海里啐了一口唾沫，说："吃吧，Galano。做你们的梦去，梦见你们弄死了一个人吧。"

他知道他终于给打败了，而且一点儿补救的办法也没有，于是他走回船梢，发现断了的舵把有缺口的一头还可以安在舵的榫头上，让他凑合着掌舵。他又把麻袋围在肩膀上，然后按照原来的路线把船驶回去。现在他在轻松地驶着船了，他的脑子里不再去想什么，也没有感觉到什么。什么事都已过去，现在只要把船尽可能好好地、灵巧地开往他自己的港口去。夜里，鲨鱼又来咬死鱼的残骸，像一个人从饭桌子上捡面包屑似的。老头儿睬也不睬它们，除了掌舵，什么事儿都不睬。他只注意到他的船走得多么轻快，多么顺当，没有其重无比的东西在旁边拖累它了。

船还是好好的,他想。完完整整,没有半点儿损伤,只除了那个舵把。那是容易配上的。

他感觉到他已经驶进海流里面了,看得见海滨居住区的灯光。他知道他现在走到了什么地方,到家不算一回事儿了。

风总算是我们的朋友,他想。然后他又加上一句:不过也只是有时候。还有大海,那儿有我们的朋友,也有我们的敌人。床呢,他又想。床是我的朋友。正是床啊,他想。床将是样了不起的东西。吃了败仗,上床是很舒服的,他想。我从来不知道竟就这样舒服。可是,是什么把你打败的呢?他又想。

"什么也不是,"他提高嗓子说,"是我走得太远啦。"

当他驶进小港的时候,海滨酒店的灯火已经熄灭,他知道人们都已上床睡去。海风越刮越大,现在更是猖狂了。然而港口是静悄悄的。于是他把船向岩石下面的一小块沙滩跟前划去。没有人来帮助他,他只好一个人尽力把船划到岸边。然后他从船里走出,把船系在岩石旁边。

他放下桅杆,卷起了帆,把它捆上,然后把桅杆扛在肩上,顺着堤坡往岸上走去。这时他才知道他已经疲乏到了什么程度。他在半坡上歇了一会儿,回头望了一望,借着水面映出的街灯的反光,看见那条死鱼的大尾巴挺立在船艄后面。他看见鱼脊骨的赤条条的白线,黑压压一团的头,伸得很长的吻和身上一切光溜溜的部分。

他再往上爬去,一到堤顶上他就跌倒了,把桅杆横在肩上躺了一会儿。他试一试想站起来,可是非常困难,于是他就扛着桅杆坐在那儿,一面望着路上。一只猫从远处跑过去,不知在那儿干什么。老头儿直望着它,过一会儿他才转过来专望着大路。

最后,他放下了桅杆站起来,再把桅杆提起,放在肩上,然后走他的路。在他走到他的茅棚以前,他不得不坐在地上歇了五次。

走进茅棚以后,他把桅杆靠在墙上。他摸黑找到了一个水瓶,喝了一口水就躺到了床上去。他把毯子盖到肩上,又裹住脊背和两腿,就脸朝下躺在报纸上,手心朝上,两只胳膊伸得挺直。

【人民教育出版社"普通高中课程标准实验教科书"《语文·必修3》】

3. 悼念一棵枫树

学生：上海市敬业中学高三（6）班

时间：2010 年 11 月 16 日，下午第二节（13：55—14：35）

【课堂实录】

师：今天我们的课题比较沉重，因为它关乎一个时代的苦难，关乎苦难时代里的高贵灵魂。（板书课题：悼念一棵枫树）

牛汉的这首《悼念一棵枫树》是在"文革"期间写的。同学们都知道，那一段历史时期，是咱们新中国的一段痛苦记忆。在那段风雨如磐的日子里，有很多优秀人物，包括许多著名作家、学者、艺术家和科学家等被错误地打成右派。（PPT 出示"文革"期间被迫害的作家、学者、知名演员和科学家名录，课堂一度陷入沉默和寂静中）这不仅是他们个人生命的痛楚，更是咱们中华民族的重大损失。

从 1955 年一直到"文革"期间，牛汉因为受胡风案的牵连，被捕入狱，后到农场接受劳动改造。这期间，他耳闻目睹了许多惨剧的发生，和整个民族一起感到悲哀和痛苦，同时也为那些在苦难中始终高贵的灵魂而长歌当哭。

1973 年，在诗人接受劳动改造的湖北咸宁"五七干校"附近的山丘上，一棵高大的枫树被伐倒了。诗人奔向山丘，坐在深深的树坑边，失声痛哭起来。他内心澎湃的诗情一下子找到了表达的载体，几天后，他就写下了这首诗。

接下来让我们走进诗歌，去感受一下这棵枫树的形象。

（生 1 朗读课文）

师：同学们注意两个字的读音，请标上诗节：第七诗节，"表皮灰暗而粗犷"，"犷"读"guǎng"；第九诗节，"簌簌地摇动"，"簌"读"sù"。

全诗十五个诗节中,哪个诗节为我们集中描绘了枫树的形象?

生2:第九诗节。

师:你从第九诗节中捕捉到枫树形象的哪一个侧面?

生2:它的枝干直挺挺地,很庞大,雄伟美丽。

师:虬枝铁干,枝叶茂盛。

生3:第七诗节,"表皮灰暗而粗犷"。

师:也就是说具有生命的野性,还有吗?

生3:但它的生命内部,却贮蓄了这么多的芬芳。

师:对,外表并不美丽,甚至于,还有一丝苦涩的气息,但是,当它被伐倒的时候,生命的内部,却贮蓄了那么多的芬芳,大家把写枫树形象的诗句,用笔画下来,体会一下,刚才我们捕捉到的枫树形象在你心中建构起来的枫树造型,和刚才老师向你们出示的这许许多多民族精英、文化巨人之间,能否建构起内在的必然的联系?能否通过对枫树形象的解读,解读出这些英灵身上的某些东西?

生4:课文中说枫树庞大,象征着那些人都是民族精英,代表了一个时代我们民族的高度,是伟大的形象,就像枫树一样。又说它的生命内部贮蓄了这么多的芬芳,说明这些被摧残的人士都是很有才华的人。

师:他们为我们的民族和国家作出了卓越的贡献,他们有智慧、有品格。

生5:他们就如枫树一样,在活着的时候,平时默默地为祖国做出贡献,当他们死去的时候,我们才发现,他们是如此雄伟和美丽,正如枫树倒下的时候,躺在草丛和荆棘上,看上去比它站立的时候还要雄伟和美丽。

师:看来,通过与我们出示的资料建立起来的内在联系,枫树的形象已经在同学们的心中卓然矗立起来了。读诗,去捕捉它的意象,是理解诗歌内涵的一个方面,但是还有一个更重要的方面,是关注诗歌这种文体特定的语言形式。诗歌是语言的精华,诗歌的语言和其他文体的语言有不同的地方,它往往有跳跃性和陌生化的特点。请同学们看看,在这首诗歌中,有没有超常规的悖论式语言。(板书:悖论式语言)我们初读的时候,感到它不符合平时的阅读经验,其实这恰恰是需要我们特别关注的诗歌语言。当你读到这个地方,心里"咯噔"一下,"哎,他怎么这么说啊?"你就该关注一下,品读一下。下面,请同学们品读诗歌,看看你捕捉到了哪些悖论式的、超常规的语言,不符合你一般认识、一般经验的语言,再联系前后文体会一下,诗人这样说,有什么深层内涵。自己品读诗歌,一会儿我们交流,看看你关注到哪些语言,你怎么理解。

师:拿起笔来,圈画一下,看看它和前后文内容上的联系,你能不能通过对前后文的品读,去领会你所关注的超常规语言的内涵。

(学生阅读、圈画、批注)

师:好,我们交流一下。

生6:第六诗节,"清香/落在人的心灵上/比秋雨还要阴冷"。我觉得清香应该可以给人带来幸福,但是这里却说,落在人的心灵上,给人带来比秋雨还要阴冷的感受。

师:对呀,清香,应该让人感觉到清爽、芬芳,给人心旷神怡的舒爽的感觉,但是作者感受到的却是一种阴冷,为什么?你怎么理解?(板书:清香——阴冷)

生6:联系前文说"整个村庄/和这一片山野上/飘忽着浓郁的清香",好像这棵枫树倒了之后,想要倾尽它一生所有的清香似的,虽然清香浓郁,但是这也预示着它生命的终结,以后,再也没有这样的清香了。

师:也就是说这种清香是枫树以它丧失生命为代价散发出来的,死亡总是令人感到阴冷的。有道理!你有过"阴冷"的体验吗?当你处在阴冷中时,你会不由自主地产生怎样的反应?

生7:哆嗦。

师:原文中有没有"哆嗦"?

生7:有,在第三诗节。诗中说"家家的门窗和屋瓦/每棵树,每根草/每一朵野花/树上的鸟,花上的蜂/湖边停泊的小船/",都因为枫树的轰然倒下而"颤颤地哆嗦起来"。

师:它们战栗了,这种"战"中包含着什么?为什么而战栗?

生8:为枫树的倒下而感觉到凄凉、悲哀。

师:你读出了悲哀。有价值的东西倒下,总是让人感到悲哀、痛苦。因为悲哀至极,所以心灵战栗。不过应注意诗中还有一处设问:"是由于悲哀吗?"

生9:就是说战栗不仅仅由于悲哀,还因为心中有一种不能说出的凄凉、愤慨。

师:愤慨,又不敢说,尤其是对一些弱小的生命而言,它们敢怒不敢言。

好的,还有吗? 像这样伟大的人物、了不起的精英,都难逃厄运,小鸟、花上的蜂,这么弱小的东西,它们会怎样呢?

生 10:它们会感到害怕,环境给它们造成一种恐惧。

师:对,是一种恐惧。所以说这种清香落在人们心灵上,比秋雨还要阴冷。同学们齐读"几个村庄……",开始!

(生朗读)

师:清香传达出的是阴冷,这就超常规了,从这种超常规的表达中,我们读到了凄凉、悲哀、愤慨,还有恐惧,这么丰富的内涵,这么复杂的感情,正是通过这种语言形式传达出来的,这就是具有诗歌韵味的语言。还有类似的语言吗?

生 11:第十二诗节,"泪珠/也发着芬芳"。(师板书:泪珠——芬芳)

师:一般来说,泪珠是苦涩的,让人感觉悲伤,但是在这里,泪珠却发出芬芳。应该怎样理解这泪珠的"芬芳"呢?

生 11:枫树倒下,生命内部贮藏着这么多的芬芳,芬芳象征着这些倒下的优秀人物内心的智慧,他们是文化精英。

师:你对芬芳的理解很好,实际上芬芳正是指这些代表我们时代精神高度的人物,他们的价值,他们的智慧和品格在文化上的贡献。按说这种芬芳,用合乎常规的表达,它应该是让人愉悦的,但是这首诗中"芬芳"使人如何?

生 12:悲伤。(板书:芬芳——悲伤)

师:这又是为什么呢?

生 12:"芬芳/使人悲伤",原因不言而明,因为枫树惨遭戕害,无情地被扼杀。看到这么高贵的枫树被扼杀了,怎么能不令人感到悲伤呢?

师:说得真好。鲁迅先生曾经说过,什么是悲剧? 悲剧就是将那有价值的东西毁灭给人看。如此可以看出,枫树的形象是一个悲剧的形象。它给我们带来了美,但是这种美,是一种悲壮的美。我们再来看"泪珠/也发着芬芳",这个"芬芳"和"芬芳/使人悲伤"中的"芬芳",含义一样吗? 让我们一起朗读第九诗节到第十三诗节。

(学生朗读诗歌第九诗节到第十三诗节)

生 13:作者以枫树代表那些逝去的艺术家们。那棵枫树被解成木板,就像艺术家被逼死后失去了他原本应该有的价值,这一圈圈年轮就代表艺术家留存下来的作品中所散发出的他的悲伤。

师：嗯，你又一次挖掘了"悲伤"的含义。那么作者所感受到的芬芳该怎样理解呢？枫树虽然被摧残了，它的生命已经轰然倒下，但它那四溢的芳香，给我们心灵一种浸润。它浸润我们的什么呢？这里理解起来可能有点难度，同学们要认真地品词析句，去体会这些具体描写中所传达出来的信息。

生 14：这个应该是已经逝去的英灵的精神价值。

师：你从诗歌的哪些描写中体会到了他们的精神价值？

生 15：诗中说"不是泪珠吧/它是枫树的生命/还没有死亡的血球"。枫树已经被伐倒了，但是芬芳还留存着，象征着那些人虽然已经逝去，但是他们的生命是不朽的。

师：一种不朽和不屈的生命力。好的！

生 16：泪珠就相当于是伟大人物的价值、意义。即使他们倒下，他们的意义也永远存在，永远不朽。

师：从哪里可以读出？

生 17：从第九诗节，"伐倒三天之后/枝叶还在微风中/簌簌地摇动/叶片上还挂着明亮的露水"。从中可以看出，即使他们倒下，泪水依然透露出他们的价值。

师：好的，请坐。

生 18：我从这地方也读出一点东西来。"伐倒三天之后/枝叶还在微风中/簌簌地摇动/叶片上还挂着明亮的露水/仿佛亿万只含泪的眼睛/向大自然告别"，这说明它对大自然充满了无限深情，对生它养它的大地无比地依恋。

师：依恋大地，眷恋生它养它的那片土地、那个时代，这份深情，让我们读出了枫树的一颗怎样深厚广大的心灵啊。这颗心灵难道还不足以让我们闻到一种四溢的芳香吗？

生 19：我还能读到它不屈的生命力，对生命的挚爱，还有这种品格、精神所形成的巨大号召力、感染力和凝聚力。

师：你是从哪儿读出来的？把这些诗句读一读好吗？

生 19："哦，湖边的白鹤/哦，远方来的老鹰/还朝着枫树这里飞翔呢"。

师：正因为你理解了，所以朗读得才这么有感情，真好。同学们请看，这两个"芬芳"的含义是否一样？

生20：不一样。前面这个"芬芳"更多地指的是这一棵又一棵的枫树内在的美质,后一个"芬芳"则是倒下的枫树留给我们的深远的影响。

师：你概括得很到位。枫树虽然倒下了,但是泪珠却发着芬芳。通过这样的解读,我们感受到枫树是一个不屈的生命,是一个有着尊严感和高贵灵魂的美丽的生命,是对土地、对自然、对祖国、对民族、对人民有着满腔深情的生命。这样的生命倒下了,大地要为它哭泣,诗人要悼念它。因此,诗人最后写道:村边的山丘/缩小了许多/仿佛低下了头颅/伐倒了/一棵枫树/伐倒了/一个与大地相连的生命。

今天我们一起走进了这首诗,走进了牛汉的内心世界,感受到了他在那个时代所感受到的一份悲痛和苦难,这是不是我们最终的目的? 读这样的诗,对我们来说意义何在?

生21：让我们了解了当时的情况,防止这样的情况现在或是将来再次发生,让那些有才华的人在最需要他们的地方尽情施展他们的才能,而不是在错误的地方消耗他们的才能。

师：好的,请坐。还有补充吗?

生22：让后人以史为鉴。

师：你真是言简意赅。诗人有没有明确表达出这个意思? 有。悼念一棵枫树最根本的目的是什么? 在题记中,诗人已明确地表达了他的意图。

生：(齐说)"把你最后的绿叶保留下几片来。"

师：那么你是怎么理解这句话的呢?

生23：我认为作者写这首诗,目的就在于保留几片绿叶。绿叶,就是生命,就是希望。一个国家和民族,有灾难不要紧,关键是不能漠视灾难,或丧失了从灾难中反省的能力。有了泪珠不要紧,关键是,你能否从泪珠中嗅到芬芳的气息。其实也就是刚才××同学说的,防止类似的灾难和悲剧再发生。

师：你说得太好了! 牛汉在他的一篇文章中曾经说过这样的话:没有伤疤和痛苦就没有我的诗,这当然是一种悲剧。我多么希望每个人都活得完美,没有悲痛,没有灾难,没有伤疤,为此,我情愿消灭了我这些伤残的诗,我的诗只是让历史从灾难中走出。牛汉的好朋友——也是一位著名的诗人——绿原曾写过这样一句话:基本上牛汉所有的诗都是写在"文革"那个最没有诗意的时代,写在监牢里,写在"五七干校"那样最没有诗意的地方,但是他从那最没有诗意的时代和地方中,去提取诗意,用诗意去对抗那种苦难的生活。(板书:用诗意去对抗)实际上我们当前也处在一个缺少诗意的时代。我们的苦难当然远没有牛汉所处的时代多,但是我们这种泛娱乐化、泛媒体化的时代带给我们的美感的缺失,沉重的压力所导致的生命力的萎缩,也让我们的生命中缺少诗。我曾经了解到,在我们的青年学生中读诗的人很少。我最近正在读有关2009年诺贝尔文学奖得主赫塔·米勒的评论,其中有两句话,我觉得非常好,读了之后,感慨颇多,送给同学们,希望同学们能够读点诗,用诗意去对抗时时侵袭我们的麻木。(展示PPT:用生感对抗死感,用诗意对抗麻木。——读赫塔·米勒有感。板书:麻木)

好,推荐同学们读牛汉的这么几首诗:《半棵树》《鹰的诞生》《华南虎》以及课后练习中的《我是一颗早熟的枣子》。

今天课上到这儿。下课。

(说明:那天,华师大教育部校长培训中心带着来自全国各省市参训的校长约一百人到敬业中学听课,校长临时指定让我给他们开一堂课。根据教学进度我便上了这堂课)

附:板书设计

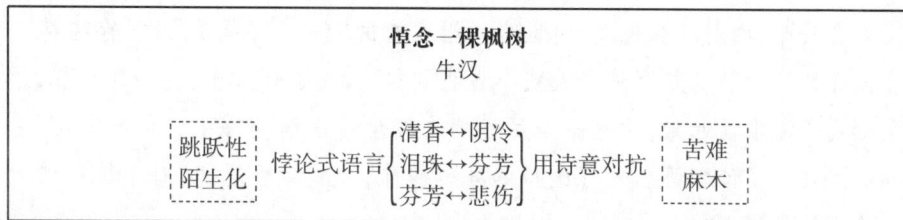

悼念一棵枫树
牛汉

跳跃性 陌生化 | 悖论式语言 { 清香↔阴冷 / 泪珠↔芬芳 / 芬芳↔悲伤 } 用诗意对抗 | 苦难 麻木

【教学笔记】

让青春的生命诗意盎然

在各类文体中,诗歌应该算得上是最具青春气质、最合于理想情怀的培育、最能够激活人们鲜活的生命体验,同时又最当得起"语言的精华"这一赞誉的文体了。而正是这些,决定了诗歌这种文体无可替代的教学价值。

意大利哲学家维柯在《新科学》中依据古埃及的传说,将人类历史循环归结为三个阶段:神的时代、英雄时代和人的时代。他认为,原始先民、儿童和诗人属于神的时代,因为诗人们都凭自然本性才成为诗人(而不是凭技艺)①。按照他的观点,自然本真无疑便是诗歌的精神,这恰恰与教育的"求真"之价值取向完全相合。诗歌的那种不染尘滓的真纯无伪,那种意绪流动的自由无羁,天然地与青年投缘。一个人如果真的还能称得上是青年,那么又怎么会不怀有闯荡世界、探求世界、创造世界的冲动呢?又怎么会在人生的岔道口不曾有过困惑、彷徨和苦闷呢?而这种青春的激情、冲动和苦恼,恰恰就是诗性的。因此,诗歌教学在中学语文教学中应该是很重要的。

回想自己的求学经历,读高中时在校园昏黄的路灯下痴迷地朗读、背诵当时流行的朗诵诗——纪宇的《风流歌》,还有席慕蓉的《七里香》等;读大学时沉醉在《五人诗选》、波德莱尔的《恶之花》、艾略特的《荒原》等构成的诗歌世界里,有些诗虽然不一定能够真正读懂,但总觉得美,能让人获得异乎寻常的语言体验,因此便整首整首地背下来。这样的情景直到如今仍然是最可宝贵的生命记忆,相信很多20世纪八九十年代读中学、读大学的语文教师都有过类似的经验吧。现在想想,正是因为有了这些诗,一个小小的青年学子仿佛便有了激扬奋发的意气,便有了舍我其谁的豪情。现在虽已人到中年,但回忆往昔青葱岁月,对于当年的读诗生涯,却依然保持着应有的敬意,并不感到有丝毫幼稚、可笑之处。因为我总觉得,正是通过诗歌阅读,一个人才保持了对自我生命、对社会现实、对世事人生应有的"快感""痛感"和"存在感",才能在蒙眬中鼓荡起突破个人狭小自我的勇气,去感怀人生,去关注世界,于是心灵逐渐丰盈起来,原本微不足道的自然生命逐渐获得了文化的厚度,并同时感受到了诗歌语言无可比拟的纯美韵味,及其对于思想、对于情感的无与伦比的表现力。

因此,一直以来,我都非常重视诗歌阅读教学,并利用各种机会开展与诗歌有关的课外活动或综合学习实践活动。我始终认为,诗歌教学在中学阶段无论如何都不应该偏废,它对于学生心灵的成长,对于学生语言感受力、理解力和表现力的提高,具有无可替代的教学价值。一个人在中学阶段不能够培养起亲近诗歌的基本情感和态度,那么他的一生基本上就和诗歌无缘了。

但令人忧虑的是,当前语文教学对诗歌——尤其是现当代新诗——却是比较忽视的。除了考试不考之外,学生不愿意读,教师也不愿意教。

---

① 维柯《新科学》(朱光潜译)第 121 页,商务印书馆 1989 年版。

在学校里、班级里，如果有哪位同学喜欢读诗，往往是会被视为异类的，如果有谁捧着一本惠特曼的诗集静静地阅读，往往会被其他同学视作校园里怪异的风景。因此一个学生，要想坚持自己对诗歌的爱好，不仅需要有超乎一般的审美趣味，而且还需要有罔顾其他、孤芳自赏的定力。在我们这样一个恐惧孤独、躲避崇高、集体性审美滑坡和全民娱乐的时代，要保持这样的气质和定力，那得需要多么浓厚的兴趣、多么强健的神经、多么发达的心智啊！因此，可以毫不夸张地说，从当前学生的阅读现状看，即便还有非功利化的阅读，那也基本上是"无诗的阅读"：无诗歌，更无诗意。

而教师之所以视新诗教学为畏途，一方面因为新诗教学出力不讨好，花了很大力气，却不一定能够交出一份令校长、家长满意的成绩单。更重要的原因，恐怕还在于缺乏有效的手段去突破诗歌语言的坚壁，缺乏有效的手段激发学生的学习热情，撬动学生的语言体验，让"浓得化不开"的诗意真正荡漾在学生的心田。教师的分析、灌输，因为无法让学生真正"走心"，所以课堂上经常会出现这样的场景：尽管教师已经被感动得不行了，觉得美得不得了，但学生却往往无动于衷，甚至会觉得老师的表现近乎滑稽。于是本来应该很有语文气息、很有审美品位、很有情感意蕴的诗意盎然的课堂，反而变得很"喜感"。试想，这样的教学景观，会不消磨教师对新诗的教学热情吗？

责任当然在我们教师自己身上。

那么新诗教学的困难主要在哪里呢？据我的观察和体会，主要集中在与学生的生活经验和阅读经验相关的两个方面。一方面，诗歌所提供的生活经验、人生经验与学生的生活经验、人生经验不能对接。学生凭借自己有限的生活经验和人生经验，难以走进诗歌的意义世界，更难以走进诗人的内心世界，于是学生和文本就像两条道上跑着的马车，难以交汇，无法碰撞，自然就难以形成心灵的触动和思想情感的共鸣。另一方面，就是学生固有的阅读经验与诗歌所提供的语言经验之间存在着巨大的差距。诗歌语言往往具有跳跃性、意象化和陌生化的特点，这对习惯于阅读那些线性表述、语意连贯文本的学生而言，无疑是一种挑战。对于这种挑战，如果缺乏有效的阅读路径作为指引，学生往往很难获得跨越障碍而豁然开朗的成功体验和阅读快感。因此，新诗教学必须正视学生和文本之间在这两方面经验上的差异，在教学中为学生提供必要的、有效的学习支架。

对于前者,如果说教学目的本身就是使学生超越固有经验,获得文本所提供的生活经验、人生经验,那么,直接宣讲往往是无效的,教师需要通过设计问题、开展活动,为学生搭建起超越旧经验、获得新经验的阶梯,从而实现课堂教学的目的;如果说学生所缺乏的生活经验、人生经验仅仅是进入文本世界的前置条件,那么,教师应该为学生提供必要的条件。在《悼念一棵枫树》的教学中,关于"文革"中许多优秀人物被迫害的那段历史,正是学生阅读文本、获得心灵震撼所必需的前置认知条件。教师如果不能够为学生提供必要的信息,弥补学生前置认知的不足,真正的阅读对话和教学对话就无法实现。

根据我的理解,教学对话要想成为可能,至少需要两个必备条件,一是平等,二是差异。如果师生不能处在一个共同的交流平台上,则不能平等,就如这堂课,如果教师深藏那一段民族、国家的痛苦记忆,而不去借助必要的资料为学生补足认知上的缺陷,那么师生对文本的解读就不可能处在同一个层面上,教学就会呈现两个极端:要么教师迁就学生的理解随高就低,最终把原本香喷喷的米饭烧成一锅稀粥;要么教师在学生不可能到达的高度上生拉硬拽,最终让学生悬在半空中上不去,下不来。因此,课堂伊始,我就跟同学们讲:"今天我们的课题比较沉重,因为它关乎一个时代的苦难,关乎苦难时代里的高贵灵魂。"然后引出牛汉的这首《悼念一棵枫树》,借助 PPT 出示"文革"期间被迫害的作家、学者、知名演员和科学家名录。这给学生带来了心灵震撼,课堂一度陷入了沉默和寂静中。我知道,引导学生进入文本作深入阅读的时机已经基本成熟了。

那么如何帮助学生超越固有的阅读经验,实现与文本所呈现的语言经验之间的对接呢?在我看来,关键还要聚焦到文本自身所呈现的语言经验之本质特征上来。我们知道,诗歌作为一种独特的文体,其语言往往具有韵律感、节奏感、意象化、跳跃性和陌生化等特点。《悼念一棵枫树》作为一首现代自由体新诗,其韵律感、节奏感在众多诗歌中并不是最具有典型性的,那么从意象入手组织教学是不是可行呢?这首诗意象众多,大大小小的意象不下二十个,如果一节一节逐次讲下去,或者对众多意象进行索隐式的解读,一来时间不允许,二来流于炒冷饭,凡是诗歌都讲意象,学生会学得无趣,教师也教得没劲,这还都是小事,关键是把诗歌教碎了,把意蕴教散了,把课堂教闷了,最后也就把学生教傻了。可见以意象为抓手实施教学也不是最好的选择。

美国"新批评"的代表人物克林斯·布鲁克斯在其名作《精致的瓮:诗歌结构研究》中指出:"诗歌语言是悖论的语言。""在某种意义上,悖论适合于诗歌,并且是其无法规避的语言。科学家的真理需要一种肃清任何悖论痕迹的语言;显然,诗人表明真理只能依靠悖论。"①其实,早在我国北宋时期,苏轼就认识到诗歌语言的这一特点,他说:"诗以奇趣为宗,反常合道为趣。"(见北宋·释惠洪《冷斋夜话》卷五)由此可见,语言的陌生化、跳跃性,是诗歌的本质特征,也是诗歌教学的核心价值之一。而《悼念一棵枫树》这首诗,其语言的"悖论式",或者"反常合道",亦即陌生化的特点,是具有一定的典型性的。因此,我在设计教学时将重点聚焦在诗歌语言的跳跃性和陌生化这一特点上,在认知诗歌语言的这种特点的同时,以其陌生化和反常规性,使学生形成学习心理上的"愤悱"状态。在教学过程中我提出了这样一个问题:"读诗,去捕捉它的意象,是理解诗歌内涵的一个方面,但是还有一个更重要的方面,是关注诗歌这种文体特定的语言形式。诗歌是语言的精华,诗歌的语言和其他文体的语言有不同的地方,它往往有跳跃性和陌生化的特点。请同学们看看,在这首诗歌中,有没有超常规的悖论式语言……我们初读的时候,感到它不符合平时的阅读经验,其实这恰恰是需要我们特别关注的诗歌语言……下面,请同学们品读诗歌,看看你捕捉到了哪些悖论式的、超常规的语言……再联系前后文体会一下诗人这样说,有什么深层内涵。"

针对这一问题,学生在默读、圈画的基础上经过交流讨论,将关注点聚焦到"清香/落在人的心灵上/比秋雨还要阴冷""芬芳/使人悲伤"和"泪珠/也发着芬芳"。在这些超常规语言、悖论式语言的引领下,学生对诗歌文本展开充分研读,从这些特殊语言所独具的表达张力入手,向诗人的情感世界、心灵世界和极具个性化的生命体验层面掘进。在文本解读过程中,这种语言形式的严重失衡与紧张对立在文本意蕴层面上取得了和解,趋于融合,学生由此对枫树的文化意蕴、枫树被伐倒所蕴含的悲剧色彩、各色人等对这一悲剧的不同情感体验有了深度理解。比如教学"清香……比秋雨还要阴冷"这几句时,在诵读体会、设问激疑、调动生活经验等学习支架的帮助下,学生读出了诗歌中的那种对生命

---

① 克林斯·布鲁克斯《精致的瓮:诗歌结构研究》(郭乙瑶等译)第一章《悖论的语言》,上海人民出版社 2008 年版。

终结的哀伤、对伟岸生命不幸遭难的倍感凄凉和敢怒而不敢言的愤慨,以及弱小生命的恐惧,等等,他们对文本语言内涵意蕴的理解丰厚至此。

这首诗的教学,让我深刻体会到,诗歌教学关键要教会学生如何读诗,而要让学生会读诗,就必须关注他们的生活经验,关注他们的阅读经验,关注他们的语言经验,通过教学,使其语文学习的相关经验得到丰富、完善和提升。而要实现这样的教学目的,让学生由害怕读诗、不愿读诗、不会读诗,逐渐变得不拒绝读诗、喜欢读诗、会读诗,教师就必须在教学中针对学生学习经验的不足和缺陷,为其指明学习的路向,为其提供相应的、必要的、有效的学习支架。这样,才有可能让学生亲近诗歌,让年轻的心灵敏感多思,让青春的生命诗意盎然。

【同行链接】 上海市第八中学 赵未琪

让学生抬头触摸高贵的灵魂

悲音为美,是中国古代文人在文学艺术欣赏中散发积郁而得出的审美感受。能够从沉重中抬起头来的,是高贵的灵魂。

《悼念一棵枫树》本是一首沉重的诗,关乎沉重的时代,关乎沉重的话题,然而却让我们看到了苦难和创伤背后巨大而永恒的光荣,我们分明感受到了来自诗歌的震撼,可是怎样才能将这种震撼传递给学生呢?

兰老师让他的学生们一次又一次从沉重中抬起头来——去触摸高贵的灵魂。

第一次的"抬头",是在初读诗歌时。为了消除时代造成的阅读隔阂,兰老师向同学们展示了"文革"期间被迫害的文化精英的名字,成功地创设了凝重的课堂氛围,为课堂教学的推进奠定了沉重的基调。

鲁迅曾说过,诗人的感情太烈,会杀掉"诗美";又说,长歌当哭,要在痛定之后。创作如此,欣赏亦如此。人在社会生活中产生的愤怒不是审美情绪,若让它直接进入文学欣赏,会与审美心理发生摩擦、冲突。兰老师深谙此理。倘若一味沉重,非但拖沓了课堂的节奏,更是把诗歌音韵的审美和精神的审美挤压殆尽。所以,兰老师在铺陈了"沉重"之后,反复点染,引导学生由外而内地关注——从充满生命野性的枝干、枝叶、表皮,到倒下后仍在散发的芬芳,如此的芬芳就如同是沉重之中的喘息,却让悲音产生了更寒彻心扉的美。借助对于枫树形象的分析，同学们最终得出结论："当他们死去的时候，我们才发现，他们是如此雄伟和美丽，正如枫树倒下的时候，躺在草丛和荆棘上，看上去比它站立的时候还要雄伟和美丽。"至此，文化巨人倒下产生的哀痛化为了悲壮，他们和枫树一起在学生们的心中"卓然矗立起来了"。兰老师准确地抓住这首诗歌的独特个性和精神命脉，在与学生语文素养发展的契合点上生成了恰当的教学内容。

第二次的"抬头"，是在深入探究诗歌之时。"悲音为美"是我国古代民族审美心理特征之一。在许多中国古代文学艺术作品中，"悲凉之雾，遍被华林"，充满了人世间的忧患、哀伤、恐惧和沉痛，充满了深浓的悲美色彩。这一美学思想对我国自古以来的各种艺术及其审美认识都有十分深刻的影响。兰老师连续追问，引导学生关注"超常规的"语言，从"阴冷"到"哆嗦"，到"战栗"，到"悲哀"，既而"愤慨""恐惧"，简单的语言逐渐呈现出丰富的内涵、复杂的感情。诚如于漪老师所言，教师要把语言文字的魅力教出来，表现人的思想情感，表现人的生命力，因为语言就是生命(《坚守·走进新课标》)，因为任何经典作品都是用作者的生命、血和泪写成的，那么这些作品是有召唤力和吸引力的(《语文教师的文本解读》)。课堂推进至此，作者苦心经营出的悲音萦绕在同学们的心头，善良美好的被邪恶丑陋的所击败、所毁灭，这极度地引发了学生们的忧伤、沉痛之情。

丹纳在《艺术哲学》中谈到，诗人的创作是凭借个人的想象，读者的欣赏带有一时的兴致；艺术的创造和欣赏者的情绪都是自由的，甚至因率性而变化莫测。虽然如此，艺术的制作与欣赏也还是有许多确切的条件和固定的规律。兰老师提示学生看看自己捕捉到的语言有哪些是"不符合你一般认识、一般经验的语言"，要求学生"联系前后文体会一下，诗人这样说，有什么深层内涵"，这就是教会学生鉴赏诗歌的方法。如同一个"芬芳"在不同的语境中被挖掘出了不同的含义，这也是发展了学生的语言能力，不断开拓学生的思路。在欣赏吟诵之中，学生们的崇敬之心油然而生，情感得到提升，从而产生了崇高感。在对枫树、对倒下的文化精英的同情中，人性中的尊严感被激发，正义感得到伸张。在兰老师的循循善诱下，学生们与他人、与文本的对话逐渐拓展，向纵深掘进。

第三次"抬头"，是在本课行将结束之时。语言教学的根本目的在于启迪学生的思想，培养学生在深度和广度方面认识问题和解决问题的能力和习惯,鼓励学生开放和创造性的思维,帮助学生走向成熟。课上到此时,学生们已经体会到了人生的忧患、历史的苍茫,这种悲剧情境、悲剧意识带来了强烈的心灵震撼。这时,兰老师设计了开放式的结尾,他对提出的问题给予了更深层次和全面的引导,"把你最后的绿叶保留下几片来。"这句话兼有历史的深度和思想的深度,兼有对社会现实的体验和生命的体验,兰老师通过这句话点燃了学生隐藏在内心深处的情绪,去解读本诗的终极意义,帮助学生发现其内部关联和根本性的决定因素,进而促进学生缜密逻辑思维的养成。同时,兰老师对诗歌进行"文化视野中的文本解读"(于漪老师语),他举了人们对2009年诺贝尔文学奖得主赫塔·米勒作品的解读——用生感对抗死感,用诗意对抗麻木,引导学生将探求的目光由诗歌延伸到历史、到人性,增强了学生的人文素质,提高了他们对社会问题的关注和参与程度。这让我不由想起了于漪老师所说的:语文教学,尤其是语文课堂教学,是学生生命、教师生命和文本生命多元主体共同作用、相互激荡的现场。她说:课要上得生命涌动……师生生命涌动,对文本深入探讨,心灵之间的沟通就畅通无阻。(《呐喊·教师的使命》)兰老师用这堂课向自己的恩师致敬。

　　思考是最为困难的事情。学会思考,常被看作是语言教学的最终目的。以这种教学理念为出发点,学生的课堂活动和参与不再是随意和肤浅的,而是在教师的指点和引导下按照教学设计的原则和思维发展的逻辑展开。在兰老师和学生共同的情感浸润和理性观照之下,《悼念一棵枫树》的生命内涵得到了释放,生命的活力和价值得到充分尊重,学生从沉重中触摸到了高贵的灵魂,最终达成了兰老师所追求的"课堂充满生命激荡"。

【专家点评】　上海师范大学附属中学　余党绪

语言"陌生化"与诗意"穿透性"

　　在我的心目中,好诗的标准很简单。概括地讲,就是在陌生化的语言与形式中,表达人类共通性的感觉或者感情。除了一些实验性的诗歌创作,我觉得,这应该是我们在教学中判断诗歌的艺术价值与高度的基本标准。

　　语言的陌生化,是诗歌语言的基本特征。诗,就是要通过一些特殊的语言处理,将其"有意味的表达"与日常的、凡俗的表达疏离开来,通过陌生化的效果激发读者的新奇感和想象力,使他们与诗人一起构建诗歌的意义。

语言形式的陌生化,从特定意义看,虽然也具有本体的价值,但对于一首好诗,还是不够的,因为在内容上,它还必须具备情感或感触的穿透性。什么是穿透性? 就是它所表达的那一瞬间的感受和感觉,它所传达的那些个体的感悟与感情,能够穿透时间、空间和文化的藩篱,最大限度地突破日常琐碎的生活在人们感觉上留下的障碍,突击到读者心灵最细腻的深处。遗憾的是,在我们的诗歌教学中,有时候我们做的正好相反。比如毛泽东的《沁园春·长沙》,很多教师只看到毛泽东作为革命领袖超越凡俗的一面,只强调他志存高远、胸怀天下的一面,而其诗人的身份却被严重淡化甚至忽略了。结果,将诗人弄得高高在上,不食人间烟火。这样的教学,只能是严恭静正的仰视和亦步亦趋的粉饰。其实,该词写于 1925 年,即便是作为革命领袖,此刻此际的毛泽东也与后来的领袖不可同日而语。就比如词中的"怅寥廓"一句,这个"怅"字本来很有揣摩的价值,但教材下面专门作了注释:"原意是失意,这里用来表达由深思而感慨的心绪",结果想象的空间被严重挤压了。当然,并不是说这个注释就一定不好,但显然,这个注释束缚了读者的想象与探究。难道领袖不能惆怅吗? 难道领袖不能失意吗?

　　在我看来,《沁园春·长沙》的意义,正在于作为一个凡人的毛泽东,能抛弃凡俗庸常的人生得失,表露出意气风发的精神状态和以天下为己任的宏大志向。而可贵之处正在于,这样的志向并非领袖所独有,这是每一个人都曾经有过的梦想,在人生的某个阶段,人们都曾有过如此狂放恢宏的期许。作为一个伟大的诗人,毛泽东将这种人人皆有并体验过、但因为种种原因而忘记了、淡漠了的梦想传达出来,激起了读者的共鸣,唤醒了沉睡的梦想,这才是诗人毛泽东的魅力之所在。而更让读者敬服的,是他不仅在诗歌中传达了这样的志向,而且还在艰苦卓绝的实践中追求这个梦想。

　　越能穿越人心的障碍,便越能促进人性的联通,便越具有超越性,便越可能成为经典。

　　以这样的眼光来看待兰老师的教学,无疑是抓住了诗歌阅读的关键。此诗的关键在于"枫树"的意象分析,"枫树"既是在语言与形式上间离读者日常体验的意象,也是内容上冲击读者情感的关键。兰老师重点分析了"枫树"的意象内涵。"文革"期间,精神和肉体饱受奴役的牛汉,与一棵挺拔的枫树相依为命,这棵枫树既是他的苦难与思索的见证者,也是与其生命互文并见的知音与导师。所以,当这棵枫树在秋天的一个早晨被伐倒,牛汉的眼泪是具有多重意义的。这哭声,是为枫树,为自己,为那些苦难的人们,为生命,为时代。枫树是受难者的形象,也是站立者和反抗者的形象,它有高贵的尊严,其生命的"芬芳""清香",足以证明生命本身的力量。

时代的苦难,心灵的悲哀,精神的伤痕,苦难中的呐喊,所有这些人类在苦难与罪恶中的共同体验,都凝聚在"枫树"的绰约风姿之中。兰老师的教学围绕语言的超常规性、陌生性、跳跃性展开,引导学生从"清香""阴冷""芬芳/使人悲伤"等陌生化的词语组织中,品析诗人内心的阴郁、悲哀、恐惧、愤慨等情感。诗歌中的词语组合和意象编织是新鲜的,但这深重的生命体验却是超越时空的。这不仅是一代人的苦难,也是人类精神受难"牛汉式"的象征。

我注意到在教学中,兰老师对语词的细微和独到的把握,一切感受和推论都是那么"具体",这一点十分可贵。应该承认,我们的诗歌阅读教学存在着严重的概念化和公式化倾向,学生更关注诗歌写作的时代背景与诗人的生平行状,换句话说,只要知晓了某个诗人的"盖棺定论",就可据此演绎出该诗人的每一首具体诗作的内涵,凡李白必然怀才不遇,凡杜甫都是忧国忧民,凡"文革"必然受难与反抗。这样的诗歌阅读与教学是很可怕的,它恰恰远离了诗歌的精神,离开了阅读的本质。在这次教学的最后,兰老师表达了这样的愿望:

"实际上我们当前也处在一个缺少诗意的时代。我们的苦难当然远没有牛汉所处的时代多,但是我们这种泛娱乐化、泛媒体化的时代带给我们的美感的缺失,沉重的压力所导致的生命力的萎缩,也让我们的生命中缺少诗。……希望同学们能够读点诗,用诗意去对抗时时侵袭我们的麻木。"

诗歌本质上是人类的一种精神,一种超越庸常与俗世的精神。若我们的教学教会了抽象的演绎,而让学生失去了具体的敏感,那么我们的努力岂不是一种罪过?

【教材原文】

悼念一棵枫树

牛 汉

我想写几篇小诗,把你最后的绿叶保留下几片来。

——摘自日记

湖边山丘上
那棵最高大的枫树
被伐倒了……
在秋天的一个早晨

几个村庄
和这一片山野
都听到了，感觉到了
枫树倒下的声响

家家的门窗和屋瓦
每棵树，每根草
每一朵野花
树上的鸟，花上的蜂
湖边停泊的小船
都颤颤地哆嗦起来……

是由于悲哀吗？

这一天
整个村庄
和这一片山野上
飘忽着浓郁的清香

清香
落在人的心灵上
比秋雨还要阴冷

想不到
一棵枫树
表皮灰暗而粗犷

发着苦涩气息
但它的生命内部
却贮蓄了这么多的芬芳

芬芳
使人悲伤

枫树直挺挺的
躺在草丛和荆棘上
那么庞大,那么青翠
看上去比它站立的时候
还要雄伟和美丽
伐倒三天之后
枝叶还在微风中
簌簌地摇动
叶片上还挂着明亮的露水
仿佛亿万只含泪的眼睛
向大自然告别

哦,湖边的白鹤
哦,远方来的老鹰
还朝着枫树这里飞翔呢

枫树
被解成宽阔的木板
一圈圈年轮
涌出了一圈圈的
凝固的泪珠

泪珠
也发着芬芳

不是泪珠吧
它是枫树的生命
还没有死亡的血球

村边的山丘
缩小了许多
仿佛低下了头颅

伐倒了
一棵枫树
伐倒了
一个与大地相连的生命

【华东师范大学出版社"高级中学课本"《语文》(试用本)三年级第一学
期】

4. 中秋月

学生：上海市敬业中学高二(7)班
时间：2009 年 9 月 25 日下午第二节

【课堂实录】

师：同学们，再过一段日子，我们就将迎来咱们中国的一个传统佳节——中秋节。在这样一个时候，我觉得学习一首和中秋密切相关的诗歌，应该说是非常有意义的一件事。今天我们就来学习四川当代诗人杨然写的一首现代诗——《中秋月》(板书：中秋月)。这首诗，写于 1984 年，发表于 1985 年，这时候我们新中国成立几年了？

生：36 年。

师：杨然写作的时候，是新中国成立 35 年，发表的时候是新中国成立 36 年。老师先给同学们朗读一下这首诗，请同学们体会一下，这首诗的感情基调是怎样的。如果让你找出能够奠定全诗感情基调的一个诗段，或者一句诗句，你认为哪个段落或哪句诗句可以担当起这个重任？

(师朗读全诗，学生和听课教师鼓掌)

师：听完老师的朗诵，你们感到这首诗具有一种怎样的感情基调呢？哪个诗节、哪句诗句可以奠定全诗的感情基调呢？

生：我认为这首诗第一节第三行的一个词点出了全诗的基调，那就是"沉重"。

师：为什么？

生：你看它后面写的内容，第二节写的是"痛"，第三节写的是"盼"，第四节写的是"醉"，从这些表达中我们可以看出，这首诗的中心思想就是"沉重"两个字。

师：中心思想？

生：这两个字奠定了全诗的感情基调。

师：这样说更准确一点，你说对吗？

生：（点头）嗯。

师：（板书：沉重的月亮，悬天的魂魄）请你把这一节朗读一下。

（生朗读第一诗节）

师：××同学，请你作一下点评。

生：我认为总的来说他读得很有感情，不过"沉重的月亮"和"悬天的魂魄"读的语调应该有所区别，要体现出对比来。

师：怎么对比？

生："沉重的月亮"，语调应该低沉有力，"悬天的魂魄"则要高昂一些，要真正把这魂魄悬挂在高天之上，所以语调应该是高亢雄浑的。

师：这两处因为对比鲜明，所以都要作重音处理，这在朗读上叫作"逻辑重音"，但处理的方式根据内容要有所区别。请你把这一段根据你的理解读一读。

（生朗读第一诗节）

师：读出味道来了。那么作者是怎样表现月亮的这份沉重的呢？我们来研读下面的诗段，看一看这月亮在咱们中国人的眼中具有哪些沉重的内涵。咱们把第二诗节一起读一下。

（生齐读第二诗节）

师：在这个诗节中我们感到，望月的那份沉重感化作了咱们中国人内心的一份痛感。那么，根据诗意，咱们中国人内心的这份痛，具体来说是什么呢？

生：我觉得咱们中国人内心的隐痛就是台湾的同胞们不能回归祖国的怀抱。

师：你是从哪些诗句中读出来的？

生：下面的诗句中写到了"用期盼去填海峡两岸的距离"。

师：从语境中你能把握类似的信息吗？

生：在第二节中诗人写道："但是古代的泪眼啊，还是这么圆睁"。从"泪眼"这个意象中，我们可以感受到那种盼团圆而不能团圆的内心的隐痛。

师：你抓住了"圆睁"的"泪眼"这个意象来体味诗情，读出来的东西可能就不只是期盼了。

生：台湾是祖国母亲的一个游子，这泪眼就表达了游子依然远游在外时母亲内心的痛。

师：很好。那怎样理解"古代的泪眼"这层意思呢？

生：这说明这种痛已经有一段时间了，是长时间积累下来的。

师：一段时间是多长时间？长时间是多长时间？

生：诗中说"望穿历史，望穿岁月"，"从远古照耀现代的中国"。这些诗句让我们感受到，母亲思念游子，期盼团圆，这份情感是贯穿古今的。

师：是啊，在咱们中国人心中，团圆是一个解不开的情结。孟郊的《游子吟》谁都能背诵："慈母手中线，游子身上衣。临行密密缝，意恐迟迟归。"俗话中也有"儿行千里母担忧"的说法。那么在这首诗歌中，这份思儿念归、渴盼团圆的慈母情怀，有没有什么新的内涵？

生：这是祖国母亲对台湾这个游子的思念。

师：同学们要注意"三十五"这个词语。

生：诗中说"母亲又为我们授衣，授第三十五件衣"，"第三十五件衣"指的是从新中国成立以来的第三十五个秋天，第三十五个中秋节。母亲缝制好秋衣，想给儿子覆盖到身上去，但是有一个儿子却不在自己身边。

师：是啊，这是一份怎样的痛啊。这是古代的泪眼一直望穿到现代，它所呈现出来的新的内涵。我记得国民党元老于右任先生在他临终前写下这样一首诗，名字叫《望大陆》：

葬我于高山之上兮，望我故乡。故乡不可见兮，永不能忘。

葬我于高山之上兮，望我大陆。大陆不可见兮，只有痛哭。

天苍苍，野茫茫。山之上，国有殇。

同学们想一想，这是一份怎样的家国之痛啊，骨肉分离的痛楚。咱们再把这一节读一读，把这一份痛读出来。

（生齐诵第二节）

师：望穿，望穿，你要能够望得穿，要有穿透力，不然这双泪眼怎么能够从古代一直望到现在呀？

生：（再次齐读）但是古代的泪眼啊，还是这么圆睁/望穿历史，望穿岁月——/月亮，月亮，从远古照耀现代的中国。

师：这是一份望眼欲穿的期盼啊！那为什么这份隐痛是最公开的呢？这可能要通过对第三节的研读才能得到解答。请同学们把第三节读一读。

（生读第三诗节）

师：今夜中国最动情了，你读得也非常动情。那从这一诗节中，你发现中国是怎样动情的呢？哪些画面可以表现出中国的这样一份深情啊？（生默读诗歌）

生：我觉得最后一句就写了出来——"纵然被水冲走了，还是要写下去，一年又一年"。有些古文里经常把时光比作流水，所以我认为，这里的水有两种含义，一种是时光，时光虽然一年一年流走了，但是台湾同胞对于祖国母亲的思念，还是持续下去。（师：还有我们）

生：还有，祖国母亲渴望台湾这位游子回归的思念之情也会一直持续下去，不管时间过了多久。还有一层意思就是，因为大陆与台湾之间相隔的，是一道台湾海峡，海水冲刷，不断流走，但是带不走台湾与大陆人民之间深厚的感情。尽管水冲走了海里的月亮，但是我们互相之间的思念还是会持续下去。

师：你说得非常好，特别是还能联系咱们曾经学过的古典诗文，赋予水一种时光的含义，这是老师没有想到的。"还是要写下去"，一种坚持不懈的信念。

生：这一诗节中的一些描写非常有意境。比如"人类五分之一的目光""同时推开的窗""一齐在望月""每张脸，阴了一半，明了一半"。久久以来，对同胞的思念一直都深藏在我们心里，但是就在今夜，中秋之夜，望着圆圆的月亮，想到我们骨肉分离，想到残缺的土地，这种心情是非常的痛的。所以我感到这里的描写是非常有深意非常有深度的。

师：你的解读也非常有深度。你找的这几个画面确实是非常好的。同时推窗，一齐望月，人类五分之一的目光，举国上下，万众一心，在同一时间，纷纷举头，表达自己的那份期盼。有一位文化学者曾经说过这样一番话："所谓国家意识，在空间上的体现是领土，在时间上的体现就是节日，节日是我们的祖先写在时间表上的备忘录，全球华人，人同此心，都在阅读这份备忘录，我们民族的文化认同感，在维持……举国上下，万众一心。"由此我想，我们的节日确实是我们民族情感的一个总动员令，一个节日，我们可以纷纷放起鞭炮，表达对美好生活的期盼，一个节日，我们每个人不管身在何处,都可以推开窗,昂起头,表达对远在异乡的亲人的期盼,真的是举国上下,万众一心,并且这种期盼是坚持不懈的,一年又一年。我想请刚才朗诵的同学把这一段再读一遍,看她能不能把咱们中国人这份最公开的隐痛,真正读到最动情处。

（生动情朗诵第三诗节）

师：你把坚持不懈的思念读得斩钉截铁,情深之处又读得至深至浓。咱们换一种方式读一读第四节,男同学读一句,女同学读一句,最后两句男女同学合起来读。

（学生轮读第四诗节）

师：哽咽(yè),要读准确。诗中写道："最清醒的一醉,饮出五千年的史记……"这里的"史记",是一份怎样的历史记忆呢?

生：五千年中国的历史是非常漫长的,但是物是人非,就像中国久久地那样分分合合、离离散散那样。关已经不是原来的关口了,但是中国的明月还是过去的明月,人们都期盼举国上下的同胞能够像那轮圆月一样团圆。

师：并且直到现在,那轮圆月,除了你说的期盼之外,仍然寄托着一份怎样的情感呢?

生：我感觉月亮就像一个引路的人,想把台湾和大陆团聚在一起。

师：你从哪里读到了这层意思? 这恐怕是你自己想出来的吧。（笑）

生：（笑）这是我自己想的。

师：诗句中有吗?

生：诗中说"最清醒的一醉,饮出五千年的史记",我认为这里的"史记"就是从古到今各个时代的诗人在诗句中写下的月亮所寄托的深深的感情。

师：你说得很好。它用什么展现这份历史的记忆留在我们民族灵魂深处的情感的烙印?

生：诗句。这里有李白的,有苏轼的,还有征夫的泪,还有烽火台下的羌笛。

师：这些诗句留存下我们民族的一份怎样的精神记忆和情感的烙印?上课之前咱们曾经读过一些诗,这些诗为什么让我们感到那么幽怨,那么愁苦? 原因在哪里?

生：是战争。战争导致了土地的分离和人民的离散,这些诗歌就是表现人们对乡土的思念,对亲人的思念,所以说,中国的月亮,记忆的就是咱们中国人一种永恒的乡土之恋、亲情之思,对团圆的期盼之情。这种情感得不到满足的话,就会生出离愁别恨,就会"幽思声声哽咽"。

师：那咱们把这些诗句读一下,以"还记得征人的泪"开始。

（生读诗句）

师：不知道同学们朗读的时候有没有注意到诗歌中这样一些词句："还记得……还记得……还记得……还记得……""虽不是……却还是……还是……""就永远这样……这样……这样……"诗人一再强调"还记得""还是""这样",其实从根本上想强调的是什么呢?

生：刚才我们读到,月亮是咱们中国人的一份集体记忆,记忆了咱们中国人恋乡土、思亲人、盼团圆的情结。这些词语,就是强调了这一份历史记忆的恒久不变。诗人用这些词语串联起很多古诗词名句和意象,比如"征人的泪""烽火台下的羌笛""苏轼把酒问天",还有"阳关古道、杨柳攀折,乐游原上、残阳如血"应该化用的是李白《忆秦娥》中的句子吧。

师：对。

生：还有王安石的"春风又绿江南岸,明月何时照我还",都表明这种记忆不管在哪一个历史时期都没有被淡忘过。

师：你对这些诗句的解读很有味道。那么现在呢?换一位同学说说看。

生：现在仍然还是这样,虽然时代发生了很大变化,用诗中的话说,就是现在中国的关已经不是汉时的关,交通很发达了,但是只要九州不全,只要人间还有亲人不能相见的遗憾,中国的月亮就会永远充满离愁别恨,就会一直这样幽思哽咽。尤其是最后这一句"难道就永远这样离愁别恨/这样照九州的不全,这样幽思声声哽咽",这是一个反问句,个人感觉包含的情感很复杂。

师：哦?愿闻其详。

生：我也说不好,好像这里面有不情愿,有不甘心,有恨,有怨,应该也有期盼吧。

师：你的理解是准确的,这句诗里包含的情感确实很复杂,可以说是恨悠悠,怨悠悠,思更悠悠,而期盼也悠悠。你的语言感受力很强。不过老师还想追问一下:诗人前面用"还记得""还是""这样"等一系列词语领起一句句诗句,除了意义表达的需要之外,还有其他的好处吗?

生：这从形式上来看,一句一句排比在一起,形式上显得整齐对称,读起来很有节奏感。

4. 中秋月 | 93

师：节奏鲜明,铿锵有力,富有韵律美。那咱们再把这几句朗读一下,看能不能在原来的基础上把这种节奏感和韵律美读出来,好吗?

(生自由朗读"还记得征人的泪……这样幽思声声哽咽")

师：我看到同学们读得很投入。下面咱们回顾一下:诗人举头望月,感受到了心头的痛楚,于是浮起了最动情的期盼,期盼而不得,举杯大醉,可还是最清醒地感受到了咱们民族记忆的留存,还是不能够让自己那颗渴盼团圆的心得到满足,(同时板书:痛、盼、醉)于是诗歌进入第五节。大家把这一节读一下。

(生朗读第五节)

师：第五节中出现最多的一个字是哪个字?

生：(齐声)是"怨"。

师：对,是"怨"。(板书:怨)这个"怨"咱们可不可以把它理解为一种仇恨啊?比如最后一句,老师这样读,同学们感觉一下合适不合适。(用充满仇恨的语调朗读"只有最亲最亲的人,才是最可怨恨的")

生：不可以。因为这里的怨实际上归根结底是一种愁,因为不能团圆而生的愁怨,而不是恨。古人说"每逢佳节倍思亲",但是海峡将两岸分隔,亲人们不能见面,他们怨恨的不是亲人,而是不能团圆的这种现状。

师：既然这样,那么怎样理解"只有最亲最亲的人,才是最可怨恨的"?

生：最亲最亲的人是最爱的人,因为至亲至爱,却又不能相见,所以这才生发出怨恨。

师：是不是可以这样理解,这里的"怨",实际上是对"亲"的另类表达。亲爱之情越浓,不得团聚的痛苦就越重,在痛苦无法排解的时候,就转而怨恨起这份相亲相爱之情来了,这就是文学语言的特点,看似不合情理,有时甚至前后矛盾,但在思想感情的表达上却很有效果,苏轼把它叫作"反常合道"(板书:反常合道)。类似的诗句,比如白居易有首词叫《长相思》,他说:"思悠悠,恨悠悠,恨到归时方始休。月明人倚楼。"因思念心切而心生怨恨,也有这种"反常合道"的味道。所以我刚才朗读时把它读成一种仇恨的语调,显然不准确。你觉得应该怎样读呢?试着读一读。

生：只有最亲最亲的人,才是最可怨恨的。(语调比较平淡)

师：你要叹气(众生笑),用你叹气时的感觉去读,再试一试。

(生重读"只有最亲最亲的人,才是最可怨恨的")

师：前后比较下来，同学们觉得这样处理是不是进步很大？（多数学生点头，师范读）这样来读，前面由"怨"构成的一组排比蓄积起来的情感，才能得到一种很好的升华和宣泄。咱们一起来读一读，从"总不能把月也锯成两半"开始。

（生齐读"总不能把月也锯成两半……才是最可怨恨的"）

师：还是要把那份"怨"情读出来，你看诗中一直在怨怨怨，怨这怨那，它要把那份感情宣泄出来呀。我们再请张怡君同学读一下。

（生再次朗诵，声情并茂，众生鼓掌）

师：你算是把这种感情体会到了。（边指板书边说）这份沉重的怨情，它牵连的是咱们中国人，所有华夏儿女心中最公开的隐痛、最动情的期盼、最清醒的沉醉和最亲最亲的怨恨。这样的月亮，能不沉重吗！我们再回到开头看一看，诗人说"这样沉重的月亮，是中国人悬天的魂魄"。既然"沉重"，又怎么能够"悬天"呢？怎样理解？

生：我觉得这样沉重的月亮代表了咱们中国人急切希望台湾能够回归的思想感情，而且这种感情是所有中国人都有的，就像诗里说的，是中国人最公开的隐痛，中国人就把这种强烈的希望和期盼寄托在月亮上，所以月亮就成了中国人悬天的魂魄。

师：你更多的是把悬天的魂魄理解成一种时代的内涵了，它仅仅是对台湾的思念，对台湾回归的一种渴盼吗？

生：应该还包含着"五千年的史记"中不同人在不同时代、不同地点望月时，心中的那种对亲人、对故乡的思念。

师：沉重的月亮之所以是咱们中国人悬天的魂魄，是因为在五千年文明发展的历程中，它已经化作了一轮"人文的月亮"，它已经成为咱们中国人精神和灵魂的象征，其内涵是对乡土家园的深深的眷恋，对亲情的深深的依恋。我们中国人因此就有了凝聚力，这圆圆的月亮，就是我们中华民族一脉相承的团圆梦、统一梦，月亮只有在咱们中国人的心中分量才是沉甸甸的，这样的梦一定会圆的。我们一起把最后一个诗节读一读。

（生齐读最后一节）

师：这一节中有"啊！中秋节"的咏叹，第一节也有完全相同的诗句，你觉着这两处完全相同的诗句所蕴含的感情是不是也完全一样呢？

生：我认为不完全相同，第一节中的"啊！中秋节"感情基调更加沉重一些,正如整首诗的感情基调是比较凝重的一样,最后一节作为整首诗的总结,它更多包含的是一种对台湾的期盼和对祖国统一的梦想,还有对梦想能够实现的渴望,甚至是自信。

师:说得不错,那这两处分别应该怎样读才比较合适呢?

生:第一处应该读得比较低沉,像是一种感叹和沉思,最后这一句应该读得铿锵有力、气魄恢宏。

师:好,那我们把开头和结尾两节连起来读一读。

(生齐读开头和结尾两个诗节,师伴读)

师:布置一下作业,把"咏月诗词选读"读熟练,从中选你最喜爱的三首背出来。第二个作业就是,可能很多同学很长时间没有抬头望月了,再过一段日子就是中秋节,如果天气晴朗,请你抬头望一望中秋的明月。

(说明:本课例是上海市教委教研室、上海市教委语文德育实训基地"民族精神教育与学科教学"主题研讨展示课)

附:板书设计

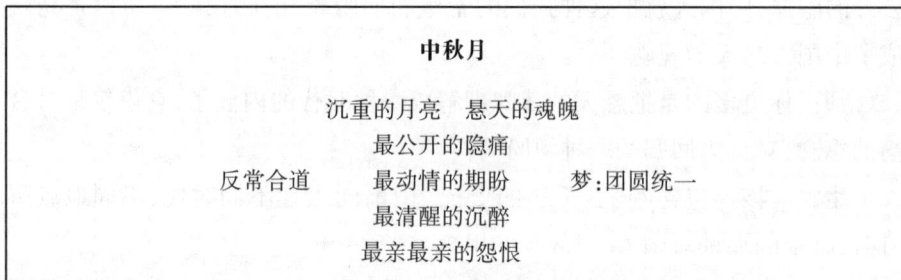

中秋月

沉重的月亮　悬天的魂魄
最公开的隐痛
反常合道　　最动情的期盼　　梦:团圆统一
最清醒的沉醉
最亲最亲的怨恨

【教学笔记】

探索当代"诗教"的途径

"诗教"是中国传统教育的重要内容之一,在化育人心、凝聚族群、怡人性情等方面具有重要意义。现在我们进行诗歌教学,当然不能仅仅强调传统"诗教"的教化功能,也不能像传统"诗教"那样局限于"兴观群怨",但是充分发挥诗歌的育人价值,无论到什么时候都不会过时的。

在文学上,"月亮"是最具有中国文化色彩的审美意象。古今诗人借月抒情言志,积淀为中国人共有的文化情怀,以"月"为核心意象的古今诗词作品,在培养学生民族精神和文化认同上,无疑具有无可替代的教学价值,如果说这也算"诗教"的话,我执教《中秋月》一课,就是想探索一下当代"诗教"的基本途径。

作为拓展课型,我在思考和设计《中秋月》这堂课时主要关注了如下问题:

一、立足时代,与传统对接。这堂课以现代诗作《中秋月》作为教学课题,引领学生体会渴望海峡两岸团圆统一的炽热情怀,具有鲜明的时代特征,而这种渴望祖国统一的情怀,又与传统咏月佳作中思亲人、盼团圆的传统情韵有效对接,从而使一轮明月"从远古照耀现代的中国"。在教学设计上,我尽量做到既能充分激活学生的时代生活感受,又能充分调动学生的传统文化积累,从而让这首诗歌所晕染的意识形态色彩,在美妙的传统诗文所形成的丰厚文化积淀的涵养下,具有情感的、心灵的和审美的语文教学意义。

二、立足文本,与课外对接。虽然这是一堂拓展课,但是我并没有散开来上,而是充分体现了语文课以文本阅读理解为主要呈现形式的学科特点。整堂课力争紧紧抓住"沉重的月亮"和"悬天的魂魄"等反常态化的诗歌语言,引导学生深入解读文本,并以此串起文本涉及的众多古典诗词作品,我希望能够既立起一堂课的"魂",又通过相关文本的链接,让文本之魂和课堂之魂有更为开阔的文化背景和更为坚实的文化依托。

三、立足朗诵,与学生的情感体验对接。在设计这堂课时,我想努力体现诗歌教学的特点。教师不能空洞地说教,而是要抓住核心意象和"悖论式语言"的文本特征,采用多种形式的朗读,以读激情,以读促思,以读化情,让诗歌的情感在声情并茂的朗读中内化为学生的情感体验,从而让诗歌滋润心灵的力量不只是表现在课堂上,而是落到学生的心中。

课上完了,静静想来,这堂课还是有很多不足之处,比如,像这样逐段推进组织教学,并不见得是课堂结构组织的最佳方案;再比如,"中秋月"在20世纪80年代的作者笔下,不可否认地带有很浓重的时代的影子,但是怎样将它浓浓的文化气息教得更醇厚一些,更耐人寻味一些?尽管备课和上课过程中我对其已经予以了充分关注,但课上完后,感觉还有进一步提升的空间。

当然,在这诸多不足之外,也还有些自感满意的地方。在组织教学时,我重点抓住文本中几处"极端表达"和"悖论式语言"来引导学生深入品读,这既抓住了诗歌语言的本体特征,又抓住了全诗情感表达的命脉,有利于学生突破阅读成见,也有利于帮助学生摆脱对政治抒情诗的浅阅读,突入到诗人情感的深处,突入到诗作的文化层面,有"化繁为简、以简驭繁"之效。

通过这节课我更深刻地认识到,学科德育的落实,应力避说教,必须立足学科特点,从文本自身生发出教化人心的价值,引导学生主动地去贴近它,感受它,在不知不觉中受到文化的熏陶、心灵的浸润和德性的提升。这堂课在德育上我没有空置一词,而是始终让学生在文本理解、语句理解、朗读体会上下功夫,这就让学科德育不是停留在"告诉他"或"说服他"的层次,而是达到了"感染他""感动他"的效果。

在教学设计时,原以为第四诗节,尤其是"最清醒的一醉,饮出五千年的史记"一句,是学生理解的难点。但没有想到,有一次教《中秋月》,当课堂教学推进到此处时,学生的理解那么好。有一个学生说:"清醒是因为情之深,醉是因为痛之切。正因为清醒至极,而现实是一道浅浅海峡隔断两岸的相思,所以只能以醉消愁,但即使是醉了,仍然能够清醒地感受到那种血浓于水、永难割断的血肉联系。这其实是五千年文明发展所形成的历史的记忆,是我们整个中华民族永远不会消退的文化烙印。从《诗经》到李白,一直到现在,一脉相传。所以诗人说'饮出五千年的史记'。其实清醒也好,沉醉也好,都是同样的一种情怀,那就是思乡土,重亲情,盼团圆,伤离别。"学生能够理解到这样的层次,真是我始料未及的。我想,之所以能够达到这样的效果,固然与这堂课的整体设计有关系,但恐怕与我平时对学生课外阅读积累的重视关系更大。这就是"厚积薄发"之效,所谓"浸润"绝不是一堂两堂课就能够解决的问题。

【同行链接】 上海市徐汇区教师进修学院 程元

聆听诗歌的声音

——对新诗教学的一点体悟

对于诗歌(尤其是新诗)教学,我始终不太多言。不多言的理由,一是不懂,二是不敢。

所谓"诗言志",从文学发展的历程来说,诗其实是最原始、最贴近生命本质的语言。但当诗歌美学的要求渐渐趋向"凝练""情韵"等既抽象又自我的表现,这种"语言"便与阅读者渐行渐远、隔而又隔,以至对一般人而言,是"非有慧根,无以解诗"了。也因此,自胡适写下第一首白话诗至今,相对于小说或散文,诗总是小众的,诗集更是书店里的冷门。

我亦普通人,故而对于新诗,常常一知半解。

而之所以"不敢",除了"不懂"不敢"装懂"之外,还另有一层原因,那便是——读诗实在是一种非常自我的活动。套用一个"术语",这种自我活动即为"再创造"。

单就文字而言,诗是未完成的"文本";而这未完成的部分,必须经由读者"补白",作品才告完成。也因此,每一个"文本"都会由于每个读者的经验不同、感受不同、解读诗作的深浅程度不同而产生差异。也就是说,经过读者"再创造"后所"完成"(即"被解读")的"作品"亦当不同。

一首好诗,本来就应当存在相当的歧义性;一首耐人寻味的诗,更是禁得起一再的玩味、讨论、思考,而非一眼就能看尽。尤其再经历了所谓"解构""后现代"等颠覆既定诗法的"游戏"之后,解诗的可能性就更大了。因此,诗的解读,照理说是没有标准答案的。既如此,教师在课堂上又如何去教呢?

带着这样的困惑去观察兰保民老师《中秋月》的教学,我似有所悟。

所悟之一在于:倚重"诵读"。

"诵读"是触摸、感知文本的一个重要方式,也是获得作品语言美感的主要途径。兰老师的这堂课是以"朗读"全诗切入的,外显的目的在于让学生对全诗的感情基调有整体的把握,但若进一步推究,恐怕也内隐着另一层意图,即营造氛围,以教师自己在朗读中释放的节奏和情感将学生引入诗境。从随后的课堂表现来看,对于刚刚进入阅读状态的学生,此时的"读"恰好让他们对审美对象有了一个直接的关照,使他们伸手便触摸到了诗歌的脉搏——感受到一种"沉重",一种"痛"。

当然,此时的"读"还只是"通读",或曰"初读",学生获得的只是一个大致的轮廓而已。兰老师的用意自然不仅于此。从他这节课开始之后的许多环节中,我都能轻易找见"诵读"的影子。所不同的是,这些在教学过程中贯穿始终的"读"不再由教师承担,而是在教师指导、启发之下学生"自读""细读"。其中,让人印象深刻的是对于"望穿……望穿……""还记得……就永远这样……"以及"最可怨恨的"几处处理。很显然,教师正是借助了对学生朗读的指导,有意识地让他们去"玩索"诗人的"语气";让他们凭借声情并茂的节奏和韵律,尽可能贴近诗人想要表达的心意和情境。所谓"书读百遍,其义自见",所谓"目视其文,口发其声,心同其情,耳醉其音"大概指的就是这样吧。

诵读是体悟诗歌的基础。一首好诗,一行优美的句子,一个经典的词语,都需得反复诵读才能入其境,得其趣,悟其味。教师只有借助于"读",把抽象的语言文字变成自然的娓娓动听的声息气流,才更容易抓住学生的心,激发学生的情,才能增强学生自己对诗歌的感性认识,进而建立起比较个性化的体悟。从这个意义上说,兰老师正是运用"诵读"使这堂课渐入了佳境。

体悟之二在于:合理"调用"。

联想与想象,几乎建筑起了走入诗歌的通道。因为,诗中的世界早已不同于客观的世界,它们总是经过了诗人有意无意的"改造",投上了诗人在特定情境中的感情色彩。若要进入诗中的世界,感受诗人的情意,读者大约要经历这样一个过程:揣摩"纸上之诗",涵咏"诗人心中之诗",悟得"读者心中之诗"。而进入诗人的内心世界,又必得借助联想和想象。

我尤其欣赏兰老师对诗歌第三节的处理:"今夜中国最动情了……那从这一诗节中,你发现中国是怎样动情的呢?哪些画面可以表现出中国的这样一份深情啊?"对,正是这个词——画面。

一首好诗,它的诗行本身就是一幅幅展开的生动的画面。更何况,较之以"意境","画面"这个词似乎更容易唤起学生"知""情""意"的投入。果然,在老师的启发之下,学生开始从文字中还原诗歌的"诗情画意",并从中捕捉到诗人情绪的脉动了:无论是对"流水"这个传统意象的解读,还是对推窗望月这个典型情境的玩味,他们逐渐产生了对诗歌内涵的真切感受。在兰老师的这节课上,类似的"调用",我们还能从对"五千年的史记","圆睁"的"泪眼","悬天的魂魄"等好几处文字的涵咏中发现。并且,不难发现,在这样的过程中学生被唤起的不仅仅是他们的想象力,还有自身独特的生活经验。如果说,诗人是通过意象将沉重的愁绪和绵长的期盼一层层形象化,那么学生则是在阅读过程中,通过教师引导下的情感参与,才获得了对诗歌内涵的独特体验。所谓"作者用一致之思,读者各以其情而自得"大约就是这样的吧。

难怪有人曾说,诗歌教学首先包含了两个层面的活动:一是判读,即运用语言和逻辑识别能力去辨别作者说的是什么、是怎么说的,仿佛"扫描";二是对接，即将自己的情感经验与诗歌中的情感经验进行比较，从而产生共鸣，并使之转化为自己的情感内存，可依靠"调用"。这"调用"之术，在这堂课中确实用得巧。

体悟之三在于：玩味"语言"。

"创新的语言都是在诗歌中诞生，到小说里成熟，到剧本里衰老，到散文里死亡。"这个说法虽略显绝对，倒也不无道理。更广为人知的说法是法国诗人瓦莱里讲的：诗是跳舞，散文是走路——因为散文多用铺陈描写，虽不见得是完整而详细的叙述，但作者在描写撷取的重要段落本身或者是抒发对此情此景的心得印象时，就像"走路"一样，是平稳而连续、按部就班的；而诗最大的不同，就在于必须把握"文简意繁"的重点，因此，诗的点到为止使得诗作有很大的模糊空间可以解读，不仅如此，诗的节奏感更使其在阅读上也像"舞蹈"一般轻灵。文字的律动、语句的回旋，就像舞步的重复旋跳，扣动人的心灵。

如同在《中秋月》这一课里，兰保民老师反复启发学生去咀嚼"还记得……虽不是……却还是……还是……这样……"，是因为这其中跃动的是诗行的韵律；更因为，若仔细推求这些诗句前后的关系就会发现，在这韵律之下，"记得"与"还是"，"变"与"不变"，"过去"与"现在"翻转交织，传达了难以言说的复杂情感。这种"复杂"，顺着诗句的经线和纬线流淌出来，学生玩味着这些文字的同时，也在慢慢品尝。

当然，也不妨提示学生：诗的语言崇尚"个性"，讲究"惊喜"，因此其遣词造句必定也是"不拘泥""不常见"，"变型"更是随处可见。恰如《中秋月》一诗中，"只有中国才有月亮"的"不合理"，"最亲最亲的人，才是最可怨恨"的"不合情"，还有"最公开的隐痛"与"最清醒的一醉"里的"相矛盾"。这些有悖于"常规"的语言，也许才是诗歌最有魅力的地方。遗憾的是，这40分钟的课堂有限，兰老师和他的学生们还来不及尽情观赏。这可算是我在有所悟的同时，心感不足的地方。

有人曾取笑，若要害死一个诗人，把他的诗编入教科书即可。这自然是个笑话，但背后确也隐藏着不少令人深思的问题。这些问题，归究到底就是：新诗，到底要怎么教？诚如我在本文开头所言，这始终是萦绕在我心头的困惑。这番跟着兰保民老师在《中秋月》的意境中走了一遭，却多少让我有些"开朗"。至少，新诗可教；至少，当课本中的古文、古诗只能让我们遥想当年时,这些新诗却在用我们当代的语言,表达着我们此时此地的情感。我们在经历一个共同的时代,有人用诗歌记录了这个时代的声音……任何人都应停下脚步,静静聆听、欣赏——不管你懂或不懂。

【专家点评】 上海市松江区教师进修学院 陈赣

充分发挥文本的核心价值

杨然的诗歌《中秋月》难说是经典作品,但兰老师执教《中秋月》,引导学生理解诗歌的精髓、魂魄和脉动,充分发掘了诗歌的价值,将诗歌的价值最大化,可以说,课让诗的意蕴更丰赡,诗让课的生成更精彩,课与诗珠联璧合,相得益彰,堪称经典。

作为一名有追求的语文教师,如何发挥文本的核心价值,将文本的价值最大化,将课堂的效益最大化,这节课在这方面无疑给了我们不少启示。

一、立意高远,提升文本内涵

写文章需要精心构思,上课则需要用心设计,这节课兰老师可谓匠心独运。首先兰老师抓住第一节中的"这样沉重的月亮,是中国人悬天的魂魄"这句话,把这句话作为切入口,整节课围绕这句话展开,很见功力。上课伊始,教师先让学生把握这首诗的感情基调,学生自然找到"沉重"一词,这个问题一箭双雕,既是学生对这首诗的整体感知,又巧妙地引入诗歌的解读。有了这一切入口,教师带领学生依据诗歌的内在逻辑,分析诗歌的每个小节,依次体会"最公开的隐痛""最动情的期盼""最清醒的沉醉"和"最亲最亲的怨恨"(见课堂实录),这四个短语的总结是对每个小节最精要的概括、最准确的把握,让学生充分感受到沉重的月亮所凝聚的情感,此时教师以文化的眼光,站在民族的高度,顺势总结:"沉重的月亮之所以是咱们中国人悬天的魂魄,是因为在五千年文明发展的历程中,它已经化作了一轮'人文的月亮',它已经成为咱们中国人精神和灵魂的象征……"教师将中秋月理解为"人文的月亮",揭示其精神内核,使学生对中秋月的理解更加深刻,教师以文化的养料浇灌学生精神的底子,培养了学生的家国情怀,自然而然地将课堂学习推向一个高潮,最后,课的结尾和开头相互呼应,形成一个完美的整体。

二、师生对话,丰富文本价值

发掘文本价值不仅需要教师理解文本深刻的内涵,更要求教师有独特的眼光去发现文本的精妙之处。兰老师在与学生对话的过程中,一些不经意的点拨让人回味。如在"泪眼"的品味过程中,学生从中感受到期盼,"感受到那种盼团圆而不能团圆的内心的隐痛",一般来说,能够理解到这一程度已经不错,但兰老师觉得这样还不够,于是引导学生体会"古代的泪眼",让学生体会到期盼团圆是"贯穿古今"的,而且渴盼团圆的慈母情怀在这首诗中还有新的内涵,那就是"祖国母亲对台湾这个游子的思念",接着兰老师补充国民党元老于右任先生临终前写的《望大陆》,从"葬我于高山之上兮,望我故乡"中,体会"古代的泪眼啊,还是这么圆睁"。兰老师重锤敲打,深情解读,把文本价值的挖掘落到了实处。

挖掘文本价值,还需要教师的启发、引导,通过师生对话,智慧碰撞,来丰富文本的价值。这节课上,学生的突出表现给我们留下深刻的印象,如教师提出一个有意思的问题:"诗人一再强调'还记得''还是''这样',其实从根本上想强调的是什么呢?"学生的回答非常精彩,"月亮是咱们中国人的一份集体记忆,记忆了咱们中国人恋乡土、思亲人、盼团圆的情结。这些词语,就是强调了这一份历史记忆的恒久不变。""集体记忆"和"恒久不变",两个词语是对诗歌"月亮"意象的最为精当的理解。有了这样的理解,诗歌的解读已经超越了一般的层次和意义。师生对话的精彩之处在于学生的善于思考,特别是对于"纵然被水冲走了,还是要写下去,一年又一年"一句的理解,学生认为这里"水"是一语双关,不仅指隔离大陆和岛屿之间的海水,也指一年一年流走的时光,台湾同胞对于祖国母亲的思念,会一直持续下去。这种理解出乎教师的意料,准确地把握住了诗歌表达的特点,很有见地。

三、朗读体验,增强文本效能

阅读这一课堂实录,仿佛能够感受到课堂中的生命气息。我曾现场听过这节课,教师和学生的朗读使课堂富有强烈的感染力。统计一下这节课的朗读共有20次,差不多两分钟就有一次朗读。朗读设计有教师范读、学生齐读、男女生轮回读,学生个别读等多种形式。朗读指导有依据诗歌情感表达的需要进行处理,如"沉重的月亮"语调应该低沉有力,"悬天的魂魄"则要高亢雄浑,处理的方式要根据内容有所区别,处理好"逻辑重音"。其中,第三节是最动情的一节,教师在学生朗读和解读之后,用一段深情的话语告诉学生"所谓国家意识,在空间上的体现是领土,在时间上的体现就是节日",一个节日,同时推窗,一齐望月,节日就是我们民族情感的总动员令,至此,让学生再次动情地朗读,使课堂营造的情感氛围更加浓郁。朗读指导还有对比朗读,教师用充满仇恨的语调朗读"只有最亲最亲的人,才是最可怨恨的",让学生体会"怨"实际上是对"亲"的另类表达,这就是文学语言的特点,看似不合情理,有时甚至前后矛盾,但在思想感情的表达上却很有效果,这就是苏轼所说的"反常合道"。当学生朗读比较平淡时,教师又指导学生用叹气时的感觉去读,最后使学生的朗读声情并茂。朗读不仅提高了学生对诗歌的体验,更增强了文本价值的效能。

最后想说的一点是,统计一下整堂课教师的提问,有四十次左右,尽管都是围绕"这样沉重的月亮,是中国人悬天的魂魄"这句话展开,但问题的量是否太多?学生对问题的回答让这节课如行云流水,如这节课上的第一个问题,学生认为文章的感情基调是"沉重",那么,有没有同学有其他的理解?如果有其他的理解,课堂如何展开?这些也是我们需要关注和思考的问题。

【教材原文】

中 秋 月

杨 然

今夜,只有中国才有月亮
只有中国才有这样大这样明这样圆圆的月亮
这样沉重的月亮,是中国人悬天的魂魄
啊!中秋节

只有中国人的望月
今夜,中国最公开的隐痛啊,被叹息的夜色浮动
七月流火之后,母亲又为我们授衣,授第三十五件衣
蟋蟀,又将入我床下
但是古代的泪眼啊,还是这么圆睁
望穿历史,望穿岁月——
月亮,月亮,从远古照耀现代的中国

今夜，中国最动情了
用期盼去填海峡两岸的距离
同时推开的窗
这边岸上的，那边岸上的
集中人类五分之一的目光，一齐在望月
每张脸，阴了一半，明了一半
碎了的月亮在水里，复圆的月亮在天上
写深深的情思，在浅浅的海面
纵然被水冲走了，还是要写下去，一年又一年

目光飞不过去，就到月面相逢
声音飞不过去，就到海上碰杯
那三十五年没有启封的一瓶酒啊
还是桂花酿的味，还是菊花染的色
最清醒的一醉，饮出五千年的史记
还记得征人的泪，还记得烽火台下的羌笛
中国的关啊，虽不是汉时的关
天上有飞机，水面有轮船，地下有火车
中国的月啊，却还是秦时的月
还是李白举杯相邀，苏轼把酒问天的那一轮
还记得阳关古道、杨柳攀折，乐游原上、残阳如血
还记得江南又绿两岸，梦醒秦娥伤别
中国的月啊，难道就永远这样离愁别恨
这样照九州的不全，这样幽思声声哽咽

就到月上暂时相会，月上有海无峡
还有哪一张中国人的脸，不愿飘来镜中相看
那边有阳明山，这边有东岳
那边有日月潭，这边有云梦古泽
总不能把月也锯成两半，怨这祖先遗传的佳节
要怨，就怨这使人频添白发的怀想

怨这太多太绵缠的乡恋、乡愁、乡情
怨这龙的、凤的、长城的、黄河的相思
怨这父子母女、夫妻兄妹割不断的恩爱
——只有最亲最亲的人,才是最可怨恨的

只有中国,今夜多梦
月亮的名字丢失了,明月不再叫作明月
而被中国叫作团圆、叫作统一
今夜,中国推开所有的窗——
啊!中秋节

【选自《星星》1985 年第 6 期】

5. 贝多芬百年祭

学生：华东师范大学第三附属中学高二(7)班

时间：2007 年 3 月 26 日

【课堂实录】

师：1827 年 3 月 26 日，年仅 57 岁的贝多芬在风雨交加、雷声阵阵中溘然长逝。今天这堂课，老师想和同学们一起走近一个伟大的人物——贝多芬（板书：贝多芬百年祭）。标题中的"祭"，表明这篇文章是一篇纪念文章。请同学们做一下标记。引领我们走近这位伟人的是英国杰出的剧作家、音乐评论家、诺贝尔文学奖的获得者——萧伯纳（板书：萧伯纳）。

师：因为课文篇幅比较长，老师要求同学们在课前作充分的预习。我想了解一下同学们预习的情况。有同学没有来得及预习吗？

（生无人举手）

师：只读过一遍的同学呢？

（生仍然无人举手）

师：是不好意思举手吗？那么读过两遍以上的同学举举手吧。

（绝大多数同学举起手来）

师：看来同学们都作了比较充分的预习，这为我们学好这篇文章打下了很好的基础。结合预习，同学们认为萧伯纳在突出贝多芬及其音乐个性的时候，主要运用了什么写作方法呢？

生：我觉得运用了衬托，还有对比。

生：我觉得是对比和比较。

师：衬托、对比和比较，我们重点讲一下对比。这篇文章涉及的内容十分庞杂,写作对象本身——贝多芬又是沉甸甸的,意蕴非常深厚。但是萧伯纳在文中只用了三处对比,就把问题解决得清清楚楚,这可以称得上是举重若轻,是名副其实的大家手笔。同学们能不能具体说一说这三处对比在什么地方? 哪位同学能够谈谈你的看法?

生：第一段是和爵士乐作对比。第二、第三段是和莫扎特的音乐作了对比。

师：仅仅莫扎特吗?

生：还有其他一些音乐家。第四、第五、第六段把贝多芬的乐式和其他音乐家的乐式作了对比。

师：下面我们来重点研究这三处对比。第一处对比,我先来朗读一下。
(朗读)

师：同学们在听老师朗读的时候,能感受到吗? 作者这样进行对比,意在突出贝多芬怎样的个性? 这一段中哪个词语可以最典型地概括出贝多芬的个性魅力?

生：我认为是"最奔腾澎湃"这个词语。

师：嗯,有眼光。为什么不是"最伟大"呢?

生：因为如果说贝多芬最伟大的话,是不太合适的。(读课文原文)"他的灵魂是伟大的;但是如果我使用了最伟大的这种字眼,那就是说比韩德尔的灵魂还要伟大,贝多芬自己就会责怪我;而且谁又能自许为灵魂比巴赫的还伟大呢? 但是说贝多芬的灵魂是最奔腾澎湃的那可没有一点问题。"从这里可以看出,韩德尔是伟大的,巴赫也是伟大的,他们都可以是伟大的。因为伟大是所有杰出音乐家的共性,而奔腾澎湃却是贝多芬的个性。

师：说得很在理,点到点子上了。其他同学还有补充吗?

生：可能贝多芬不太喜欢显露自己,从"如果我使用了最伟大的这种字眼……贝多芬自己就会责怪我"可以看出他的谦虚。

师：从这里我们可以看出来,贝多芬并不是自命不凡之辈,他有着一颗虚怀若谷的心灵。

生：我认为"最伟大"这个词语还是比较笼统。因为灵魂可以因不同特点而伟大,比如无私、宽容、谦逊、隐忍、坚贞等等,但是"奔腾澎湃"却具体写出了贝多芬灵魂的狂放不羁,就像课本里说的那样,"狂风怒涛一般""疯劲"等。

师：谢谢你××同学,你说得这么充分,那我就无须多讲了。请同学们把"最奔腾澎湃的灵魂"这个词在文中画出来。(板书:最奔腾澎湃的灵魂)。咱们一起朗读这一段的后半部分,感受一下这颗"最奔腾澎湃的灵魂"。

(生齐读"他的狂风怒涛一般的力量……于是也就成为管不住的了")

师：下面我们来研究第二处对比,请同学们用圈画的方法阅读第二、第三段,主要圈画两方面的内容:一、能够体现贝多芬特点的词语。二、能够体现贝多芬前辈音乐家特点的词语。(学生圈画默读)好,请一位同学说一下,体现贝多芬特点的词语有哪些。

生："奔腾澎湃"和"骄纵"。

生：不羁,激进。莫扎特天性文雅,认同传统。格鲁克和海顿,也很文雅。

师：类似的还有:写贝多芬是"未经驯服的",写莫扎特、海顿,用"梳洗干净""穿着华丽""文雅"等词语,从外貌、对传统社会的态度、性格三方面将贝多芬和他的前辈音乐家进行了对比。前辈音乐家的特点概括起来就是第二段中的——

生：(齐答)谨守法度。

师：对,而贝多芬则是狂放不羁。这里对比的目的是什么呢?是贬低海顿、莫扎特等人,抬高贝多芬吗?作者是不是说海顿、莫扎特你们太没有水平了,表面上温文尔雅,实际上趋炎附势,献媚取宠,看贝多芬多么富有反抗性啊,傲视权贵,粪土诸侯,贝多芬才是真正的伟人,你们都不如贝多芬,是这样吗?

生：(一起)不是。

师：在行文中作者有没有刻意贬低海顿和莫扎特?

生：没有。

师：对,文中说"莫扎特是大师中的大师"。作者进行这番对比,意图是什么呢?

生：我觉得是因为第一句话,就是为了写他们的特点而写特点。

师：其他同学有不同意见吗?

生：因为个性不同造成他和前辈音乐家不同。

师：是的,同样是倔强的,作者还写到了音乐家韩德尔。但是韩德尔像不像贝多芬一样,具有反抗性和奔腾澎湃的灵魂呢?形成贝多芬的"奔腾澎湃"的原因,除了个性之外,最主要的是什么呢?

生:他们之间隔着一场法国大革命,划分开了 18 世纪和 19 世纪。

师:非常好,还有吗?

生:他是造成法国大革命的精神风暴中的一个巨浪。

师:好,同学们理解到了这一点,对贝多芬的理解就又进了一步。这说明贝多芬奔腾澎湃的灵魂不仅仅闪耀着个性光辉,而且还具有了时代的、革命的、思想的力量。同学们把这两段话画下来。(板书:时代的革命精神)

师:法国大革命同学们了解吗? 发生在 18 世纪的法国大革命对当时欧洲封建专制无异于一场政治和思想上的地震,1789 年 7 月 14 日,法国人民攻陷了巴士底狱,法国封建王朝的大厦轰然倒塌。于是资产阶级民主、自由、平等、博爱的思想像地震波一样迅速向欧洲各地蔓延,动摇着封建专制的基础。贝多芬就是在这样一个风起云涌、动荡不安的时代中度过了他的青年时期,成为一个民主共和主义者,他反对专制,向往民主共和,呼唤自由,要求个性解放。用现在的话说,他生活在一个社会的转型期。这一处对比,我们先研究到这里。至此,同学们应该对第一段中刻画的贝多芬的形象有了更为深刻的认识。下面请同学们在音乐的伴奏下高声朗读第一段的前两句。读的时候注意重音、停顿和节奏。

(播放《命运交响曲》,生齐读第一段三处描写)

师:我想这样的文字是不需要分析的,当《命运》的旋律响起的时候,当贝多芬在弥留之际举拳向天的时候,一个反抗命运、傲视权贵、不顾流俗的生命已经昂然站立在我们的面前,已经在我们的心中勃勃地跃动。就让我们带着对这伟大生命的敬仰来研究第三处对比。请同学们默读第五、第六段,思考这个问题:与其他音乐家的音乐相比,贝多芬音乐的特点是什么? 请同学们把表现贝多芬音乐特点的句子画一下。

(生默读,教师巡视)

生:他把音乐完全用作了表现心情的手段,并且完全不把设计乐式本身作为目的。

师:对,这句话是概括。那么,贝多芬音乐中感情和乐式是什么样的关系?

生：音乐创作目的是表现心情,乐式只是手段。当手段不能满足目的的时候,乐式这个手段就会被突破。

(板书,感情突破乐式)

师：贝多芬的这个特点在第六段中有着进一步的解读,下面请同学们伴着贝多芬的音乐高声朗读第六段。

(生配乐齐读)

师：好,下面我们来看一看三处对比之间的关系。通过第一处对比,萧伯纳向我们展示了贝多芬奔腾澎湃的灵魂,并且在第二、第三段的对比中,深入挖掘出在这颗奔腾澎湃的灵魂中蕴含着时代的革命的精神,那么,第三处对比和前两处对比之间是一种怎样的逻辑关系呢? 也就是说,贝多芬的个性和音乐之间的逻辑关系如何?

生：思想高度体现在奔腾澎湃的灵魂和时代的革命精神上,他把思想注入乐式当中,这就是乐式和精神之间的联系。

师：对,阐发得非常精彩。再概括一下:抽象起来看,这就是因果关系,正是因为有这样一个奔腾澎湃的灵魂,才有这样一种狂放不羁的音乐。在同学们的预习中,下面两句句子是同学们发问比较多的:

第一句句子:"他加给它们以惊人的活力和激情,包括产生于思想高度的那种最高的激情,使得产生于感觉的激情显得仅仅是感官上的享受,于是他不仅打乱了旧乐式的对称,而且常常使人听不出在感情的风暴之下竟还有什么样式存在着了。"(幻灯显示)刚才的同学在谈这三处对比之间的关系时已经把这个句子解读得比较清楚了。

第二句句子:"贝多芬的音乐是使你清醒的音乐;而当你想独自一个人静一会儿的时候,你就怕听他的音乐。"请同学们结合听贝多芬音乐的感受和对贝多芬的了解,谈一谈你们的理解。

生：他的音乐可以让你感受到他激动的心情。当你想静一会儿的时候,他的音乐却不是这样的,和你的目的不一样,你就会怕听他的音乐。

师：哪位同学能够结合我们听到的贝多芬音乐,如他的《命运交响曲》和《英雄交响曲》等说一说? 当奔放的旋律响起时,你有一种怎样的情感体验呢? 当你阅读罗曼·罗兰的《贝多芬传》的时候,你对他音乐中体现出来的精神是怎么理解的?

生：我感受到贝多芬的倔强,不屈服于命运。最有名的一句话就是他

"要扼住命运的咽喉"，他的音乐会让你体会到他的那种挣扎的命运，最奔腾澎湃的灵魂，让人无法平静下来。所以听了就会怕。

师：说得非常好。也就是说他使你清醒，清醒地认识到生活的苦难、命运的残酷，清醒地认识到一个人生活在世界上，需要怎样不屈的意志和灵魂的力量去对抗现实世俗和苦难的命运，才能扼住命运的咽喉。当一个人想静下来，想退缩的时候，贝多芬的音乐让我们害怕，这个"怕"字写出了贝多芬音乐对我们心灵的——

生：（齐声）震撼。

师：对，震撼。注意文章的最后一段，我们将对这段的理解作为一个探究性的作业。理解的重点是：为什么说贝多芬的音乐是最有深度的音乐？请同学们作两方面的探究：

一方面是文本探究，请同学们梳理从莫扎特到贝多芬的音乐发展轨迹，看一看最有深度的音乐是怎样的音乐。

另一方面是纵深探究，给同学们几个关键词：浪漫派音乐、瓦格纳、勋伯格、斯特拉文斯基，还有浪漫派音乐的代表作品《春之祭》，请同学们到互联网上去找一下，还可以到图书馆中查询一些关于音乐史的书。

师：同学们，贝多芬的音乐，是人类文化史上的一笔宝贵的精神财富，曾激励了无数在充满苦难的人生激流和命运漩涡中沉沦挣扎的人。著名翻译家傅雷曾经深情地写道：疗治我青年时世纪病的是贝多芬，扶植我在人生中的战斗意志的是贝多芬，在我灵智的成长中给我大影响的是贝多芬，多少次的颠扑曾由他搀扶，多少的创伤曾由他抚慰。（幻灯显示）通过今天的学习，同学们一定会有这样的认识：能够像贝多芬这样用自己的天才创作来"泽被苍生，恩及后世的人，必定有一颗痛苦而又丰富的灵魂。能够震撼人心的艺术，必定是源自艺术的音乐"。

我们40分钟的课马上就要结束了，但是，在贝多芬奔腾澎湃的灵魂激励下，我们的人生精神历程刚刚开始。在今后的人生之路中同学们不要忘了带上贝多芬，带上贝多芬的音乐，带上贝多芬这颗奔腾澎湃的灵魂。在课文就要结束的时候，送给同学们这样一句话，请同学们读一下："我愿证明，凡是行为善良与高尚的人，定能因之而担当患难。"（学生齐读）

师：下课，同学们再见。

生：老师再见。

附:板书设计

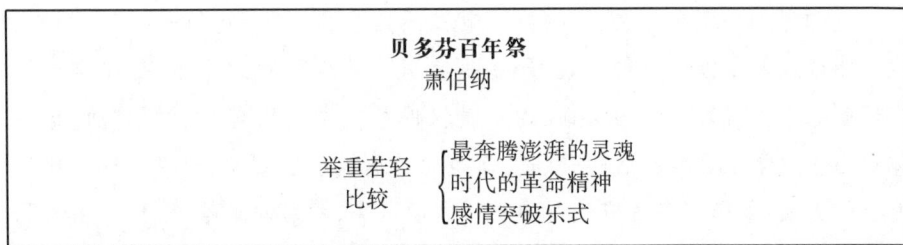

贝多芬百年祭
萧伯纳

举重若轻
比较 { 最奔腾澎湃的灵魂
时代的革命精神
感情突破乐式

【教学笔记】

艰深文本的教学处理

英国著名作家萧伯纳写的《贝多芬百年祭》是一篇名篇,文章篇幅较长,文中不少句子含意比较艰深;学生对文中的一些知识背景(比如法国革命,莫扎特、格鲁克、海顿等音乐大师的情况)可能也不熟悉。因此对这样一篇篇幅长、含意深的文章,要在一节课内让学生们整体感悟,确实有难度。在这堂课中,我主要抓住文章所运用的对比方法,希望以此为抓手,引导学生理解整篇文章的内容,理解贝多芬和他的音乐个性以及两者之间的关系。之所以不刻意强调贝多芬的反抗性和革命性,是因为我认为语文课的情感教育应立足文本,否则就容易形成架空理解,从而混同于思想政治课上的情感教育了。

在有限的一堂课上,老师和学生面对这样一篇有难度的文章,让学生在知识与能力、过程与方法、情感态度、价值观等几个维度上达到什么目标,让学生通过师生的共同活动,学到些什么,感悟到什么,这一切教师都必须了然于胸。窃以为,这堂课教学目标的预设是成功的。它至少有三个特点:一是目标集中。这篇文章涉及的内容丰富,语句凝练,充满激情,从主题到结构到语言,都有值得挖掘、值得分析的地方。但,我们不可能也没必要面面俱到。二是这堂课的教学目标设定是符合文本特点和学生实际的。这篇文章尽管内容丰富,但主要还是表现贝多芬激情澎湃的个性与不同凡响的音乐及两者的联系,让学生理解、感悟到这一点,应该说是教学的主要目的。第三,领会文章是通过对比来彰显贝多芬及其音乐的独特个性的,这一目标设定从某种意义上来说,是我深入研读文本的成果。全文就是通过三处对比来表现思想内容。从这里入手,就等于用一根线把全文串起来了。

这堂课如果还有什么亮点的话,就是思维含量比较高。就这一点而言,我认为我在两个方面做得比较好:一是我引导学生思考的问题,是在学生原有理解基础上有待深化的层面,而不是仅停留在学生已有的理解层面,这就体现出了对学生思维发展的关注。二是为了达成学生的理解,我采取了比较有效的方法,如采用多种方式引导学生阅读课文,做到读思结合;再如由易到难搭设提问的梯度,从而促成学生最终理解的达成。

一堂阅读课,不仅能让学生搞清楚文章内容,还能让他们明白文中出现的概念与所揭示的道理,正像《上海市中小学语文课程标准(试行稿)》中说的:"语文课程要有利于学生语言潜能的开发和语文素养的全面提高……要注重学生的语言积累,让学生在动态的语言实践过程中,掌握语言运用的规范,感受、体验优秀作品的语言魅力……"这篇课文长,又比较难,教学时教师就更要紧扣文本,让学生通过文中关键词语和句子的朗读、品味、辨析,来感悟文章的思想内容,体验名家名篇的语言魅力。比如学生将关注点聚焦在"最奔腾澎湃"这个词语时,一般情况下老师见学生找到了相关词语,就心满意足了,但我并没有浅尝辄止。这一段中形容贝多芬灵魂的有"伟大"和"奔腾澎湃"两个词,我就引导同学辨析这两个词的异同——为什么不是"最伟大"呢? 同学们讨论的结果是:贝多芬是伟大的,但韩德尔、巴赫这些音乐家也是伟大的,"伟大"是他们的共性,却不能概括贝多芬的个性。灵魂可以因不同的特点而伟大。而"奔腾澎湃"这个词能具体地写出贝多芬灵魂的强悍有力、狂放不羁,如江似海,奔涌不息。这样紧扣词语教学,能真正地深入到文本中去。

在研讨第二处对比时,我采用由浅入深、由易到难、逐渐深入的递进式解读方式,让学生逐步打开思维的闸门。先要求学生默读第二、第三段,并作圈画,从文中找到表现贝多芬与前辈音乐家莫扎特、海顿特点的词语。这一步并不难,学生很快圈画出表现先辈音乐家们特点的词语:"梳洗干净""穿着华丽""举止大方""文雅"等。而课文中表现贝多芬特点的词语有:"未经驯服的熊崽子""不羁的艺术家""一个不穿紧腿裤的激进共和主义者"等。这些词语表明:前辈音乐家的特点是"谨守法度",而贝多芬是狂放不羁、桀骜不驯的。完成了这一步,学生的头脑中可能产生这样的想法:作者作这样一番比较的意图是什么呢? 难道是为了贬低海顿、莫扎特而抬高贝多芬吗? 这时我再引导学生研读文本。文中写道:"海顿从不知道什么是嫉妒,曾称呼比他年轻的莫扎特是有史以来最伟大的作曲家",贝多芬"仍然认为莫扎特是大师中的大师",等等。作者作对比,不是为了一褒一贬,而是为了突出贝多芬与众不同的独特个性。那么,除了贝多芬家庭、个人遭遇和性格的因素外,又是什么使得贝多芬形成了与他的前辈音乐家截然不同的个性特点和精神气质呢?这一问题也正是学生们迫切想了解的,研读显然又进了一层。经过师生的共同讨论,学生明白了原来"在贝多芬和他们之间隔着一场法国大革命,划分开了18世纪和19世纪"。贝多芬的奔腾澎湃的个性和灵魂打上了深深的时代烙印。由于学生对这一层意思的知识背景不甚了解,因此这段课文完全由教师来讲解。

以上两处对比主要是凸显贝多芬的个性。接下来我用"让我们带着对这伟大生命的敬仰来研究第三处对比"这样的过渡语,很自然地过渡到对贝多芬音乐特点的理解上去了。正因为贝多芬的灵魂是奔腾澎湃的,所以他的音乐是激情四射的。这一因果关系水到渠成,学生的理解同样也是水到渠成。

整堂课中我采用了多种朗读方式。这对熟悉课文、理解课文起到了很好的作用。比如,引导学生分析了前两处对比后,我让同学们在音乐声中高声朗读文章开头的两句。顿时,贝多芬在弥留之际举拳向天的反抗性的形象一下子树立在我们眼前。我记得有不少专家曾经说过:"书声琅琅是语文课的本色。"我认为阅读课教学就必须强调学生对文本的阅读,其中包括朗读。从某种意义上说,阅读是学生理解的起点,也是学生理解的终点。因此,我在这堂课中运用了多种阅读形式,其中朗读的形式也不尽相同,目的也不完全一样。如教师范读是为了起到朗读示范作用,因此在上课开始我就采用范读形式。讲完文章第二处对比,安排一个朗读环节,是为了让学生充分感受贝多芬身上所体现的时代精神,因此我为他们配上了震撼人心的《命运交响曲》。

《上海市中小学语文课程标准(试行稿)》指出:"语文课程要改善学生的学习方式,使学生由单一的接受性学习方式,转变为接受性、体验性、研究性相结合的学习方式。"我在本堂课的最后阶段,要求学生在课后对文章作进一步的探究,梳理从莫扎特到贝多芬的音乐发展轨迹,这是对第三处对比的拓展。莫扎特的音乐有产生于感觉的激情,能与乐式完美结合,而贝多芬则把音乐完全用作了表现心情的手段,他的音乐是产生于思想高度的最高激情的音乐,让人听不出还有什么乐感存在了。这样的拓展和探究是紧扣文章的,对学生今后从纵深方面欣赏贝多芬音乐大有好处。

记得于漪老师曾经说过:"我上了一辈子课,上了一辈子遗憾的课。"连于老师的课都不能尽善尽美,更何况我这堂小课呢! 缺憾肯定是比较明显的。我们平常说,要让课堂动起来、活起来。所谓"动"起来,我认为有两方面理解,一方面,通过学生质疑、讨论甚至争论,使课堂气氛显得活跃、热烈,这是外显的"动";另一方面,在老师的有效引导下,学生开动脑筋,积极思维,这是内隐的"动",如果两者结合起来则更好。或许是这堂课的思维含量比较大,因而学生的兴奋点呈内敛倾向的原因,或许是我对学生情绪的调动不够得法的原因,总之,课堂气氛还不够活跃,这是我感到比较遗憾的。

【同行链接】 上海市金山区教师进修学院　顾燕文

教学的起点与指向

"语文味"一词是当下语文课堂教学中出现频率较高的一个词,语文课怎么上出语文味也是很多老师关注的问题。语文课如何承担知识传递的任务? 如何在落实"情感态度价值观"目标的同时又体现语文课的特性? 如何把语文学科的"工具性"和"人文性"完美地融合在一堂语文课中? ……这一系列问题常常会困扰着语文教师,甚至有时上完一节课后,我们常常会问自己,我上的是不是语文课? 这节语文课我又教会了学生一些什么?

听了《贝多芬百年祭》一课,问题似乎有了些答案。

一篇文章,往往有很多内容可以讲,教师对于教学内容的选择常常首先取决于教师对于语文学科特点以及文本价值的理解。这节课教师选择了"对比"作为文本解读的切入点,通过三处对比,带领学生一步步地走近萧伯纳笔下的贝多芬。之所以如此选择,正如教师所说"这篇文章涉及的内容十分庞杂,写作对象本身——贝多芬又是沉甸甸的,意蕴非常深厚。但是萧伯纳在文中只用了三处对比,就把问题解决得清清楚楚。"可见,对比手法是这篇文章的精华,可以串联起整个人物描述,使课堂变得干净紧凑,同时对比手法对这一篇而言也是有教学价值的知识点。正是这一教学内容的选择,使得整个课堂教学的推进变得自然和谐,体现了语文学科"工具性"与"人文性"的有机统一,更体现了教学内容确定的另一个重要因素,即对学情的分析与关注。

同样值得称道的是,教师不仅没有停留在找出三处对比上,而且关注到第三处对比和前两处对比间的逻辑关系,实现了教学环节间的逻辑衔接,让学生更加深入地认识到贝多芬之所以有这样的音乐乐式,关键在于他的人格精神,在于他"惊人的活力和激情",水到渠成地理解了作者在第六段中所说的"以上就是贝多芬之谜的全部"的含义。最后通过探究题的提出,让学生去了解音乐史,从而对最后一段所说的贝多芬对其他音乐家和后人的影响有一个更加广泛深入的认识。只有这样,学生才能真正懂得为什么说贝多芬的音乐是最有深度的音乐。在对文本解读及课堂教学设计中,教师始终能站在学生的思维起点,指向学生所能达到的能力高点这一"独特性"上,所以说这堂课的教学内容的选择是精准而恰当的。

在学习策略的指导方面,这节课同样也体现了这一"独特性"。教学实录从标题"祭"着眼,让学生认识到这是一篇纪念文章,解读本身就给了学生一种阅读的策略,虽没点明,但教师解读的过程潜移默化地影响着学生:阅读需紧抓标题。其次,在解读文本的过程中,教师在纷繁庞杂的内容中仅仅抓住三处鲜明的对比,也让同学找到了一种解读的抓手。最为关键的是带领学生深入思考第三处对比和前两处对比间的关系,通过教学环节的逻辑设置让学生把握文章行文的内在逻辑,这种动态学习、"对比"知识点的策略值得我们学习。第三,在理解每一处对比的过程中,让学生在具体语句的比较阅读中感受贝多芬的个性和音乐特色,这一点对于提高学生对语言文字的感受力是很有帮助的。最后,教师通过激发学生已有的体验,比如结合已听过的贝多芬的音乐来谈对贝多芬音乐中体现出的精神的理解,以加深学生对贝多芬的认识;通过对18世纪法国历史背景的拓展介绍和从莫扎特到贝多芬的音乐发展史的探究性作业的设置,极大地丰富了学生对贝多芬的认识,而这正是"联系"的阅读策略的具体运用。

纵观整节课,从教学重点、难点设定的目的与意义(明确学生的起点及本节课可以达到的阶段性终点,始终关注学情。在学生的认知"此岸"与教师引向的"彼岸"间搭建桥梁),到导入环节的设计(抓住课文标题中的"祭"字,让学生明白这是纪念性的文章,掌握阅读的方法),再到教学实施环节中形式与方法的选择(整堂课教师都在指导学生运用多种朗读的形式进行读思的结合。读的目的很明确,是理解文本的起点,亦是终点。通过读,进一步熟悉文章内容;通过配乐朗读,进一步理解文章蕴含的情感;通过品读关键语句,进一步深化对文本的认识。然后在读的基础之上,在学生预习生疑的基础之上,由易到难地搭设问题的梯度,提升学生的思维品质。由学生自己质疑,再由学生合作互助来解疑,在解疑的过程中再次设疑,通过动态的教学过程,指导学生如何深入思考这种内涵深刻、语句凝练的文章),再到课堂主体部分的内外勾连和拓展(对于贝多芬所处时代的背景的补充,选择在了课中而非课前,与整个课堂教学衔接得天衣无缝,不干扰学生的认知频率,不割裂学生的认知程序),整个教学设计起承转合独具匠心,学生是教学设计的起点,又是教学目标的终点。

尽管课堂教学讨论的氛围可以营造得更为激烈,比如对于这篇文章中学生比较难懂的语句"这样奔腾澎湃,这样有意的散乱无章,这种嘲讽,这样无顾忌的骄纵的不理睬传统的风尚"四个斩钉截铁的陈述,教师可以给出一些学习策略带领学生深入品读,然而我总觉得课堂的40分钟毕竟有限,观课不应仅仅注重表面的活跃,真正有效的课堂应引爆的是学生学习的后续思维。只要教师能"以学生的所在"作为教学起点,"以学生所需"为教学重点,"以学生所显"调整教学策略,就是真正"以学生为本"的教学。当然,我们也应该努力力去追求"神形兼备"的理想课堂。所谓的"神"是学生是否主动思考,积极参与,自由表达;所谓的"形"是几个人发言,用几分钟讨论。神是里,形是表,只有表里结合才是有效。

最后,还想说一句,我们的教学研讨,永远是在发现问题的过程中寻找"话题",在研究讨论的基础上形成今天的"主题",我相信这些"主题"也一定是我们今后在教育教学中研究的"课题"。让我们带着这些"课题"不断地去寻找、创造具有魅力,充满活力,蕴含张力,洋溢着生命力的语文课堂。

【专家点评1】 上海市教委教研室 谭轶斌

"提拎"与"深入"

关于《贝多芬百年祭》一文,我浏览了几家教育网站的多则教学设计,发现教学环节大致如下:

1. 贝多芬具有怎样的鲜明个性？哪些地方体现出其个性？

2. 贝多芬的音乐具有什么特点？你是从哪些语句中体会到这些特点的？

3. 作者对贝多芬这一人物的刻画，除了直接描写外，还运用了什么艺术手法？有什么好处？

4. 本文的语言优美、生动，饱含着作者强烈的情感，试举例加以分析。

不能说这样的设计有什么明显的不合适，但是这种设计明显没有抓住萧伯纳文章的精髓，也很难抓住学生的心灵。

正如兰老师在课堂上所提及的，本文所涉内容庞杂，作者笔下的人物贝多芬又是"沉甸甸的，意蕴非常深厚"。面对这样的文章，又是只有一个课时的教学时间，必须找到一个既切合文本特点又符合学生认知心理的教学切入点，才可以顺利、有效地完成教学任务。欣喜的是，兰老师找到了"对比"这一艺术手法，用它来和学生们共同推开这堂课的大门，并一步步"登堂"，最终"入室"。

于漪老师曾强调，阅读教学的设计要"强主干，删枝叶"。确实，一节课的时间有限，若想面面俱到，反而会造成蜻蜓点水的局面。老子说，"少则得，多则惑。"教学设计一定要体现"多了就是少了"的辩证思维。

兰老师先让学生找到三处对比，然后用不同的方法去引导学生感知、领会对比背后的内容，这使得课的主线一下子清晰可见。第一处对比，抓住"最奔腾澎湃"这一词语展开；第二处，采用圈画的方式，从表现贝多芬和前辈音乐家特征的词语入手；第三处，紧扣表现贝多芬音乐特点的句子。显然，兰老师对三处对比的处理是各有侧重的。更可贵的是，他在和同学们共同理解完这些内容后，抛出了这样一个问题："下面我们来看一看三处对比之间的关系。通过第一处对比，萧伯纳向我们展示了贝多芬奔腾澎湃的灵魂，并且在第二、第三段的对比中，深入挖掘出在这颗奔腾澎湃的灵魂中蕴含着时代的革命的精神。那么，第三处对比和前两处对比之间是一种怎样的逻辑关系呢？也就是说，贝多芬的个性和音乐之间的逻辑关系如何？"这篇文章，很容易被某些老师处理成道德文本，让学生不断地去感受贝多芬的"反抗性"。用英美新批评的概念来评说，这样的教学只关注了文章的"外部"，而忽略了文章的"内部"，即语言特征、叙述角度、思路结构等。而兰老师的"逻辑关系"一问，使他的课堂彻底摆脱了这种局限。这富有教学价值的一问，引发了学生对文章内在逻辑的关注，也激起了深层次的思考。相信，当学生体会到

"正是因为有这样一个奔腾澎湃的灵魂,才有这样一种狂放不羁的音乐"这一因果关系的时候,已抵达了文本的核心。音乐家与音乐岂可分矣!

但稍感遗憾的是,兰老师未能在此时更进一步,引导学生去深度感受作者萧伯纳对此的感情与态度。正如茨威格写《世间最美的坟墓》一样,这也是一篇大师写大师的文章。萧伯纳这位英国杰出的剧作家、音乐评论家——这是兰老师在课始就点明了的——写贝多芬,没有卖弄自己的学识,用大量的音乐术语来谈自己对贝多芬音乐作品的理解等等。因为他深知,这不是在写音乐评论,而是在写"祭文"。他举出贝多芬的不少轶事、趣事乃至这些事情中的细节,让贝多芬的形象与个性跃然纸上。诸如,看见大公及随从不肯避让,竟然还要从他们中间大踏步地穿过;因穿着打扮不修边幅而被警察抓起来;去世时举起拳头的奇特动作;是不穿紧腿裤的清教徒……这些,岂是要强调贝多芬"扼住命运的咽喉"? 显然,萧伯纳不是要像罗曼·罗兰那样刻画出一个"强者"形象,也不是要像傅雷那样强调贝多芬作品对世人的精神引领,他恰恰是"发人所未发",写出自己心目中狂放不羁的反抗者,乃至"疯子"。正是这样一个与众不同的、与主流格格不入的贝多芬,才体现了划时代的意义。可在教学中,这些不该绕过的内容或未提及,或被带过,缺少重锤敲打,于是,也就很难体察作者在品评上的高人一筹。而散文,就是重在表现作者的情感与态度。因此,课临近尾声时,教师让学生齐读贝多芬的那句名言"我愿证明,凡是行为善良与高尚的人,定能因之而担当患难",恐怕很难称得上是明智之举。

瑕不掩瑜。在这堂课上,兰老师带给我们的不仅仅是切入点的巧妙提拎和提拎后的深入"打开",他指导学生对精彩语段的深情朗读,对重点字词(如"怕"等)的深入研读,以及所布置的对"为什么说贝多芬的音乐是最有深度的音乐"双重探究("文本探究"与"纵深探究")的作业……都带给我们诸多启示,此处不再展开。

【专家点评2】 上海市杨浦高级中学 于漪

带领学生走进文本

我教过好几门课,我就觉得语文课是最难上的。语文歧义很多,各种各样的看法,所以语文课是非常难教的。你要上得大家都认同了,这是很不容易的。你只要让学生有所得,学有兴趣,学有感悟,殊途同归啊,这对孩子就是很有帮助的,并不是说我们所有的课都是只有一个答案的。今天的这些课文,确实是经典课文。这经典课文到底怎么上?哪一位年轻教师可以上得堪称天下无敌?这是不可能的。这怎么可能呢?任何一位老教师也不可能把课上得天下无敌,都是有它的长处,也有它的短处。

我们为什么确立"带领学生走进文本"这个主题呢?因为这是语文教学的一个永恒的主题。为什么会把它提到议事日程上来呢?就是因为我们对二期课改有很多误解。好像二期课改,文本就不重要了,一天到晚就是用信息技术。本来信息技术是好的,现在用了很多,文本就不好好地去研究。我曾经看过全国的一堂课,是小学的,教的是一首古诗,一堂课整个的全部是多媒体,完全就是思路错掉了。其实引导学生读书是非常重要的,为什么要编教材呢?教材是我们教和学的依据呵,对学生来说,读教材和读报纸杂志是不一样的。报纸杂志完全可以浏览,随便你怎么读,而教材,它一定有特定的教学目的,这是培养,跟读本是完全两样的。读本可以只是随便翻翻,能够看多少就看多少,但是教材一篇篇教下去,每一次都应该有特定的教学目的,一定要有设定的教学过程来完成、实现这样的教学目的。既然是文本的话,学生就要能够钻进去。现在我们的孩子,读书的习惯不好,读教材也跟看报纸一样,有的时候还不如看卡通,看卡通他还有兴趣,而读文本他没有兴趣,因为读文本是需要细嚼慢咽的,是要咀嚼的,要体会的。

因此我觉得,语文课语文老师要花相当的功夫指导学生克服浮躁,要真正沉下去。我们现在的孩子,基本上都是处在浅阅读的层面,大而化之,就浮在文本表面,理解得非常浅,要问他们几个问题,基本上是回答不出来的。但是,如果说,对经典的东西都不能深入地理解,从中吸取养料,人文的养料、精神的养料、语言的养料等等,那么他是很难提高阅读能力的。所以我确立这个主题呢,其实是为二期课改正名。二期课改,绝对不是像1958年踢掉教材闹革命,我在那个时候上课,像你们现在这样可贵的青春年华的时候,没有教材的,天天等《人民日报》的"社论"上课,这叫"革命"。今天我们花那么多精力编教材,应该让孩子真正从中吸取精神养料。有很多年轻的老师是我的朋友,他们有很多时候讲的话,我一直在反思。就在上一个星期,有一个三十岁左右的年轻老师,他说,"我很累,但是我还是非常喜欢语文。"他给我讲了这么两条,他说:第一,现在来说,无论如何,高中的文本,语言来得要好,我这是说真话。因为所选的文本,从人文的含量,从文化的含量,比原来要好得多。从写作的这一头来讲,也应该是好的。但是三年教下来,学生不得利。我问为什么?他说,这几年我就只听到一个词——感悟,总是感悟感悟感悟。他说,这个感悟,学生实在"感"不出来,也"悟"不出来。我说,这个"感悟"绝对不是二期课改的全部呵。二期课改绝对不是说教学方法就只有感悟,看来我们的培训确实是有一些问题。中学语文的文本,真的要能够熟读、精通,要拿来驾驭使用,这里头有一整套的学问。所以他就觉得这是一个很大的困惑。第二个,他说就是讨论。所有的课都是讨论,四个人一个小组。我不是反对讨论,其实我在20世纪80年代教课的时候也有讨论的,但是你要看什么课。

要想让学生走进文本,老师首先就必须走进文本。而老师走进文本,是教好这堂课的前提和基础。老师不走进文本,你说让学生走进文本,那真是雾里看花,水中看月。你一定要自己走进文本,有真切的体会。

我总觉得,读书要读到书上的这些字站起来跟你对话,大概你就是读懂了。这些字不是平躺着了,是站立在书上来跟你对话,你真的是跟作者对话,那你就是真有体会了。比如兰保民教的《贝多芬百年祭》,这是全国的教材,是有深度的,那么在一节课短短的40分钟里头,要把这样的经典文章教给学生,是很难的。他是深文浅教,长文短教,切入口抓得很好。如果你自己不深入理解的话,你就抓不到这个切入口。他切入口就抓了个"比较",这三个比较一抓,贝多芬的个性、贝多芬的音乐就出来了。如果说你自己不能够深入进去的话,你就被作者的思路缠绕住了,出不来,那么,你还是按照他的文章作形式上的切断,一步一步教下去,那这个文章是很难教的。因为你在备课的时候,一定是被作者的思路牵着鼻子走的,你进入了以后,要跳出来看看,他到底有什么特点。因为写作思路不等于教学思路。教学思路跟写作思路是两码事。在深入理解写作思路的基础上,你才能够设计你的教学思路。把作者的写作思路搞清楚了以后,你就会觉得,这样的文章要想浅教的话,突破口就在"比较"上,你跳出来抓住三个比较,就进入课文了。所以我说,熟悉课文,这是很好的。

你教的是高中,高二,这就是学情呵。在小学,老师是牵着学生的手的,到初中就要逐步地放,到高中的话,教师就要放手。还有一年就高三毕业了,如果不放的话,到了大学,课都听不起来啊。这怎么得了呢!到了大学,学生就要独立思考了。我们考到复旦大学、交大的,都是好学生,但是大一的时候,大量的数理化不及格。原因就是,除了会做题目,独立思考的能力很差,题目看不懂,语文底子不行。比如说学物理,物理要学得好,语文底子一定要好,否则就学不好。所以,在高中,还是要放,不能细碎。该细的地方,那是要纤毫不差;该粗的地方,是要放的。教课,并不等于把自己所有的阅读文本的备课所得都教给学生,其中是要筛选的,要有取有舍,有详有略,因为你是教学生。有所舍,你所取的才突出,要舍得放弃呵。

今天兰保民教的《贝多芬百年祭》,实际上放弃了很多。但是我说有的地方你放弃得太多了。放弃得太多,有虎头蛇尾之感。我讲话都是直率的,第一个比较,比得是好的,学生学得非常清楚。贝多芬的《第七交响乐》,可以热烈到让所有的"最黑最黑的舞蹈家拼了命地跳下去",但是他的乐曲又能够融化在缠绵悱恻之间。你是语文老师,缠绵悱恻,学生读不出来,你仍然有识字教学的任务,应该把"缠绵悱恻"写在黑板上,注音,叫学生读两遍。什么叫教?教学生不会的。会的要你教干什么?他不会的,你就是要教。如果流水般地过去了,这就不行。

萧伯纳的这一篇《贝多芬百年祭》,你说这篇文章"举重若轻",我想起码有二分之一的同学没有听清楚你这句话,当然我坐在靠后了一点。"举重若轻",其实这句话是很重要的。写贝多芬的文章太多了,这样一个音乐大师,至今没有超过他的,这当然是"重"了,但是,一般的人写起来很困难,但是被萧伯纳这样一个文学大师、幽默大师写起来,就是举重若轻,这样学生才能够记得。有的时候学生不一定要记很多句子,一个词他就可能记一辈子。因此以后他碰到了什么文章,他就会记起来,领悟到:哦,这个就是"举重若轻"。那么为什么会举重若轻呢?你既然用这个词,就要有下文。因为萧伯纳不仅对文学,他对音乐、对艺术,了解得不得了,因此他才能够有这篇文章呵。谁能够随便写写海顿、莫扎特啊?能够这样吗?能够随随便便这样写吗?因为他是文学大师,艺术修养极高,所以才能够这样举重若轻,因此才能够运用这样的写作手法,否则这个比较的写作手法就是拎空的,没有地基的。既然举重若轻出来,这个地基是很深厚的。对音乐,从古典的,一直到19世纪贝多芬的音乐,一根脉络就很清楚了。我觉得,这一点阐发得是不够的,对这个写作手法,只看到是一个比较。这些大师级人物所写的经典作品,在写作时用哪种手法,并不是他故意地刻意求工而用这种方法,他实际上是一种心灵的释放。不是我们小孩写作文,好像是说,我现在要用对比了,我现在要用排比了。他们是信手拈来,全是文章。他用这种写作手法,是由他的艺术修养所决定的。如果是一个不懂音乐的人来写,比什么呢?谁跟谁比?能比出这么鲜明的特点吗?这是不可能的。所以我就觉得,这些方面,缺乏些深入的挖掘。

后面的比较,讲得就不够了。其实非常重要的一个,你写在黑板上的是"时代的革命精神",这是你给他下的定义。但文本中写得非常清楚:"他是造成法国革命的精神风暴中的一个巨浪。"如果你用"精神风暴中的一个巨浪",是不是比"时代的革命精神"要好一点?一个是"最奔腾澎湃的灵魂",这是他个性的特点,第二个就是为什么他的音乐会有这样的特点呢,就是因为他是"法国革命的精神风暴中的一个巨浪"。你在讲的时候,你可以讲,任何一个伟大人物,除了他的个性特征之外,确实是有时代精神的。他不代表时代的话,是不能够长久的。讲到莫扎特是宫廷侍从,而他是一个激进共和主义者,这是非常重要的,否则怎么体现他代表了一个时代的精神呢?这样一讲,他的时代精神才能够落实。因此这里出现的"管不住"是很重要的,谁也"管不住"贝多芬,贝多芬自己也管不住自己。为什么自己会管不住自己呢?因为他是时代的号角啊,所以他管不住自己。这个地方是不是你能够加强一点?否则后边就变成虎头蛇尾了。最后把它表达出来的那个乐式,其实你可以把它拉一拉。你这堂课,是从贝多芬音乐的特点起步的,就是"最奔腾澎湃的灵魂",从他的音乐中引了一个《第七交响乐》,看出他的灵魂,由音乐到人,再由人再来看他的音乐,因此他不受音乐乐式的约束,有了如此的创新。我觉得你对人的介绍是很好的,没有一开始就来讲他是一个怎样的人,而是感受他"最奔腾澎湃的灵魂"以后,再来看一看贝多芬是一个怎样的人,这个地方的处理是非常好的。但是有些地方要强化一下,它毕竟是完整的,为什么说是举重若轻呢?一个大师写一个大师,因此它就成为经典。你最后用傅雷的以及他自己的话来说,其实我觉得还可以拓展一些,让他们去听听《英雄交响乐》呀、《第九交响曲》呀等。《第九交响曲》中的《欢乐颂》至今是世界音乐中的极品,真的是天人合一啊。今天的学生是很不错的,听听《田园交响曲》,感受那种诗意,也可以培养孩子们的人文精神。

走进文本,是一个永恒的主题,但却是非常不容易的,走进去后一定要能够走出来。走出来,是站在教学的高地来运筹帷幄,拿教材来为我所用,不是跟着教材跑。走进文本，是了解它，熟悉它，和它对话，和作者交知心朋友，了解他的文，了解他的心，因此对他的语言，对他的思想，对他的观点一清二楚。但是用它来教学生，就要站在教学的高地上来思考，怎么用它，包括它的篇章结构，它的语言文字，是要拿来为我所用的。教学思路和写作思路，两者有相同之处，但是不能画等号。教师要站在创作的高度来解读文本，实施教学，任何一堂课都是教师创造的杰作，是拿着文本，面对学生，进行创造性的教学。我们基地的讨论，就是知无不言，言无不尽，讲错了也不要紧。好就是好，不足的地方就是不足。怎么才能够好？克服不足就会逐步地走上巅峰。

【教材原文】

贝多芬百年祭

萧伯纳

　　100年前，一位虽听得见雷声但已聋得听不见大型交响乐队演奏自己的乐曲的57岁的倔强的单身老人，最后一次举拳向着咆哮的天空，然后逝去了，还是和他生前一直那样地唐突神灵，蔑视天地。他是反抗性的化身；他甚至在街上遇上一位大公和他的随从时也总不免把帽子向下按得紧紧的，然后从他们正中间大踏步地直穿而过。他有一架不听话的蒸汽轧路机的风度（大多数轧路机还恭顺地听使唤和不那么调皮呢）；他穿衣服之不讲究尤甚于田间的稻草人：事实上有一次他竟被当作流浪汉给抓了起来，因为警察不肯相信穿得这样破破烂烂的人竟会是一位大作曲家，更不能相信这副躯体竟能容得下纯音响世界最奔腾澎湃的灵魂。他的灵魂是伟大的；但是如果我使用了最伟大的这种字眼，那就是说比韩德尔的灵魂还要伟大，贝多芬自己就会责怪我；而且谁又能自许为灵魂比巴赫的还伟大呢？但是说贝多芬的灵魂是最奔腾澎湃的那可没有一点问题。他的狂风怒涛一般的力量他自己能很容易控制住，可是常常并不愿去控制。这种力量和他狂呼大笑的滑稽诙谐之处是在别的作曲家作品里都找不到的。毛头小伙子们现在一提起切分音就认为它好像是一种使音乐节奏成为最强而有力的新方法；但是在听过贝多芬的第三里昂诺拉前奏曲之后，最狂热的爵士乐听起来也像"少女的祈祷"那样温和了，可以肯定地说，我听过的任何黑人的集体狂欢，都不会像贝多芬的第七交响乐最后的乐章那样可以引起最黑最黑的舞蹈家拼了命地跳下去,也没有另外哪一个作曲家可以先以他的乐曲的阴柔之美使得听众完全融化在缠绵悱恻的境界里,而后突然以铜号的猛烈声音吹向他们,带着嘲讽似的,使他们觉得自己是真傻。除了贝多芬之外谁也管不住贝多芬;而疯劲上来之后,他总有意不去管住自己,于是也就成为管不住的了。

这样奔腾澎湃,这种有意的散乱无章,这种嘲讽,这样无顾忌的骄纵的不理睬传统的风尚——这些就是使得贝多芬不同于17和18世纪谨守法度的其他音乐天才的地方。他是造成法国革命的精神风暴中的一个巨浪。他不认任何人为师,他同行里的先辈莫扎特从小起就是梳洗干净,穿着华丽,在王公贵族面前举止大方的。莫扎特小时候曾为了蓬巴杜夫人发脾气说:"这个女人是谁,也不来亲亲我,连皇后都亲我呢。"这种事在贝多芬是不可想象的,因为甚至在他已老到像一头苍熊时,他仍然是一只未经驯服的熊崽子。莫扎特天性文雅,与当时的传统和社会很合拍,但也有灵魂的孤独。莫扎特和格鲁克之文雅就犹如路易十四宫廷之文雅。海顿之文雅就犹如他同时的最有教养的乡绅之文雅。和他们比起来,从社会地位上说贝多芬就是个不羁的艺术家,一个不穿紧腿裤的激进共和主义者。海顿从不知道什么是嫉妒,曾称呼比他年轻的莫扎特是有史以来最伟大的作曲家,可他就是吃不消贝多芬。莫扎特是更有远见的,他听了贝多芬的演奏后说:"有一天他是要出名的。"但是即使莫扎特活得长些,这两个人恐也难以相处下去。贝多芬对莫扎特有一种出于道德原因的恐怖。莫扎特在他的音乐中给贵族中的浪子唐璜加上了一圈迷人的圣光,然后像一个天生的戏剧家那样运用道德的灵活性又回过来给莎拉斯特罗加上了神人的光辉,给他口中的歌词谱上了前所未有的就是出自上帝口中都不会显得不相称的乐调。

贝多芬不是戏剧家,赋予道德以灵活性对他来说就是一种可厌恶的玩世不恭。他仍然认为莫扎特是大师中的大师(这不是一顶空洞的高帽子,它的的确确就是说莫扎特是个为作曲家们欣赏的作曲家,而远远不是流行作曲家);可是他是穿紧腿裤的宫廷侍从,而贝多芬却是个穿散腿裤的激进共和主义者;同样的,海顿也是穿传统制服的侍从。在贝多芬和他们之间隔着一场法国大革命,划分开了18世纪和19世纪。但对贝多芬来说,莫扎特可不如海顿,因为他把道德当儿戏,用迷人的音乐把罪恶谱成了像德行那样奇妙。如同每一个真正激进共和主义者都具有的,贝多芬身上的清教徒性格使他反对莫扎特,固然莫扎特曾向他启示了19世纪音乐的各种创新的可能。因此贝多芬上溯到韩德尔,一位和贝多芬同样倔强的老单身汉,把他作为英雄。韩德尔瞧不上莫扎特崇拜的英雄格鲁克,虽然在韩德尔的《弥赛亚》里的田园乐是极为接近格鲁克在他的歌剧《奥菲阿》里那些向我们展示出天堂的原野的各个场面的。

因为有了无线电广播,成百万对音乐还接触不多的人,在他百年祭的今年将第一次听到贝多芬的音乐。充满着照例不加选择地加在大音乐家身上的颂扬话的成百篇的纪念文章,将使人们抱有通常少有的期望。像贝多芬同时的人一样,虽然他们可以懂得格鲁克、海顿和莫扎特,但从贝多芬那里得到的不但是一种使他们困惑不解的意想不到的音乐,而且有时候简直听不出这些杂乱音响是由管弦乐器发出来的音乐。

音乐的作用并不止于创造悦耳的乐式,它还能表达感情。而贝多芬所做到的一点,也是使得某些与他同时的伟人不得不把他当作一个疯子,有时清醒就出些洋相或者显示出格调不高的一点,在于他把音乐完全用作了表现心情的手段,并且完全不把设计乐式本身作为目的。不错,他一生非常保守地(顺便说一句,这也是激进共和主义者的特点)使用着旧的乐式;但是他加给它们以惊人的活力和激情,包括产生于思想高度的那种最高的激情,使得产生于感觉的激情显得仅仅是感官上的享受,于是他不仅打乱了旧乐式的对称,而且常常使人听不出在感情的风暴之下竟还有什么样式存在着了。他的《英雄交响乐》一开始使用了一个乐式(这是从莫扎特幼年时一个前奏曲里借来的),跟着又用了另外几个很漂亮的乐式;这些乐式被赋予了巨大的内在力量,所以到了乐章的中段,这些乐式就全被不客气地打散了;于是,在只追求乐式的音乐家看来,贝多芬是发疯了,他抛出了同时使用音阶上所有单音的可怖的和弦。他这么做只是因为他觉得非如此不可,而且还要求你也觉得非如此不可呢。

以上就是贝多芬之谜的全部。他有能力设计最好的乐式;他能写出使你终身享受不尽的美丽的乐曲;他能挑出那些最枯燥无味的旋律,把它们展开得那样引人,使你听上一百次也每回都能发现新东西:一句话,你可以拿所有用来形容以乐式见长的作曲家的话来形容他;但是他的病症,也就是不同于别人之处,在于他那激动人的品质,他能使我们激动,并把他那奔放的感情笼罩着我们。当伯辽兹听到一位法国作曲家因为贝多芬的音乐使他听了很不舒服而说"我爱听能使我入睡的音乐"时,他非常生气。贝多芬的音乐是使你清醒的音乐;而当你想独自一个人静一会儿的时候,你就怕听他的音乐。

懂了这个,你就从18世纪前进了一步,也从旧式的跳舞乐队前进了一步(爵士乐,附带说一句,就是贝多芬化了的老式跳舞乐队),不但能懂得贝多芬的音乐,而且也能懂得贝多芬以后的最有深度的音乐了。

【普通高中课程标准实验教科书《语文》(必修)第四册(鲁教版)】

6. 合欢树

学生：华东师范大学第二附属中学高一(2)班

时间：2013 年 10 月 17 日,上午第三节

【课堂实录】

师：今天我们一起来学习一篇散文——《合欢树》,作者是史铁生。(板书课题和作者)同学们对这位作家应该不陌生吧？在初中我们曾经学习过他的散文——

生：《秋天的怀念》。

师：能简单介绍一下史铁生吗？

生：首先我觉得非常遗憾的是他很早就去世了,应该是在 2010 年 12 月 31 日吧。我认为他在我国当代作家中是非常独特的一位,因为他是残疾人,他在身体有残疾的情况下,写了很多伟大的作品,而且这些作品都非常感人,很多作品都写到了对于母亲的回忆,以及他生病过程中对人生的感悟。对我来说印象比较深刻的是《我与地坛》。

师：从这位同学的发言中可以感受到,她非常喜欢史铁生,包括他的作品,甚至连 2010 年 12 月 31 日史铁生离世而去的这个日子都记得这么清晰。这位同学刚才谈到了一个话题,就是史铁生的作品大多和母爱有关,实际上初中我们学过的《秋天的怀念》就是一篇写母爱的文章。今天我们要学习的《合欢树》也和母爱有关。那么你们读了这篇散文后,感到史铁生母亲对他的爱,达到了一种怎样的境界？

生：我觉得史铁生的母亲对他的爱,超过了对她自己的关心。

师：就是说这种母爱达到无私忘我的境界,对吗？能不能结合着课文具

体谈谈?

生：第二段写到，虽然医生已经说作者的病已没有办法治了，但是母亲还是把全副心思放在给"我"治病上，也就是说根本没有心思考虑到自己。其实她原来对作者并不是这样的，第一段写过，作者十岁那年在作文比赛中得了第一时，母亲并没当回事儿，她"正给自己做一条蓝地白花的裙子"，也就是说这时候她心中是有自己的，当作者生病后，她就把自己完全忘掉了，一门心思全扑在作者身上。

师：你说得真好。同学们看咱们请哪位同学把这一段读一读？读的时候注意体会作者回忆往事时的那种心境。

众生：（纷纷）×××。

师：看来×××同学是众望所归啊，那就请你来读一读第二段好吗？其他同学关注一下，她在朗读的时候哪个句子或者词语处理得特别好，帮助你体会到了作者回忆往事时的情感和心境。

（生读第二段）

生：我觉着她在读"洗、敷、熏、灸"的时候节奏上处理得很好，她先是读得比较慢，后面就快起来了，把母亲为"我"治病的着急心情读出来了，好像恨不得让"我"马上就能好起来。（师板书：洗、敷、熏、灸）

师：你很善于捕捉，确实是这样。其实"洗、敷、熏、灸"这四个词在程度上也是一个比一个重的，母亲着急啊，不甘心啊，是吧？

生：她读最后一句的时候把"幸亏"和"非"重读，我觉着读得不错。

师：为什么呢？

生：因为这里不仅写出了母亲对"我"的那种爱，还有作者的一种情感在里面，好像伤口能不能好起来对他来说并不重要，关键是让母亲得到了安慰。

师：你体会得很细致。我们从中不仅体会到了母亲的无私的爱，还有作者对这种爱的感恩，我们甚至还感受到作者在叙述时对母爱的那种悲悯之情，他仿佛在说，母亲啊，我的烫伤让您那么惊惶，那么自责，您犯得上吗！您何苦那么折磨自己啊。好的，除了这种无私忘我之外，同学们还体会到了怎样的境界？

生：我觉得史铁生母亲的爱是深沉的。

师：能不能说得具体一些？

生：母亲把全部的心血放在给作者治病上，即使作者自己不抱希望，母亲还是千方百计地去给他找药，后来终于对治病绝望了后，又帮助作者搞文学。

师：就是说，这种深沉具体表现为一种执着，无论情况如何，对儿子都不舍弃不放弃，对吧？我想请你读一读第三段好吗？

（生读第三段）

师：读得不错。这段最后一句说，母亲还是"抱了希望"（板书：抱了希望），那么同学们说说，母亲的希望是什么？是希望"我"将来能得奖吗？

生：不是得奖，是希望"我"能振作起来。

生：作者前面说过，对于治好腿病母亲已经绝望了，所以说，这里的希望应该是希望作者能够把心思放在文学上，尽量把腿的事儿忘了，不要老是生活在双腿残疾的阴影里。

生：我认为母亲那么满怀热情地支持作者搞写作，其实就是帮助作者树立活下去的信心，让作者觉着活着是有意义的。

师：同学们说得都对，而且很有深度。对生与死的追问，思考活着的意义，是史铁生文学作品的一个根本主题。这里我们不深入探讨，课后可以阅读他的《病隙碎笔》（板书）。刚才同学们其实已经将对史铁生母亲的爱的理解，推进到了一个比较深刻的层面，就是说她先是尽一切可能让儿子能够站起来，即便身体不能站起来，在心理上也不能垮下去，要活下去。（板书：站起来、活下去）同学们说这是一种什么境界？

生：应该是一种精神境界吧。

师：说得很好。那么是一种怎样的精神境界呢？这个问题咱们先放一放。小结一下前面的学习，同学们体会到了作者母亲的那份母爱的无私忘我，那种不舍弃不放弃的执着，这种母爱，还影响到了作者的心理和精神层面。除了这些之外，同学们在预习时，有没有遇到哪些不懂的地方到现在还没有解决啊？

生：课文好几个地方都写到了一个孩子，说他不哭不闹，瞪着眼睛看窗户上的树影，应该怎么理解？这个我读不懂。

师：嗯，在第七段、第九段和最后一段，是吧？这位同学提的这个问题很有意义啊。

生：课文第一段写"我"作文比赛得了第一，母亲却没有表扬"我"，作者还写"她正给自己做一条蓝地白花的裙子"。为什么要写这个？我认为这对表现母爱好像没有什么意义。

师：这个问题也很有意义。

生：第十一段中"悲伤也成享受"怎么理解？

师：这个问题同样很有意义。

师：好的。这些问题我们先不管。刚才我们说，史铁生母亲的母爱，已经达到了关注儿子精神层面的境界。那么母亲在"我"的精神深处到底留下了怎样的影响，母亲在"我"的生命中到底种下了一颗怎样的种子，同学们仅仅通过课文前几段的阅读能说清楚吗？

生：说不清楚。

师：为什么说不清楚？因为这些事情发生的时候作者还没有形成一种内心深度的觉醒。生命就是这样，很多事情发生的时候，我们并不明白它的意义，内心的觉醒、对生活的深度理解，一定是需要时间来积淀、过滤和提纯的，一旦悟到了，它就会成为你精神的底色和生命的原动力。（板书：内心觉醒）我认为文章第七段中有一处心理描写，写得特别好，特别耐人寻味，我们从中可以捕捉到作者刹那间的觉醒和顿悟，请同学们把第七段读一读，看看应该是哪句话。

（生散读第七段）

生：应该是这里，"我心里一阵抖"。

师：对呀，不是"一抖"，而是"一阵抖"，（板书：心里一阵抖）可见听到合欢树的花信后作者内心的震动是多么巨大！这里的"抖"，仅仅是因为对亡母的思念吗？

生：这里写到合欢树开花了，"我"的小说获奖了，应该说母亲以前的付出现在都有了成果，但是母亲却看不到了，俗话说"子欲养而亲不待"，这里可以说是"子有成而亲不在"，虽然取得了成果，却不能告慰母亲，这种遗憾是永远不能弥补的。

师：说得好啊，一种无法告慰母亲的永远的遗憾。其实我们课上到这里，才刚刚切入正题。同学们注意，这篇文章的题目是"合欢树"，所以说"合欢树"才是这篇散文中最重要的。同学们有没有发现，这篇文章一共有十二段文字，它并不是每一段都在写合欢树，那么集中写合欢树的是哪几段？

生：第七段和第八段。

师：对,在第七段有人提到了合欢树后,在第八段作者就重点写合欢树了。我们把第八段齐读一下。

(生齐读第八段)

师：读得不错。我们知道,文章写一个事物的时候可以有不同的角度。同学们想一下,作者在写这棵合欢树的时候,着重是从什么角度来写的?

生：作者是在母亲去世之后,再次回到家,听人们提到那棵长大了的合欢树。

师：他写合欢树的什么? 树形、状貌,还是……

生：合欢树的生长过程。

师：确实是这样。他没有去描写这棵合欢树苗原来是什么样子,经过母亲侍弄之后又是什么样子,母亲把它从花盆里挪到院子里,它又长成什么样子,而是着重写母亲是怎样栽种它的。他为什么要重点叙述合欢树的栽种过程呢? 请同学们再自己默读一下这段文字,体会一下,作者通过叙述合欢树栽种过程到底想表达什么?

(生默读第八段)

师：同学们已经读完了,那么咱们就来交流一下,你认为作者想表达什么?

生：我觉得有两句话给我的印象比较深刻。一句话是说"母亲从来喜欢那些东西,但当时心思全在别处",可以看出当时母亲的心思都在为儿子治病上,为他很操劳;还有一句话说"母亲高兴了很多天,以为那是个好兆头,常去侍弄它,不敢再大意",也体现了前面所说的她为儿子很操心的那种心理。

师：就是说母亲栽种合欢树,实际上一直在忙活儿子的事情,对不对?那么合欢树整个的栽种过程,你能不能用一个词来简洁地概括一下,这个过程是怎样的呢?

生：一波三折。

师：一波三折,十分艰难,乃至对于合欢树来说,有些可能是灾难性的。合欢树能够长大成一棵树,开出花儿,非常的不容易啊,同学们,作者是怎样来写这种艰难曲折的?

生：作者写"我没料到那棵树还活着",后面又写到"母亲高兴了很多天",觉得"那是个好兆头,常去侍弄它"。在这之前,合欢树没有发芽,"母亲叹息了一回",但没有扔掉,也没有很好地去侍弄它,但是它还是坚强地生长起来,母亲为此高兴了很多天。然后再过了一年,他们搬了家之后,又把那棵小树忘记了,说明那棵小树生长得很艰难。

师:确实很艰难。在这个艰难的成长过程中,母亲又是用怎样的态度来对待它的呢?我们来看"第三年"(读:"第三年,合欢树却又长出叶子,而且茂盛了。母亲高兴了很多天,以为那是个好兆头……"),合欢树差点就要死了,可它突然又焕发了生机。当生命萌发了新的生机时,母亲怎样呢?

生:常去侍弄它。

师:常去是一种怎样的态度?

生:比较积极,比较勤勉。

师:侍弄呢?

生:很小心。

师:就是说,母亲怀着一种很勤勉的、很虔诚的心情去照顾。大家注意后边的句子——"不敢再大意。"如果把"敢"去掉,变成"不再大意",一样吗?

生:(摇头)"不敢"表现出母亲对待合欢树的生长十分小心,充满敬意。

师:说得非常好。从这一段中,我们读出了母亲对待合欢树这样一个生命的勤勉、谨慎、充满敬畏感的呵护。还能读出什么来吗?

生:文中写到,母亲念叨这种树不知道几年才开花,有种寄寓着柳暗花明的希望的感觉。就是说她的儿子因为腿的事情弄得日子过得比较低沉,她期待能像合欢树开花一样,自己的日子幸福起来,可以看出,这里寄寓着她对儿子的爱吧。

师:在写侍弄合欢树的部分,你读到了母亲对儿子的这种感情。实际上你体会到合欢树在本文中作为象征意象的一层含义。同学们来看一看他读到的"有时念叨","念叨"表明了母亲的一种怎样的心情呢?

生:"念叨"表明母亲满怀期待。

生:我觉得这里并不是满怀期待,她是把合欢树当作她生活中的一部分,但是并没有对它寄予太多希望,她还是想让它长得更加茂盛一些。

师:你的理解更切合母亲的心境。就是说对于合欢树什么时候能开花,母亲是怀着一种非常渺茫的希望,(板书:渺茫希望)但是哪怕这种希望非常渺茫,她仍然是不忍放弃,仍然去苦苦地坚守着。(板书:坚守)

生:其实我觉得作者的影子也影射到这合欢树上。因为作者这时候身体很不好,合欢树也是没有长出叶子。母亲觉得合欢树不定什么时候会开花,她也觉得作者的身体有可能会有好转的机会的。她是以照顾儿子的心态来照顾合欢树的。

师:你实际上理解到了这株合欢树的另一层象征意义,就是母子合欢的一种希望。但是能不能说母亲之所以侍弄这棵合欢树,只是因为在这株合欢树上寄予了对儿子能够康复的希望?

生:我觉得是有的,因为合欢树在生长的过程中,和她的儿子有点像,比如说它一开始没有发芽,就像她儿子才二十岁就残废了一样。后来她儿子在文学方面有了兴趣,就像树开始冒芽了一样。在母亲生前,史铁生没有在文学方面获得成就,所以母亲就很期待,这树开花也就意味着她的儿子获得了一定的成就。

师:你是把作者写自己和写合欢树的文字一一对应着来解读的,这样读当然可以读出一些体会来。但是要注意,不能一味用数理思维代替文学思维,搞成二元对立的样子。合欢树除了是一株树,在文学世界里,它还是一个独立的生命。如果用二元对立、人和物分离的思维去读,我们就会觉得母亲去侍弄合欢树,是一种功利化的行为,就是说,为了为儿子祈福,才这样来侍弄这株合欢树,真的是这样吗?

生:不是这样,因为母亲从来就喜欢花花草草这类东西,这说明对任何美的东西、有生命的东西,母亲从来就喜欢。就是说,爱美、爱生活、爱生命是母亲的一种基本态度,侍弄合欢树也是她对生命本身的一种非常自然的态度,和儿子的病实际上没有多大的关系。

师:老师完全赞同你的观点。但是它既然已经发生在史铁生的生活里了,他就难免将母亲对合欢树的态度与对自己的态度联系在一起感悟和思考。哦,有位同学有话要说,请讲。

生:我觉得这里并没有对生命的敬畏。第一段写十岁那年,"我"在一次作文比赛中得了第一,这时我还是健康的,母亲并没有像后来那样殷切地一直照顾我,她那时正在给自己做一条蓝底白花的裙子,她对自己也是比较在意的,就像对合欢树一样,母亲一开始也没有对它那样的关心,直到后来它茂盛了,母亲以为是好兆头,这里面好像有迷信的感觉,就像冲喜一样(众生笑),实际上还是对自己的关心。到后来她就觉得如果合欢树能够再开花的话,可能对"我"的病还是有帮助的。

师：这位同学所说的迷信，本质上寄寓的是母亲对儿子康复的殷切的盼望，是不是？这位同学实际上提出了一个问题，就是说开头这一段写到，母亲那样去教导自己的孩子，为自己缝一条蓝底白花的裙子，说明母亲对生命并没有多少敬畏。这应该怎样理解？我们说对生活要热爱，对生命要尊重，这里的生命仅仅是他人的生命吗？仅仅是儿子的生命吗？我们理解的生活和生命态度，仅仅指的是一个人对他人的奉献和付出吗？她爱自己，爱美，爱自己的生活，是不是也是人生态度里应该有的一种积极的东西？是不是也能够对儿子产生一种积极的正面的影响啊？

生：我感到母亲那种热爱生活、积极面对生活的态度给作者带来了一生的影响。比如说母亲做蓝底白花的裙子，还有母亲在作者两腿残废以后不断地给他去找治疗的方法，当知道作者的腿已经看不好了，她从另外方面为作者寻找支撑着活下去的希望，其实这也是她热爱生活、决不放弃的表现。

师：不管是对自己还是对儿子，这种种表现中都包含着一种精神性的东西，一开始的时候作者并没有体会到，没有感悟到，直到母亲去世后，他才充分认识到。不知道同学们有没有注意到，文章叙述的内容在顺序安排上很有意思。咱们不妨一起做一件事儿，就是把文中表示时间的词语或短语找出来。

（在学生圈画、回答的同时，PPT 依次显示：十岁那年，二十岁，后来，三十岁时，获奖之后，母亲去世后，那年，第二年，第三年，又过一年，再过一年）

师：第九段到第十二段没有时间短语，大家看这里写的内容应该接在哪段时间后面？

生：获奖之后。

师：对的。（PPT 显示：获奖之后）同学们看这个表格，你有没有发现，这里有两段文字的叙述顺序和其他段落是不一致的，能看出来吗？用了怎样的叙述方式？

生：第七段和第八段，用的是倒叙。

师：（板书：倒叙）能不能具体说一说？

生：史铁生获奖的时候，其实已经搬家搬了好几年了。他获奖后为了躲避记者的纠缠，就出去在街上瞎逛，因为不想

第一段	十岁那年
第二段	二十岁
第三段	后来
第四段	三十岁时
第五、六段	获奖之后
第七段	母亲去世后
第八段	那年，第二年，第三年，又过一年，再过一年
第九—十二段	（获奖之后）

回家,就想到了原来有母亲的那个家,然后就回想自己搬家后,重回故地,原来的街坊邻居跟自己说的情况,提到了合欢树开花的事。

师: 说得好,那么第八段和第七段呢?又是怎么来叙述的?

生: 这里是用倒叙的顺序,去追想那棵合欢树是怎样栽种下来的。然后从第九段又回到第六段的叙述顺序:"与其在街上瞎逛,我想,不如就去看看那棵树吧。"

师: 说得好啊。同学们看,整篇文章的叙述顺序是这样的,老师画了一个图(出示PPT),整个叙述的结构,是一个嵌套,又一个嵌套,把合欢树紧紧地包在最里边。这棵合欢树的成长过程,就像一个核,它是文章最核心的一个东西。作者在叙述的过程中先娓娓地叙说自己和母亲的故事,然后在母亲去世后倒回去不断地追溯、追溯,一直追溯到处在最深层的那棵合欢树,然后再回来——"去看看那棵树吧"。那么同学们想一想,如果按照事件发生的自然顺序,从二十岁残废之后写起,一边写自己一边写合欢树,这样写行不行啊?

生: 我觉得行也是行的,但是没有这样写好。这样写,我发现就形成了一个双线结构,就是"我"成长的过程和合欢树生长的过程其实是相对应的,并且是借着母亲侍弄合欢树来表达母亲对生活的一种热爱和对生命的敬畏,以及对作者的关爱,我觉得这样写更加突出,更加理性。

生: 我觉得如果把合欢树生长的过程从作者二十岁开始一起叙述的话,就是穿插在一起的,这样叙述的过程就比较零碎。而把它单独放在一段作为插叙的话,会让我们看到一个完整的生命过程,更容易让人们体会到母亲的那种对生活、对生命的美好情怀。

十岁那年
二十岁
后来
三十岁时
获奖之后

母亲去世后

合欢树

(获奖之后)

生: 我认为作者在这里用这样一种叙述的顺序,就是要把这棵合欢树安排在文章最核心的地方,让读者一再地挖掘,才能够体会到它的意义。合欢树寄寓着母亲传达给"我"的那种对生活、对生命的情感。这种情感是在合欢树终于开花了、母亲却已经不在了,作者去回味自己曾经经历过的那段生活,回味母亲如何栽种那棵合欢树、如何对待自己的病的时候,才猛然一下子

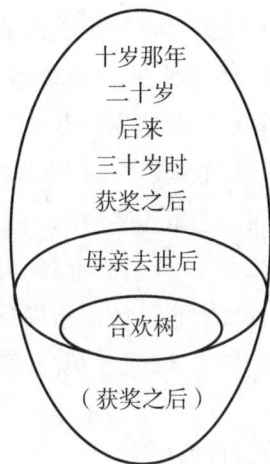

悟到的。这种感悟，就像一个生命体中最最核心的东西，隐藏在最深最深的地方，一旦悟到之后，就会成为他对待一切，对待他今后整个人生的精神力量。

师：大家难道不认为他说得很精彩吗？（生鼓掌）那么现在哪位同学能说一说对"悲伤也成享受"这句话的理解啊？

生：合欢树是母亲栽种的，母亲看不到它开花，也看不到"我"获奖，"我"再也不能得到母亲的关爱，这些都是令人悲伤的。但是因为这棵合欢树，"我"感悟到，母亲虽然不在了，但母亲对"我"的影响却留在了"我"的心里，母亲并没有离开"我"，"我"其实一直生活在母亲的恩泽里，一直从母亲那里获取精神营养，这就是一种享受。（生热烈鼓掌）

师：就是说生命的血脉、精神的血脉生生不息（板书：生命精神、生生不息），同学们的掌声表明你说得非常精彩。那谁能来说说你对小孩看树影这件事有什么感悟？

生：我想可能就是说小孩在成长的过程中也会从他自己的母亲那里得到一些人生的感悟，其实每个人都会从父母亲那里学到一些什么。

师：也就是说这是一种生命的传承、精神的传承对吧。我想这样的理解已经很到位了，如果还有更好的理解可以课下再交流。这堂课，就是想让同学们体会这样一点：一篇文章，不管它采用什么技巧，叙述技巧也好，结构技巧也好，表达技巧也好，往往是与作者想要表达的思想情感密切相关的，这就叫作艺术作品中的"有意味的形式"。给同学们推荐一本书（PPT 显示书影及文字——《生命：民间记忆史铁生》，中国对外翻译出版有限公司，2012 年 6月版），也许能够帮助我们走进史铁生的生命深处。

这堂课我们就上到这里，下课。

附：板书设计

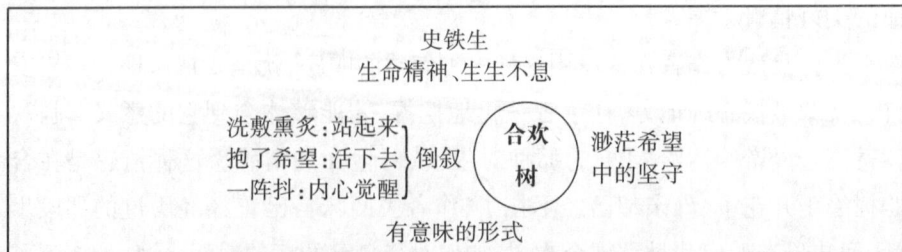

抠出文本的"核"来

　　史铁生是一位了不起的作家。他的了不起,虽然说并非因为他的残疾,但说来说去恐怕无论如何也无法完全抛开他的残疾不管。他命中注定的那种轮椅上的生活,从某种意义上限定了读者解读其文学作品的特殊视角。试想,领略鱼的生机能离开水吗? 欣赏鸟儿的神韵能离开天吗? 水是鱼的宿命,天是鸟儿的宿命,就像轮椅和病床是史铁生的宿命,谁都逃不过宿命。史铁生自己就说:"有一回记者问到我的职业,我说是生病,业余写一点东西。这不是调侃,我这四十八年大约有一半时间用于生病,此病未去彼病又来,成群结队好像都相中我这身体是一处乐园。"①史铁生文学作品的灵魂,包括他的深情,他的哲思,他的神韵,正是在这种宿命里,才是唯一的、独特的、感人至深的。

　　于是,我们在阅读史铁生的任何作品时,往往会先入为主地认为,史铁生对生活,对人生的那种深沉、明澈的思考,仿佛是与生俱来的。在我们的潜意识里,仿佛史铁生就是一个轮椅上的诗人哲学家,从他双腿残疾开始,就洞悉了人生的奥妙。他对母爱的理解、感恩,他对生命的沉思、彻悟,好像是静态的,一成不变的。因此,这就很容易让我们在教《合欢树》时陷入困境之中:文章读了以后实在是令人感动,并且还有余韵悠悠、味之不尽的感觉,但是到底为什么那么令人感动,却难以让学生明白;文章中的那份值得领略的余韵和值得品咂的味道也难以让学生去体会到。

　　于是就会发现,如果我在这篇文章教学时讲"母爱",那也无非就是关爱、无私等等;如果我讲生活态度和生命精神,那也无非就是坚忍、执着、不抛弃不放弃等等;如果我还必须讲到对母爱的感恩,那也无非就是一份类似于"子欲养而亲不待"的追悔之情。所有这些意蕴内涵,在《合欢树》这一文本中,应该说都有,但是这么讲之后,却又感觉到还很不够,感觉课上得很不过瘾。

---

　　① 史铁生《病隙碎笔》第 5 页,陕西师范大学出版社 2006 年第 3 版。

为什么呢？可能就是因为没有把文本的"核"给抠出来，没有把《合欢树》这一文本的独特性把握住，没有把《合欢树》这一文本的独特的情思意蕴和艺术特点讲出来。因此备课时我不断地追问：如果说是写母爱，那么这篇《合欢树》和初中教材里的《小巷深处》一样吗？甚至和史铁生的另一篇散文《秋天的怀念》一样吗？如果说是表达生活态度或生命精神，那么这篇《合欢树》与初中时学生曾经学过的《百合花开》一样吗？答案显然是否定的。《合欢树》作为一篇散文，它是唯一的、独特的，这种唯一性、独特性，在教学中不仅应落实在文本所表达的情思意蕴中，而且还应落实在文本的表现形式上，落实在文本的情思意蕴和表现形式的完美结合上。

《合欢树》这篇散文的"核"是什么？我认为就是文章第七段和第八段所写的合欢树，这也是这篇散文之所以题名为"合欢树"的原因。

合欢树这个意象，与母亲相联系，与我相联系，与每一个和合欢树有生命交集的生命——如那个小男孩儿——相联系。作者在散文中，对合欢树的具体样貌没有作过哪怕一丁点儿的描写，而是将笔墨重点集中在对它栽种过程的叙述上。从合欢树这个意象与母亲的生命联系中我们体会到，生命成长的过程是艰难的，有阴差阳错的成就和败坏，有心不在焉的疏忽和漠视，有心愿难遂的失落和伤心，但是不管怎样，我们还是要满怀着对生命的热爱、悲悯和敬畏，即便失落伤心也不忍心舍弃放弃，即便希望渺茫也仍然要忍耐和守望，即便前景是注定绝望的一片荒凉，也还是要坚持不懈地抗争。"合欢树"这个意象和"我"的生命联系的意义则在于，在"我"生命成长的历程中，"合欢树"其实早就像一颗种子一样埋藏在了生命的深处，但是，一直以来"我"却没有真正深刻地认识到它的意义和它对"我"生命已经产生的影响。而一经机缘触发，我才认识到，原来我一直生活在它的恩泽荫庇之中。文中提到的那个小男孩儿和"合欢树"，带有诗意化和神秘感。在这里，小小婴孩看树影儿，是非常自然真实的现象，但作者独特的经历和感悟所营造的诗意、情韵和哲思，让这自然的生命现象仿佛也具有了很多生命的暗示和思想的余韵，让我们体会到了对母爱的依恋，体会到了母爱的恩泽，体会到了母爱的精神力量所具有的生命深度，体会到了这种富有深度的精神力量在生命与生命之间一代代的传承。

作为一篇富有浓郁的象征意蕴的散文，《合欢树》对象征手法的使用，与

《百合花开》《滹沱河和我》《白杨礼赞》等散文很不相同。它不像其他象征性散文那样，将象征物作为文章的显性主体来进行充分的描写或表现，而是极力对它进行虚化处理。这种"虚化"，主要表现在两个方面：

从叙事的层次来看，这篇散文包含着两个叙事层次，第一叙事层次表现为从"十岁那年"一直到"获奖之后"所构成的线性时间序列。这一层次的叙事中包含着第二叙事层次，就是"我"得知合欢树开花的消息→母亲栽种合欢树。第二叙事层次中所涉及的事件，其实是与第一叙事层次中所叙事件基本同步发生的，但是作者却进行了虚化处理，只是实写第一层次中的事件，而通过记忆来展开第二层次叙事。

从叙事的顺序来看，文章整体上采用的是顺叙方式，从"十岁那年"，一直写到"获奖之后"，中间又运用倒叙方式，追述母亲栽种合欢树的过程。

通过这样的虚化处理，"合欢树"便成为整个文本的"核"。作者通过叙事层次的安排，将它深深地隐蔽在第一叙事层次的下面，就像厚厚的雪被下一颗雪莲的胚芽，这是叙事的"埋藏"策略。而作者在叙事中"埋藏"下的这一文本之"核"，是需要读者在阅读过程中去"挖掘"出来的，那么怎样才能有效地引导读者去发现它，并成功地挖掘出来呢？这一引导策略便是抓住叙事顺序的突变。我们都知道，文本中叙事顺序、表达方式、用语规则等形式因素的变化，往往都包含或寄托着作者的表达意图。在《合欢树》中，叙事顺序由顺叙转变为倒叙，其表达意图就在于构成文本的"召唤结构"，召唤并引导读者去把文本的这个"核"给挖掘出来。

这样的虚化处理，既合乎真实的生活逻辑，又合乎作者的写作诉求。因此，在文本情思意蕴和表现形式的结合上，我们会发现，《合欢树》几乎达到了完美的境界。文本所蕴含的那种对生命的感悟、对母爱的感念等丰富意蕴，通过作者所运用的这种艺术处理手法，被完美地表达了出来。在这样的叙事框架和艺术形式中，文本中那些意味深长的语言，比如"悲伤也成享受"，再比如由原来的"不想回家"到后来的"不急着回家"，由原来的摇车"在街上瞎逛"到后来的"摇着车在街上慢慢走"的措辞变化，其中所蕴含的丰富意味，也都因为有了这有效的解读支架而豁然明朗起来，于是阅读不再是在文本语言的丛林里东摸西撞，而是像触摸到作者的真实心境一样亲切而又贴心。

【同行链接】 上海市黄浦区教育学院　杨勇

基于学生疑问的语文课堂构建

　　文学作品的解读有时会令人感到有些尴尬，以致人们不得不发出"只可意会不可言传"的感叹，然而它的魅力也正在于此，这甚至是语文教学追求的动力所在。

　　我们知道，语文学习的重要内容之一，是语言文字的积累和运用。表现在语言文字的品读上，可以是修辞的咀嚼、逻辑的辨析、思想内涵的发掘等等。而在文学作品中，语言文字的多义性，以及言语在不同语境中的丰富变化，导致不同学生对文本意义的理解产生差异。这些差异，虽然给教师教学带来难以言说的苦恼，但是荆棘密布之处、疑虑重生之地，往往能激发起学生对语言文字不断探究的欲望。

　　语文课堂教学是一个对语言文字理解不断生成、深化的过程。教师应该引导学生在文本的语言文字中沉浸、体验和感悟，掌握文本独特的语言形式，进而把握由此抒发的情感，以及由此渗透的人文情怀、作者追求的精神境界和作品所展示的文化内涵等，从而让学生懂得，这样的语言适合表现这样的思想，这样的思想必然要用这样的语言而不是那样的语言来表达。在各个教学环节环环相扣、螺旋上升的推进过程中，会产生种种阻碍、疑虑，而学生在教师的引导下跨越阻碍、化解疑虑，便形成了课堂的景观。这样的课堂既要贴合文本的逻辑结构，也要符合学生的认知水平，更要切合课堂推进的科学进程，由此构成了语文课的思维容量。

　　就学生而言，他们是语文课堂教学的主体，每个个体的差异大，思维活跃程度不一样，对语言的敏感度也会有很大不同，对文本的疑惑也因人而异，而这种差异往往又是变动不居的。

　　从上面三个角度看，语文课堂的构建是基于学生的疑问而起始的，这就是语文课堂的起点。语文课在释疑中推进，在新疑中延续，在延续中生发，在生发中深化。对问题的解决不是得出机械僵死的答案，更不是一锤定音式的所谓完美解答，而是在起疑基础上悬疑、释疑甚至是创疑的不断探究的过程。正因为语文课是基于语言文字的思维延续，对它的探讨是没有止境的，所以从这个意义上讲，语文课是没有终点的赛跑。这是语文思维的赛跑，这样的赛跑不是短跑,也不是"马拉松",而是终生的跑步,思维延续将成为语文教学的重要品质。当然这样的延续不是漫无目的、随波逐流,也不是放任自流、随性发挥,更不是杂乱无序、毫无指向,这样的延续应该是思维的横向拓展和纵向深掘。

康德说:"怀疑是人类理性的休憩之处,怀疑让理性反省其教条式的漫游之旅程,但怀疑也并非是永久的安身之处。"从这个意义上说,语文课就是要唤醒学生永不停歇的理性思考。

现在,在语文教学中仍然存在一种固化的模式,一堂课的教学,似乎一定要给出一个标准答案,不管是词语的理解、句子的品味,还是层次的划分、内容的概括,甚至是情感的把握、主旨的归纳,都要用统一的界定、规范的格式和精准的语言来表达,这样的语文课似乎是精确了,然而与语言文字本身的规律和情感表达的丰富性相去甚远,甚至表面的精准科学遮蔽了语言文字的蕴藉优美。反对固化的模式、反对僵死的答案,并不是反对教师对文本阅读独到的心得和见解,当然更不是抛弃教师有效的组织和引导;恰好相反,这对教师组织课堂教学提出了更高的要求。基于此,我就兰保民老师执教的《合欢树》一课,谈一谈自己肤浅的体会,借此求教于大方之家。

一、质疑,构建语文课的逻辑起点

1. 调动已知。古希腊普罗塔戈说:头脑不是一个要被填满的容器,而是一只需被点燃的火把。语文教师的课堂教学应该是一个唤醒学生的过程,因而上课伊始,兰老师就调动学生已有的知识储备,从初中学过的史铁生的作品以及学生所了解到的史铁生的生平入手,概括出表现母爱是他作品的一个特点,进而兰老师让学生说出史铁生母亲对他的爱达到一种怎样的境界,很自然地进入到对课文具体内容的阅读。课堂一开始,学生便进入了史铁生的母爱世界。

2. 初读感知。紧承母爱这一主题,兰老师让学生回到文本中,让学生自由地朗读第二段,体会作者回忆往事时的情感和心境,由此学生体会到母亲对"我"的无私而忘我的爱护,是一种深沉之爱,也是一种执着之爱。然而,兰老师又进一步启发学生:这样的一种爱深深地影响着作者的心理和精神层面。于是问题又上升了一个台阶。

质疑环节是课堂预热的重要部分。正如古人所说,疑是思之始,学之端。对文本的质疑由学生和老师共同完成,这是打通学生已知和未知的桥梁,也是本节课逻辑的起点。这个环节,提升了文本内涵理解的高度,并为课堂的推进作好了充分的铺垫。

二、悬疑,激发语文课的思考灵魂

1. 在疑惑中生成。在初读文章让学生感受到母爱的同时,兰老师进一步让学生思考母亲对作者的影响,由此进入课堂教学中的生成层面。兰老师追问道:"同学们在预习时,有没有遇到哪些不懂的地方到现在还没有解决啊?"于是,学生提出了三个问题,问题1:第七段、第九段和最后一段都写到一个孩子,说他不哭不闹,瞪着眼睛看窗户上的树影,应该怎么理解?问题2:第一段写"我"作文比赛得了第一,母亲却没有表扬"我","她正给自己做一条蓝地白花的裙子","为什么要写这个?我认为这对表现母爱好像没有什么意义"。问题3:第十一段中"悲伤也成享受"怎么理解?兰老师充分肯定了学生的问题很有意义,课堂的生成是富有思想深度的。

2. 在生成中体验。学生问题的提出构建了课堂教学往深层推进的学情依据,然而兰保民老师没有急于回答,而是把这些问题先放一放,迂回曲折地去探究作者内心深度觉醒的过程。他找到了一个很好的切入点:第七段有一处心理描写是耐人寻味的,有助于我们体会"作者刹那间的觉醒和顿悟"。于是学生找到了"我心里一阵抖"的描写,抓住此处,兰老师比较了"一抖"与"一阵抖"在情感表达上的强弱区别,进而切入到文章的题目"合欢树"的理解。在此基础上,教师让学生朗读第八段文字,体会作者是从什么角度来写合欢树的,如何写合欢树的,让学生明确:作者重点是写母亲怎么栽种合欢树,也就是说合欢树的栽种过程。教师进而引导学生在阅读、沉浸、体验中交流。体验一:母亲在"我"的精神深处留下了深刻影响;体验二:栽种合欢树过程的描写透露出合欢树的象征意义;体验三:从作者叙述的时间变化,能发现插叙部分的妙处。

悬疑环节激发了学生对文本探究的热情,让学生在朗读、品味和思索的过程中,走进史铁生的内心世界,有效地推进了课堂教学。

三、释疑,回归语文课的教学重心

1. 朗读解疑。在兰老师的语文课上常常出现久违了的朗读声,对语言文字的沉浸、体会和感悟是需要入口、入耳、入脑的,是需要通过朗读来感受它的音韵节奏,以及由此表达的思想情感的,朗读是进入文本的最有效的方式之一。在这堂课里,兰老师运用了各种形式的朗读,比如对第二、第三段的个别读、第八段的齐读,对第七段的散读,对第八段的默读,其目的就是让学生通过对文本语言的接触、感受和品咂,进而走进作者的情感世界。如当学生产生疑惑时,兰老师引导他们齐读第八段,讨论作者通过叙述合欢树栽种过程到底想表达什么。在朗读过程中,学生体会到合欢树的栽种过程是一波三折的,文章写出了栽种的艰难和曲折,凸显了母亲对栽种合欢树的勤勉和虔诚。这里的朗读对文本阅读解疑起到了重要的作用。

2. 品味语言。释疑解惑一定要回归到文本的语言文字,特别是要引导学生通过对词语、句子组合形式的研究,去思考这样的语言形式对表达这样的思想情感有何独特的作用。兰老师在这一方面下了很多功夫,如学生朗读第二段时,兰老师引导学生感受"洗、敷、熏、灸"四个动词由慢到快的节奏处理,理解四个词语在表意程度上是一个比一个重,从而深刻体会母亲在治疗作者腿疾时的那种着急、不甘心的心情。再如第八段写母亲栽种合欢树的态度,作者用了"不敢再大意"这个句子来表达。兰老师用"删改法",让学生比较"不敢再大意"与"不再大意"在情感的表达上有何差异,学生从这里读出,在作者的叙述中,饱含着母亲对合欢树的生长怀有的一种敬畏感。在此基础上,兰老师进一步总结:"从这一段中,我们读出了母亲对待合欢树这样一个生命的勤勉、谨慎、充满敬畏感的呵护。"这样,通过对一个词语的品味,学生学习的触角探掘到了作者的情感深处。再如,这节课将近结尾时,教师让学生进一步谈一谈对"悲伤也成享受"这句话的理解,通过这种辨析看似矛盾的表达,学生加深了对文本主旨的把握。

释疑环节是语文课堂教学的重点,教师在这一环节中通过运用种种语文阅读的方法,在一定程度上解决了学生的疑惑之处。

四、创疑,拓展语文课的延续空间

1. 追问激疑。课堂的推进往往得力于教学中的追问,教师通过追问激发疑问,从而使课堂教学不断向纵深掘进。比如,学生对母亲侍弄合欢树这一过程的理解,就体现出这样的特征。学生一开始读到的仅仅是母亲对儿子的那份深深的母爱,于是兰老师进一步追问:母亲的"有时念叨"表现出了怎样的心情?这一追问,既让教学回归文本,同时又推进了学生对母亲栽种合欢树过程的理解。学生很快体会到这是一种"满怀期待"的心情,从而水到渠成地理解了合欢树的另一层象征意义,那就是一种母子合欢的希望,这是母亲爱美、爱生活、爱生命的一种象征,也是影响儿子生命的精神性的东西,而这样的东西就是借助了孩子看树影这一意象来表现的。教师的这种追问,由于是建立在学生已有认知水平基础之上的挖掘,因此能有效地激发出学生的疑问;这样的追问,关注的是学生学习的"最近发展区"(维果斯基),而课堂教学就是要找到这样的学生学习发展区域,通过设置恰切的提问,引发学生对学习对象的疑问,激发学生对学习内容的进一步思考。再如,母亲坚忍的生活态度影响着史铁生,这是从合欢树的象征意义上予以剖析的,然而文章的叙述顺序却独具匠心,这对表现母亲给史铁生的精神影响也起到了重要的作用。于是兰老师引导学生去圈画本文叙述时所用的时间词语或短语,并通过板书予以感性呈现。通过板书,学生就很容易发现,这些时间词语紧紧地包围着合欢树,形成文本结构中的一个核,这既是文章最核心的内容,也是文章最核心的情感和主题。这一追问从文章的外在形式入手,加深了学生对文本主旨的理解。

2. 三思掘疑。对课文的品读,学生可能会走入一些误区,所以老师及时的纠偏、订正是必不可少的。然而拨乱的目的是为了反正。三思的过程就是纠偏以后的深入,它能使学生对文本的解读向纵深发展。如:当学生在朗读第八段时感受到合欢树的栽种过程与史铁生的成长过程是一致的,就把合欢树的开花与作者自己的获奖对应起来,兰老师很快意识到学生在文学阅读上出现的偏差,于是适时提醒学生不能用数理思维代替文学思维,搞成二元对立的样子,进而指出这种危害:如果用二元对立、人物分离的思维去读,这是对母亲行为的一种功利化的解读,是难以把握作者独到的表现形式和独到的思想情感的。在教师的这种引领下,学生很容易端正自己的文学阅读的基本姿态,从而形成对文本的准确理解。于是学生很快认识到,栽种合欢树的过程,实际上体现出了母亲对任何美丽的、有生命的东西的一贯态度,因为母亲从来都喜欢这些东西,这是一种爱美、爱生活、爱生命的积极、坚忍的人生态度的体现。当然,写合欢树栽种的过程,在体现母亲对合欢树的态度的同时,必然也隐含着她对儿子的态度,这是密切联系的,而这种联系体现的恰恰就是母亲的生命精神和人生态度。

创疑环节往往在学生无疑惑处或错误处,给予引导,并把对问题的探讨引向深入,有效地提高学生的思维品质和品读深度。

德国教育家第斯多惠曾经说过:一个劣等教师给人奉送真理,一个优等教师则教人发现真理。兰保民老师的课通过质疑思维来构建课堂,在师生平等对话中,悬疑、释疑、创疑,由此带领学生在文本中走一个来回,从语言形式到思想感情再回到语言形式之中,从而改善了学生的学习方式,使学生能以体验探究替代被动接受,让学生的思维进入了新的层次,使语文课堂教学基于学生的问题而实现了生成和延续,获得了灵动优美、睿智深邃的教学效果。

【专家点评】 上海市黄浦区教育学院　邓彤

咂摸出散文的味道

散文在语文教材中占有非常重要的分量。但长期以来,散文教学的水准却与散文在教材中的地位很不相称。根据研究,窃以为散文教学的不足表现为如下三种类型:

其一,囿于"形神"说。"形神"说指的是"形散神不散",究其起源,乃是1961 年 5 月 12 日《人民日报》上所发表的肖云儒《形散神不散》一文。其实,"形散神不散"只适于《荔枝蜜》那一类"卒章显志"的散文语篇。有学者认为此说是一种历史的退化,是对现代散文的反动,甚至落伍于唐以后对于散文的认识。但此说不知何故却居然成为散文教学的一种基本格式。"形散神聚说"导致了阅读教学过程中师生对大量文本内容的忽略,这一分析框架简化了作者的创作,把作品丰富的意蕴简化、窄化、抽象化、概念化为"一言以蔽之"的"中心思想"。

其二,"向外走"。散文由于选材表达比较自由,其内容往往涉猎极广,因此,散文教学也容易只将课文作为跳板而大谈课文所涉及的事物,比如,教《想北平》,放过老舍对北平的爱与思念而大谈"乡愁";学《老王》则忽视作者对老王的愧怍而讨论底层人民的"善良";读《背影》就不断要求学生分析父亲形象,而提及《端午的鸭蛋》则又离不开"民俗文化"……

其三,"向上走"。所谓"向上走"就是丢弃作者细腻深厚的情感体验,追求空洞的哲理思想。一味将作者的情感不断拔高、上升为概念化、抽象化的"思想""精神",并自以为有高度有深度。例如,教《胡同文化》,执迷于探讨胡同文化深刻的历史成因,读《藤野先生》则着力于"医学救国"与"文艺救国"的利弊之辨。

正是在这样的背景之下，我以为，兰保民老师的《合欢树》课例就具有十分重要的意义。具体而言，这一实录具有如下三大特质：

一、高度关注作者个性化的情感认知和独特的人生经验

很多散文教学之所以失却散文的真味，很可能是忽视了散文最基本的文体特征。散文涉及内容极为广泛，表达极为自由。但是，这一切都必须依赖作者心灵之光的映照才会有生命。因此，读散文必须关注作者。

例如，《背影》既不是关于父亲的传记，也不是讨论"父爱"的论文，而是一篇抒发作者对父爱的特殊体验与感受的散文。根据散文主要抒发作者感受的特点，教学重点就应该放在体味作者对父亲的感情之上。但是，由于文章涉及了有关"父亲"的内容，因此教师就很容易把文章对"父亲"的描写作为教学重点而大谈"父爱"，不断要求学生分析文中的"父亲"是怎样一个人，作者是如何描写"父亲"的，有时还会要求学生写一写自己的"父亲"。类似的散文教学不胜枚举。

但是，在《合欢树》课例中，兰老师全然不是这样的。我们在实录中看到兰老师特别注意引导学生去关注作者的人生体验。

例如，兰老师一再提醒学生要感受作者在叙述时对母爱的那种悲悯之情，要学生注意作者内心的觉醒和顿悟。这些阅读指向，极为符合散文文体的基本特征，是散文解读的正确方向。

当然，如何才能准确体味到作者在散文中的人生体验？这在课例中还没有充分体现出来，教师还只是处于一种方向上的倡导阶段，尚未具体到操作的层面。相对而言，兰老师在引导学生品味文本语言方面就做得更加具体实在，因此，效果也更加突出。

二、关注作者精准的、个性化的言语表达

兰老师是如何引导学生体味作者精准的言语表达的呢？

例如，兰老师引导学生仔细体会母亲为给作者"治病"而采用的"洗、敷、熏、炙"等疗法，他特别点出这四个动词在程度上一个比一个重，这些疗法的选择，其实表明了母亲内心的着急与不甘心。再如，当听到母亲当年栽种的合欢树开花时，"我心里一阵抖"，这时教师特别要求学生从"一阵"这一量词入手体会作者的情感：此时不是"一抖"，而是"一阵抖"，可见"我"听到合欢树的花信后内心的震动是多么巨大！

史铁生的作品一直保持着相当克制的叙事风格。他以平静的方式叙述

自己所遭受的灾难性的痛苦,在看似不动声色的叙述中,蕴含着巨大的伤痛。这些伤痛是通过文中许多看似极为普通的词语表达出来的,教师引导学生反复品味这些语句,就能逐渐走入作者的内心。

总的来看,兰老师在语言方面的引导是非常成功的,他引导学生关注作者的内心感受,从作品精准的语言中读出丰富细腻的感受。

但这一课例的成功之处还不止于此。

三、教出文本的特质:从"这一类"走向"这一篇"

前面说过,用"形散神不散"来解读所有的散文容易使一些特别的散文丧失韵味,因为散文独特的个性化特征要求读者特别关注"这一篇"散文的特征。因此,教师在教学中应该致力于引导学生形成与"这一篇"相匹配的解读方式。

在课例中有一个环节令人叫绝。兰老师告诉学生:文章叙述的内容在顺序安排上很有意思。他要求学生把文中表示时间的词语或短语找出来,以此来把握文章的结构,结果发现"整个叙述的结构,是一个嵌套,又一个嵌套,把合欢树紧紧地包在最里边"。学生受此启发也领悟到:"这样写,我发现就形成了一个双线结构,就是'我'成长的过程和合欢树生长的过程其实是相对应的……"最后,兰老师再提醒学生——技巧往往是与作者想要表达的思想情感密切相关的。这一"嵌套"式结构是《合欢树》这一文本的特质所在,是完全属于"这一篇"的!

研读《合欢树》课例之际,我不由自主想起当年朱自清所抨击过的阅读教学的弊端,朱自清在《文心·序》里说:读的方面,往往只注重思想的获得而忽略语汇的扩展,字句的修饰,篇章的组织,声调的变化……只注重思想而忽略训练,所获得的思想必是浮光掠影。因为思想也就存在语汇,字句,篇章,声调里;中学生读书而只取其思想,那便是将书里的话用他们自己原有的语汇等等重记下来,一定是相去很远的变形。这种变形必失去原来思想的精彩而只存其轮廓,没有什么用处。

半个多世纪过去了,朱自清先生所批判的现象依然存在,并且似乎改观不大;而兰老师此课庶几可视为一个成功的例子,其最值得称道处就是:通过对语言文字的品读,对文本结构的把握,不断走进作者内心,并且渐行渐深,愈进愈美。

合　欢　树

史铁生

十岁那年，我在一次作文比赛中得了第一。母亲那时候还年轻，急着跟我说她自己，说她小时候的作文做得还要好，老师甚至不相信那么好的文章会是她写的。"老师找到家来问，是不是家里的大人帮了忙。我那时可能还不到十岁呢。"我听得扫兴，故意笑："可能？什么叫可能还不到？"她就解释，我装作根本不再注意她的话，对着墙打乒乓球，把她气得够呛。不过我承认她聪明，承认她是世界上长得最好看的女的。她正给自己做一条蓝地白花的裙子。

二十岁，我的两条腿残废了。除去给人家画彩蛋，我想我还应该再干点别的事，先后改变了几次主意，最后想学写作。母亲那时已不年轻，为了我的腿，她头上开始有了白发。医院已经明确表示，我的病目前没办法治。母亲的全副心思却还放在给我治病上，到处找大夫，打听偏方，花很多钱，她倒总能找来些稀奇古怪的药，让我吃，让我喝，或者是洗、敷、熏、灸。"别浪费时间啦！根本没用！"我说，我一心只想着写小说，仿佛那东西能把残废人救出困境，"再试一回，不试你怎么知道会没用？"她说，每一回都虔诚地抱着希望。然而对我的腿，有多少回希望就有多少回失望。最后一回，我的胯上被熏成烫伤。医院的大夫说，这实在太悬了，对于瘫痪病人，这差不多是要命的事。我倒没太害怕，心想死了也好，死了倒痛快。母亲惊惶了几个月，昼夜守着我，一换药就说："怎么会烫了呢？我还直留神呀！"幸亏伤口好起来，不然她非疯了不可。

后来她发现我在写小说。她跟我说："那就好好写吧。"我听出来，她对治好我的腿也终于绝望。"我年轻的时候也最喜欢文学，"她说，"跟你现在差不多大的时候，我也想过搞写作，"她说，"你小时候的作文不是得过第一？"她提醒我说。我们俩都尽力把我的腿忘掉。她到处去给我借书，顶着雨或冒了雪推我去看电影，像过去给我找大夫，打听偏方那样，抱了希望。

三十岁时，我的第一篇小说发表了，母亲却已不在人世。过了几年，我的另一篇小说又侥幸获奖，母亲已经离开我整整七年。

获奖之后，登门采访的记者就多，大家都好心好意，认为我不容易。但是我只准备了一套话，说来说去就觉得心烦。我摇着车躲出去，坐在小公园安静的树林里,想:上帝为什么早早地召母亲回去呢?迷迷糊糊的,我听见回答:"她心里太苦了。上帝看她受不住了,就召她回去。"我的心得到一点安慰,睁开眼睛,看见风正在树林里吹过。

我摇车离开那儿,在街上瞎逛,不想回家。

母亲去世后,我们搬了家。我很少再到母亲住过的那个小院儿去。小院儿在一个大院儿的尽里头,我偶尔摇车到大院儿去坐坐,但不愿意去那个小院儿,推说手摇车进去不方便。院儿里的老太太们还都把我当儿孙看,尤其想到我又没了母亲,但都不说,光扯些闲话,怪我不常去。我坐在院子当中,喝东家的茶,吃西家的瓜。有一年,人们终于又提到母亲:"到小院儿去看看吧,你妈种的那棵合欢树今年开花了!"我心里一阵抖,还是推说手摇车进出太不易。大伙就不再说,忙扯些别的,说起我们原来住的房子里现在住了小两口,女的刚生了个儿子,孩子不哭不闹,光是瞪着眼睛看窗户上的树影儿。

我没料到那棵树还活着。那年,母亲到劳动局去给我找工作,回来时在路边挖了一棵刚出土的"含羞草",以为是含羞草,种在花盆里长,竟是一棵合欢树。母亲从来喜欢那些东西,但当时心思全在别处。第二年合欢树没有发芽,母亲叹息了一回,还不舍得扔掉,依然让它长在瓦盆里。第三年,合欢树却又长出叶子,而且茂盛了。母亲高兴了很多天,以为那是个好兆头,常去侍弄它,不敢再大意。又过一年,她把合欢树移出盆,栽在窗前的地上,有时念叨,不知道这种树几年才开花。再过一年,我们搬了家,悲痛弄得我们都把那棵小树忘记了。

与其在街上瞎逛,我想,不如就去看看那棵树吧。我也想再看看母亲住过的那间房。我老记着,那儿还有个刚来到世上的孩子,不哭不闹,瞪着眼睛看树影儿。是那棵合欢树的影子吗?小院儿里只有那棵树。

院儿里的老太太们还是那么欢迎我,东屋倒茶,西屋点烟,送到我跟前。大伙都不知道我获奖的事,也许知道,但不觉得那很重要;还是都问我的腿,问我是否有了正式工作。这回,想摇车进小院儿真是不能了,家家门前的小厨房都扩大,过道窄到一个人推自行车进出也要侧身。我问起那棵合欢树。大伙说,年年都开花,长到房高了。这么说,我再看不见它了。我要是求人背我去看,倒也不是不行。我挺后悔前两年没有自己摇车进去看看。

我摇着车在街上慢慢走,不急着回家。人有时候只想独自静静地呆一会儿。悲伤也成享受。

有一天那个孩子长大了,会想起童年的事,会想起那些晃动的树影儿,会想起他自己的妈妈,他会跑去看看那棵树。但他不会知道那棵树是谁种的,是怎么种的。

【华东师范大学出版社"高级中学课本"《语文》(试用本)一年级第一学期】

7. 长亭送别

学生：上海市敬业中学高二(7)班

时间：2010 年 12 月 6 日下午第一节

【课堂实录】

师：我们曾经学习过不少有关送别的诗词，老师说上句，同学们接下句。听好了，"劝君更尽一杯酒"——

生："西出阳关无故人。"

师："孤帆远影碧空尽"——

生："唯见长江天际流。"

师："水是眼波横，山是眉峰聚"——

生："欲问行人去那边？眉眼盈盈处。"

师：看来同学们对这些诗词记得很牢。惜别是咱们中国文学的一个永恒的母题，这些送别诗，已经积淀为我们的文化情怀，成为咱们中国人一个永远的心结。今天我们要学习的《长亭送别》，当然也是关于送别的，不过它不是一首诗，而是一出戏。（板书：长亭送别）

师：课前同学们都已经作了预习，你们对这出戏有没有什么疑问啊？

生：这篇课文很多唱词写得很美，很有文采。不过我读过后，感觉对崔莺莺的描写显得太夸张了。

师：你指的是哪一方面写得夸张？

生：就是她的心情，反反复复地写她的悲伤，有些描写我认为言过其实。比如"快活三"，感觉莺莺太挑食了（众生笑）。真的，你看"眼面前茶饭怕不待要吃，恨塞满愁肠胃"，太贵族气了，太夸张了。还有"耍孩儿"这一段说

"眼中流血,心内成灰",还有其他好多唱词都是这样的。当然我不否认分别总归是令人伤心的,但这样的语言我感觉不真实,有点假。

师:其他同学有这种看法吗?(不少学生表示认同)

师:还有其他疑问吗?

生:老师,"滚绣球"那个曲牌里"恨不倩疏林挂住斜晖","倩"是什么意思?

师:咱们学过"倩何人、唤取红巾翠袖,揾英雄泪",这里的"倩"是什么意思?

生:是"请"的意思。

师:你掌握得很扎实。所以同学们,这类问题要在预习时就解决掉,好吗?

生:我不知道说得对不对,感觉这出戏没有什么情节,没有什么矛盾冲突,翻来覆去就是崔莺莺在唱她的悲愁。

师:这是学习戏剧很关键的问题,感觉没有波澜,很平淡是吗?恐怕这也是很多同学的感觉吧。还有吗?(无人应答)好,我们先聚焦后面一个问题。

师:以前我们学习过戏剧,知道戏剧中的矛盾冲突不断发展变化,构成剧情。我们学习的这篇课文,节选自元代著名杂剧作家王实甫的名剧《西厢记》,这出戏流传很广,估计同学们对它的情节多多少少有所了解,课后注释也有介绍,老师这里就不多说了。谁来说说课文节选部分的剧情?要尽量说得有"戏"一点。

生:先是莺莺和张生还有红娘来到长亭,然后在那里和她妈妈(师:崔老夫人)还有长老喝了践行酒,崔老夫人和长老就先走了,莺莺和张生又说了一会儿话,最后张生就去赶考了,莺莺和红娘就回家了。

师:你把课文里的主要人物,还有事件交代得很清楚。不过这里有一个问题要注意,不是任何事件都能构成戏剧。戏剧,一定要有冲突。(板书:戏剧冲突)没有冲突就不会有"戏"。戏剧有了冲突才能抓住观众的心,如果仅仅是礼节性地去送个人,一点儿波澜也没有,一点儿张力也没有,那演出还会有什么效果?这只能说有"事",却不能说有"戏"。那么同学们想一想,课文节选的这部分,真的是没有丝毫波澜吗?

(生读书思考,有部分学生在小声交流)

生:我认为还是有冲突的。

师：哦？能不能说得具体一些？

生：张生要去京师赶考，莺莺不愿意与他分别，这就构成了矛盾。（生议论）

师：不少同学看来并不以为然，来，说说你们的观点。

生：我认为张生和莺莺之间并不构成矛盾冲突。在"脱布衫"和"小梁州"这两支曲子里，我感觉张生在与莺莺分别时，也是很伤心的，他其实并不愿意去赶考，这说明他和莺莺之间并没有矛盾。

师：××同学读书很用心。同学们把这两支曲子读一读，圈一圈里面的动词，看一看在莺莺眼中，临别前的张生是个怎样的形象。（生读书）

生：其实在莺莺眼中，张生也是一个有情人。他在酒席上坐得很敷衍，垂头丧气，愁眉紧蹙，明明很伤心，又怕别人发现自己心里的儿女情长，连忙借整理衣服来掩饰内心的烦乱。

师：他为什么要掩饰呢？

生：可能是怕崔夫人和长老看不起他吧。他虽然不愿意离开莺莺，但是迫于崔夫人的压力，必须赴京赶考，因为考取功名才能和莺莺成亲。那么他就要让别人相信自己是有才学的。在上面他和崔夫人的对话中——

师：在《窦娥冤》里我们学过，杂剧中这类台词有个专门的术语叫——

生：叫宾白。在上面的宾白中，他就说"小生托夫人余荫……视官如拾芥耳"，其实也有这层意思。

师：就是说，为了在人前表现出自己是有出息的，不是沉迷于儿女情长、不思进取的人，是吗？

生：是。

师：你体会得很细致，尤其是抓住了主要的动词，把张生复杂烦乱的心理读出来了。可见在这里说张生与莺莺之间构成戏剧的矛盾冲突还是难以自圆其说的，是吧？那么这里的主要冲突是什么呢？（生沉思）

师：我建议同学们把崔莺莺的唱词用心读一读，最好读出声音来。

（生读书）

生：我认为是莺莺内心的矛盾冲突。

师：请说得具体一些。

生：莺莺不愿意送别张生，但又不能不送别张生，因此内心非常矛盾。我发现课文中莺莺的所有唱词，基本上都是在抒发内心的这种悲苦之情。

师：你认为这出戏的主要冲突是莺莺的内心冲突是吗？（板书）那咱们结合着唱词来体会一下好不好？先读课文的前半部分，读到第90页的第8行。然后选择一首你体会最深刻的莺莺的唱词，来与同学们分享一下你品戏的体会。

（生读书）

生：我最喜欢第一首曲子。

师：曲牌是"端正好"的那一首，对吗？同学们看好了，咱们先请他读一下，再听一听他的体会。

生：（读"端正好"）这首曲子是崔莺莺出场时的唱词，我认为它首先就奠定了整场戏的感情基调，让人感到悲伤凄凉。

师：最好能结合唱词讲得具体一些。

生：这里描述了崔莺莺一路上见到的秋天的景色，"碧云天，黄花地，西风紧，北雁南飞"是从范仲淹的"碧云天，黄叶地。秋色连波，波上寒烟翠"一句化用来的，写出了秋天的那种独特的意境。

师：怎样的意境？说具体些。

生：是一种天高云淡、黄叶飘零的景象，令人感到旷远、惨淡还有凄清迷离。我认为这里不仅是化用了范仲淹《苏幕遮》的诗句，更重要的是化用了诗意，表达了人物内心挥之不去的离愁别绪。尤其是"西风紧"和"北雁南飞"，让人感到秋风阵阵，寒意袭人，"北雁南飞"更令人联想到离别时人物内心的悲伤。

师：××说得已经很不错了。老师的要求再高一点，看同学们能不能再结合着具体用词说一说，比如这个"紧"字——

生：××刚才已经说了，"紧"字写出了秋风阵阵袭来时的寒意。

师：还有什么弦外之音吗？否则写成"西风吹"，或者"西风寒""西风残""西风凉""西风烈"也是可以的嘛。

生：我认为还有莺莺的母亲催得紧、逼得紧的意思吧。

师：你能结合着剧情来理解，这种思路很不错，对于帮助同学打开思路很有价值。不过你说崔莺莺在这里借天气来含沙射影地埋怨母亲，这似乎有点儿牵强了吧。（众生笑）你想这时候她哪里还有这份心情啊。

生：这么说的话，这里应该还有时间很紧迫的意思吧，就是说张生很快就要消失在西风中了，留给莺莺和张生在一起的时间不多了。

师：说得好。分别在即，聚时无多，时间很紧迫，这层意味同学们体会出来了。同学们还要关注"西风"这个意象，我们曾经学过马致远的《天净沙·秋思》，其中有"古道西风瘦马"，还有柳永的《蝶恋花》："昨夜西风凋碧树，独上高楼，望尽天涯路。"同学们从"西风"中还能体会出新的东西来吗？来，咱们把这支曲子再读一遍。

（生读"端正好"）

生：我觉得这里面还有莺莺对未来的忧虑，她感到很没有把握，因此"西风紧"实际上是表现她内心的紧张。

师：确实是这样，这里还有莺莺对前途未卜的深深的担忧啊。

生：我认为"染"和"醉"也很好。

师：你很有眼光啊，那请把你的体会好好说一说。

生：这里说离人的眼泪把霜林染得像喝醉了酒一样红，把莺莺送别张生的那份伤心刻画得很深刻。"染"说明不是一点两点的眼泪，要有很多眼泪才行，说明莺莺一路上已经差不多哭成一个泪人了。"醉"写出了霜叶的颜色，就像人喝醉了酒脸上红红的。

师："醉"当然容易让人联想到红彤彤的色彩，但是同学们请注意，这里仅仅是写霜叶的颜色吗？你想人喝醉了酒往往是一种怎样的精神状态？

生：迷迷糊糊、摇摇晃晃的。

生：这里写的是"霜林醉"，其实表现出莺莺心里像喝醉了酒一样神情恍惚。

生：俗话说"借酒浇愁愁更愁"，人往往是在内心郁闷不快的情况下去喝酒，但是喝了酒以后反而会更加痛苦，不仅忧愁痛苦得不到排解，精神上也变得恍恍惚惚的，这里虽然写的是"霜林醉"，实际上写出了崔莺莺这时候的精神状态，就像喝醉了酒一样，精神恍惚，她一双泪眼看出去，看什么都像喝醉了酒一样不真实。

师：说得好哇！崔莺莺一路上是泪水不断，伤心不止，悲伤欲绝，意乱情迷，满目的树林也都一片红晕，模模糊糊，左摇右晃，就像喝醉了酒一样。同学们的体会真的很到位，有空多听一些经典剧目，你们一定会成为优秀的戏迷。来，同学们把"端正好"自己大声朗读一遍。（生读）好，咱们继续往下看。

生：我觉着"叨叨令"写得也很有味道。

师：好，咱们先齐读一下吧。

（生齐读"叨叨令"）

师：怎么说？

生：给我印象最深的是"有甚么心情花儿、靥儿,打扮得娇娇滴滴的媚"这一句。俗话说:"女为悦己者容"嘛,红娘问她怎么今天不打扮了呢,她说自己无心打扮,因为张生就要离开了,打扮了也没有什么意思,说明这时她的心里很乱。

师：说得不错。这里从眼前一直写到分别后的情景,用了铺叙的手法,写出了莺莺分别之际心绪纷乱,内心空虚无着,备受相思煎熬的情形。同学们有没有注意到,这首曲子里用了五组儿化音和叠音词,不仅音韵上读起来很美,而且让人感受到一种少女伤怀所特有的青春气息,有一点儿赌气,有一点儿骄纵,有一点儿难耐的寂寞和难挨的相思。同学们散开来读一读,体会一下这种青春的悲伤所独有的美。（生散读"叨叨令"）

师：其他曲子当然也非常有味道,这里我们就不一一交流了。从这些曲子里我们可以体会到,崔莺莺是真心不愿意与张生分别,因此才悲伤不已,抑郁难平。那么是不是可以不分别呢？

生：当然不可以。

师：哦,不可以,还当然! 为什么?

生：课后注释里说,在叛将孙飞虎围困普救寺抢夺崔莺莺时老夫人曾经许诺,谁能退兵就把崔莺莺许配给谁,结果张生请来救兵杀退叛军后,老夫人又赖婚了。后来老夫人没有办法,才只好把崔莺莺许配给张生,但条件是张生必须参加科举考试,考中功名才行。

师：那么老夫人为什么要赖婚,又为什么一定要张生考中功名呢? 课文里有交代吗?

生：有,在第89页对白里,崔夫人说:"俺今日将莺莺与你,到京师休辱末了俺孩儿,挣揣一个状元回来者。"

师：这能说明什么问题?

生：这说明在老夫人看来,张生没有功名就辱没了崔莺莺,因为崔莺莺是相国的千金,而张生只是一介书生,所以张生一定要有功名,要做官才行,不然的话,他就配不上崔莺莺。

师：说得很好,就是说,根深蒂固的门第观念和功名思想,是崔莺莺不得不与张生分别的根本原因。（板书:门第观念,功名思想）刚才同学们说这出戏的冲突主要是崔莺莺的内心冲突,这样看来,这内心冲突的根源在哪里?

生:应该是崔莺莺的爱情观和老夫人的封建思想的冲突。

师:不错,同学们知道《西厢记》结尾处有一句很有名的话——"愿普天下有情的都成了眷属"(板书)。这是作者的美好愿望,其实也代表了崔莺莺的爱情观,她认为爱情的基础是两情相悦,是男女双方的感情,而不是财富、官位、门第等等感情之外的东西。但她作为一个弱女子又无法摆脱"父母之命,媒妁之言"的束缚,当然就只能自咽苦水了。(板书)

师:接下来我们研究课文的后半部分,同学们先读一读,看看在这一部分中,关于崔莺莺的心情,除了前半部分我们已经读出来的之外,你还有些什么新的发现?

生:她非常担心张生一去不回。

生:她放心不下张生离开她后一路上的生活。

生:她怕张生离开自己后把自己抛弃了另娶别人。

师:这层意思在文章中反复表达,可见这是崔莺莺的一块心病啊。能找到相关的对白和唱词吗?找一找,画一画。咱们请××同学把这些对白和唱词读一下好不好?(生读对白和"二煞")

师:读得不错,尤其是"二煞",应该说读出了崔莺莺心中的那份沉重。同学们想一想,开始时崔莺莺以送别诗试探张生,张生已经表白了心迹,后面临别时她却还要一再叮咛,到底什么原因让她如此放心不下?

生:我认为主要还是张生,他对于考取功名表现得信心满满,还说"金榜无名誓不归",这显然不是莺莺所希望的。

师:也就是说,张生也还是有功名思想,对吗?

生:我认为肯定有吧,虽然他是被逼去赶考的,但骨子里他对功名和爱情的看法应该没有莺莺那么纯粹。如果因为追求功名,长期在外面耽搁,就很难保证不出意外。

生:我从莺莺的唱词和对白中还感受到,她对张生能否一直忠于他们之间的这份感情不是很放心。所以她先是试探张生,说"还将旧来意,怜取眼前人",后面又直接叮嘱他,不要"停妻再娶妻",不要喜新厌旧,拈花惹草。

师:你体会得很有道理。我们知道王实甫所写的《西厢记》,最后当然是"大团圆"的结局。张生考中功名,衣锦荣归,与莺莺两人最终"有情人终成眷属"。不知同学们知道不知道,在王实甫写《西厢记》之前,崔莺莺的故事早就有了,最早应该是唐代元稹所写的传奇,叫《莺莺传》。哪位同学知道《莺莺传》最后是怎样的结局?(无人回应)

(师出示 PPT)

(唐)元稹《莺莺传》结局

　　张生赴京赶考,滞留不归,莺莺虽然给张生寄去长信和信物,仍没有挽留住张生,最终被张生抛弃。

　　张生在与朋友谈论此事时斥责莺莺为"必妖于人"的"尤物"。而"时人多许张为善补过者"。

师:"尤物"是什么意思?

生:玩物。

师:感情色彩是对的,还不太准确。"尤"是突出的意思,这个词用来指人,是说特别漂亮的人。但你当面夸一个美女"尤物",肯定要吃耳光。因为这个词还有一层文化上的含义,就是说这样的人往往会害人害己,和妖精差不多。同学们看,在《莺莺传》里,张生是始乱终弃,而莺莺呢,却成了"尤物"、害人精。从这样的结局中,你能理解为什么怕张生一去不回会成为崔莺莺的一块心病吗?

生:如果张生一去不回,或者负情变心,另娶她人的话,吃亏的是崔莺莺,而张生却反而受到社会上人们的称赞。这实在是太不公平了。

生:崔莺莺不仅被自己所爱的人抛弃,而且还要忍受社会舆论的谴责,被人骂为妖孽、玩物,永远抬不起头来。

师:是啊,崔莺莺与张生的这份感情,不仅仅是与门当户对的门第观念和父母之命、媒妁之言的传统婚姻观相抗衡,而且是与整个男尊女卑的社会秩序相抗衡(板书)。她这里送张生一走,意味着正在拿自己的终生幸福和一身清白作为赌注,与整个社会做一场豪赌。这样的分别,在崔莺莺心中激起的波澜,显然就不只是"儿女情长","依依惜别"那么简单了。同学们还认为这出戏里的唱词言过其实、过于夸张吗?

生:要这么来看,就不算夸张了,因为这场送别太沉重了。

师:要真正理解这个问题,我觉得同学们还要关注课文的文体,就是戏曲剧本。咱们同学有喜欢看戏的吗?或者有看戏听戏的经历吗?

生:在我印象里,戏曲总是咿咿呀呀的,感觉有点怪。

生：戏曲节奏很慢，我不喜欢。

生：说实在的，我也不太喜欢看戏、听戏，但是我爷爷、奶奶，还有外公、外婆喜欢，所以闲着没事、实在无聊的时候，偶尔也会陪他们从电视里看看，觉着还行吧。

师：我绝对没有诱导同学们去看戏、听戏的意思啊，我知道同学们都很忙，要想短时间内培养起这方面的兴趣也难。但是戏曲确实是我们传统文化的瑰宝，这句话我还是要说明白的。俗话说：戏曲小天地，人生大舞台。小小的舞台，演出的却是社会万象、人生百态，刚才××同学有看戏的经验，你能不能说一说，这么广阔丰富的人生、社会和自然场景，怎样在小小舞台上表现出来呢？比如说天气，再比如说张生骑马，莺莺坐车，怎么表现？

生：我一开始看戏的时候也看不大懂，觉着就是几个人出来进去地唱，后来才慢慢知道，其实里面有很多讲究。戏里的布景都很简单，但是很多东西都在演员身上。比如张生骑马，肯定就是手里拿一条马鞭，把马鞭放下就算是下马了。莺莺坐车，就是一个配角拿着两面旗子遮在莺莺两边，旗子上画着车轮，就算是她坐车了。

师：那天气呢？

生：天气……天气就是在角色的唱词里了，哦，对了，还有手里拿的雨伞什么的。

师：也就是道具或动作对吧？同学们发现没有，懂戏跟不懂戏看来到底是不一样的！某某同学刚才讲起来滔滔不绝，确实是个懂戏的人。从他的发言中你能体会出戏曲具有怎样的特点？

生：就是假设一种情景。

师：说得专业一点就是虚拟性，舞台场景、人物动作最能典型地体现戏曲的虚拟性。什么是虚拟？就是明白地告诉观众，舞台上的演出不是真实本身，而是对真实世界的模仿。但这种模仿对观众来说又是一种暗示，它给观众打开一个窗口，让观众凭借这种暗示发挥想象，去体会，去揣摩，去融入剧情，走近人物。其实戏曲的唱词本身也有虚拟性，你能结合最后一首曲子说说你的理解吗？

生：这里说人间所有烦恼都填堵在自己胸口，烦恼不仅多，而且还有了重量，大车小车都装不下，载不动。我记得李清照有首词，"只恐双溪舴艋舟，载不动许多愁。"和这个意思差不多。

师：真实吗？明显不真实对吧？对不真实的东西我们往往会很鄙视，但这里你会鄙视崔莺莺吗？

生：不会，因为这是文学手法。前面说，崔莺莺把爱情几乎当成了自己的信仰，竟然敢于挑战世俗，但同时她又面临着很大的风险，张生是否会抛弃她，事关她一生的名声和幸福，这样的忧虑和悲伤无论怎么说都不过分，唱词这样写，既写出她内心沉重的悲伤，又令人感到很美。

师：你说得真好。演员要把角色人物的心理情感唱出来，演出来，观众才能走近人物，受到美的感染和情感的熏陶，也就是说戏剧语言要有表现力。如果再让你看戏或读剧本，你可要懂点门道的。那好，咱们把最后的"收尾"一曲齐读一遍。（生齐读）下课。

附：板书设计

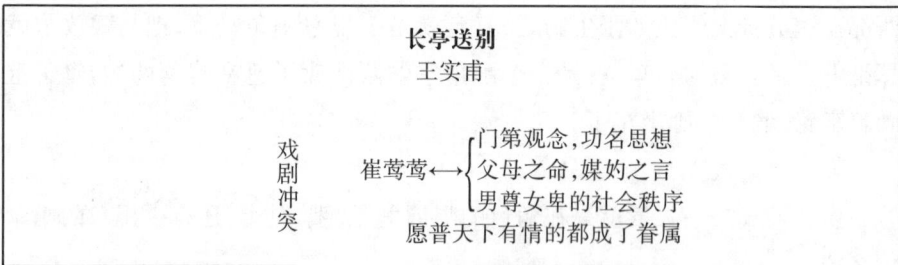

长亭送别
王实甫

戏剧冲突　　崔莺莺←→ 门第观念，功名思想
　　　　　　　　　　　 父母之命，媒妁之言
　　　　　　　　　　　 男尊女卑的社会秩序
　　　　　　　　　　　 愿普天下有情的都成了眷属

【教学笔记】

预约"不可预约的精彩"

用两节课分别在两个班级教学王实甫的《长亭送别》，高二(7)班虽然先上，是第一次授课，教学思路是全新的，但是上下来比后上的那个班感觉要好一些，学生对文本内涵、唱词意蕴的理解更深入、更细致，对人物微妙丰富的情感有很细腻的体会，而另一个班感觉有些概念化，往往忽略了选文所写的"送别"的特定场景，而从整出戏的莺莺形象谈起，初始理解大致局限于追求爱情自由、爱情忠贞、内心愁苦等方面，甚至有一个同学将"你休忧'文齐福不齐'，我只怕你'停妻再娶妻'"的唱词理解为表现出崔莺莺"很传统"，虽经我努力引导，将她所说的"传统"落实到对爱情的"忠贞"的理解上，但恐怕她还是没有深入到唱词深处，体会到唱词中蕴含的崔莺莺对爱情前景的深深忧虑之情。

这当然可以归因于两个班学生学习基础的差异：7班是提高班，阅读积累比较丰厚，理解能力和接受能力也强一些，自然就容易沉入到文本中去，读出体会来；而另一个班是平行班，各方面相对比较弱，因此，按照同样的设计去实施教学，效果上自然就大打折扣。看来，课堂教学确实来不得半点马虎，关注学情绝不只是停留在教学理论上的空话，而是一句实实在在的实践性话语。如果忽视了学情，课堂马上就会给你个样子看看。

就7班的教学而言，这篇课文的处理和教学过程，细细想来，主要有三点可取之处。

首先，引导学生达成对崔莺莺愁苦悲伤之情深层意蕴的体会，进而理解作品主题。比如有学生认为本剧的戏剧冲突是莺莺和张生之间的矛盾，我引导他们通过圈画"脱布衫"和"小梁州"这两个曲牌中的动词，来理解张生的形象。学生发现，崔莺莺眼中的张生，在离别之际同样愁绪满怀，悲不自胜，可见其对崔莺莺的一片深情，两者之间并无矛盾冲突，这时我适时建议学生朗读莺莺的唱词，将冲突的挖掘引向女主人公的内心，学生充分发表意见，进而认识到，莺莺之所以在长亭送别之际悲不自胜，是由于她自身的内心冲突，究其实质，则是她的爱情观与传统婚姻观、伦理观的冲突，由此学生不仅理解了主题，而且还能够以此进一步体会崔莺莺对爱情的忠贞，以及对张生的一片深情。这是一份意外的收获，是我始料未及的。

其次，学生对曲词的品读细腻，体会深入，且有独到之处。如小张同学通过对"叨叨令"的赏读，体会到崔莺莺无心打扮，意绪索然，是因为离别在即，内心很乱。小潘同学对"端正好"的体会，不仅抓住了景物描写的情感意蕴和"染""醉"两处用词，而且还谈到这段曲牌唱词化用了范仲淹《苏幕遮》的诗句，并且不仅是化用其形，而且化用其神，赏析深入，得其真味，侃侃而谈，读得深，赏得透，令我好不快活！其中"化用了诗意"一层的理解，确实是超乎我的期望的。有这样的学生可教，真是幸福也！

再次，我觉得自己对拓展资料的运用和处理立足文本，体现出"以外养内"的观念。如对元稹《莺莺传》的介绍，我不是像其他老师那样，把崔莺莺从《西厢记》文本中抽离出来，和元稹《莺莺传》中的莺莺形象作对比，从文学史的角度来看莺莺这一人物形象的文学流变。我认为这样的比较对于丰富和深化对《长亭送别》中莺莺形象的理解，意义不大。我是这样处理的：先前，学生通过对唱词的品读，已经能比较充分地感受到莺莺对爱情前景的深深忧虑了,于是我就举了元稹《莺莺传》中张生始乱终弃却被时人认为"善补过"这一结尾,引导学生认识到,崔莺莺对自由爱情的追求,是对正统伦理观念的叛逆,因此,一旦她最终遭到遗弃,张生不仅不会受到谴责,反而会受到世俗之人的赞美。学生由此进一步理解到,莺莺对爱情的追求,不仅是违抗了母命,而且几乎是以一己之力对抗整个传统伦理观念,这是以一生的幸福、名誉和尊严为代价的一场豪赌。这样,学生不仅深刻体会到崔莺莺内心忧虑的沉重分量,认识到这份忧虑的深层历史文化内涵,从而加深对文本内容的理解和体会,而且也认识了《西厢记》的思想价值。

为了让学生更好地体会"端正好",本来我想引用京剧张(君秋)派名剧《西厢记》的唱词"问晓来谁染得霜林绛? 总是离人泪千行",以此比较文中唱词,从而使学生加深对"染"和"醉"的理解,但是学生对此已经体会得很深刻、很入味了,所以这一环节就没有引入这一资源。还有,我本来设想,如果有学生特别喜欢"滚绣球"的话,为了令其真正沉潜到唱词中去,还可以预设课文文本"恨不倩疏林挂住斜晖"与"金圣叹批评本"中的"倩疏林你与我挂住了斜晖"进行比较,通过辨析哪个版本更为精妙,来深化学生对戏曲语言的理解品味,使他们感受古典文学语言那种独特、醇厚而又美妙的味道。但鉴于学生通过对"端正好"和"叨叨令"的品读,已经体会到《西厢记》曲词清丽雅驯的韵味,因此在教学设计中,我虽然对此处教学进行了充分的预设,最后还是忍痛割爱了。事实上,此处割爱还是很值得的,因为就教学价值而言,此处教学点并没有多少超出于"端正好"和"叨叨令"的内容,且学生在课上也并没有以例举之,所以从略处理,也算是遵循"举一反三"之道吧。

在这堂课上出现了一些师生对话的精彩片段,让我体会到了课堂生成的"不可预约的精彩"。但细细想来,这些"精彩"的瞬间,实际上又是在"预约"之中的,只不过是否能够如期而至,尚有待于课堂情境的催化而已。比如在提问环节,学生提出了两个主要问题,一个问题聚焦于唱词的情感深度,一个问题聚焦于戏剧冲突的有与无。学生之所以提出这两个问题,说明他们就此处送别对于崔莺莺而言所具有的特殊含义缺乏深刻理解。因此,只要把这出戏的戏剧冲突的实质在教学中揭示出来,并使学生充分理解,问题就可迎刃而解。而在戏剧教学中,戏剧冲突是教学的重点,也是我在设计教学环节时重点思考的问题。学生的问题,一个是根本,一个是枝叶,抓住根本,就可以带出枝叶。在教学过程中,我首先聚焦在戏剧冲突上,使学生充分认识到,崔莺莺"以情为本"的爱情观,与崔老夫人的传统婚姻观之间的矛盾,将崔莺莺置于"送别事件"的风口浪尖,再加上男尊女卑的社会地位的性别差异,使崔莺莺在婚姻格局中处于极为不利的地位。因此,她内心深深的忧虑和入骨的悲伤,也就很容易理解了。这样的教学处理,因为比较成功地梳理了不同教学内容之间的内在关系,教学过程遵循了学生文本理解和语言学习的心理逻辑,因此课堂进展就比较顺,避免了主题理解和语言学习"两张皮"的毛病,收到了事半功倍的效果。而如果教学中将"主题理解"和"语言学习"分别处理的话,势必会使前者流于空泛,使后者流于琐碎。

再比如对"端正好"一曲的品赏,我认为也是一个比较精彩的环节。学生不仅品赏到了曲词醇厚优美的韵味,而且对人物的情感心理也形成了细致入微的理解,认识上步步深入,渐至堂奥。这时学生已经认识到莺莺的悲伤源于内心的激烈冲突,这是语言品读深度的基本保证。我首先让学生读这一支曲子,形成对曲词的整体把握,学生体会到了其中"悲伤凄凉"的感情基调后,我便让他"结合唱词讲得具体一些",这是让他沉浸到语言当中去,既是学习习惯的培养,也是学习方法的指引;在学生的理解渐趋高位后,我又提出较高的要求,让学生通过"咬文嚼字"去体会唱词精微奥妙的韵味。其中"紧"是我作为例子提出来的,"染"和"醉"是学生自己直觉感受到的。这时候我的主要任务就是在语言品读过程中帮助学生深化他们的审美经验,从而将他们的"审美直觉"转化为"审美自觉"。这里的关键点实际上都属于审美中的"移情"作用,但教学中没有必要讲这些,我认为即便是"寓情于景""情景交融"这样的概念也都没有必要说,只要学生将语言中蕴含的人物情感和心理状态体会出来,也就是说,帮助他们的"审美直觉"实现深化,帮助他们从这一文本的学习中积累丰富的"审美经验",从而提升语言品读的能力,并为最终"审美自觉"的形成奠定坚实的基础,只要能够达到这样的教学目的就够了。为此,我在这一环节的教学过程中,根据学生的学习表现,主要采用了三种方法,一是通过词语置换,调动学生的语言经验,如将"紧"置换为"吹""寒""残""凉""烈"等;二是通过内引外联调动学生的知识积累,如举学生学过的《天净沙·秋思》《蝶恋花》等;三是结合文本内容调动学生的生活经验,如对"霜林醉"的理解和品味。实践证明,这些环节的教学都很成功,而之所以能够取得成功,原因就在于我遵循了学生文本阅读和语言学习的心理逻辑。

通过这堂课我深刻地体会到,课堂中"不可预约的精彩"实际上也是可以预约的,关键在于我们设计教学过程、实施每一个教学环节时,是不是真正符合文本和教学内容的内在逻辑,是不是遵循了学生学习的心理逻辑。而在每一堂课中,所谓的"文本潜在逻辑""教学内容逻辑"和"学习心理逻辑"都是具体的、具有特殊性的教学现实,而不是抽象的教条,教师不仅需要在备课时作充分预设,而且还要在教学过程中准确把握,及时捕捉学情的瞬间变化,并对原来的预设进行及时调整。这篇课文在第二个班上教之所以远没有高二(7)班效果好,原因主要不在于学生的学习基础,而在于我被高二(7)班的精彩表现冲昏了头脑,误以为课堂的成功是可以机械复制的,精彩是可以随意预约的。这个教训很深刻,它提醒我,不管什么时候,只有尊重课堂规律,才能预约"不可预约的精彩"。

【同行链接】 上海市杨浦高级中学 李琳

一堂成功语文课的构成要素

兰保民老师的《长亭送别》教学,让我认识到一堂成功的语文课的构成要素:生本、文本,和教师在两者间的桥梁和架构作用!

一、建构以学生为本的课堂教学生态环境

一堂成功的语文课,应该是以学生的认知情况为教学的起点。大凡方家,总是很关注学生的认知起点,对文本,他们读懂了哪些? 有什么疑问和困惑? 最想知道的是什么?

执教《长亭送别》,兰老师一上来就很大胆地问学生:"课前同学们都已经作了预习,你们对这出戏有没有什么疑问啊?"这样的发问是很有胆识和气度的,前提是老师对学生的学情基本了解,对文本烂熟于心。因为学生的质疑是不受你掌控的,很有可能问的问题你始料未及。

且看兰老师的两位学生的质疑:①这篇课文很多唱词写得很美,很有文采。不过我读过后,感觉对崔莺莺的描写显得太夸张了。②我不知道说得对不对,感觉这出戏没有什么情节,没有什么矛盾冲突,翻来覆去就是崔莺莺在唱她的悲愁。

兰老师很机智地将整堂课的问题聚焦在第二问上,围绕它展开教学,课堂上要解决的核心问题是到底《长亭送别》有没有矛盾冲突。师生们顺着文本中的具体曲牌唱词一点一点地梳理,接着解决重要问题:造成崔莺莺内心矛盾冲突的根源到底是什么? 通过对文本中曲牌唱词的梳理,学生们找到了问题的答案:根深蒂固的门第观念和功名思想,是崔莺莺不得不与张生分别的根本原因。崔莺莺内心冲突的根源在于崔莺莺的爱情观与老夫人的封建思想的尖锐冲突。

然而文本解读并未就此结束,兰老师对文本作了进一步的挖掘,他追问:"接下来我们研究课文的后半部分,同学们先读一读,看看在这一部分中,关于崔莺莺的心情,除了前半部分我们已经读出来的之外,你还有些什么新的发现?"在随后的实录中我们可以看到,兰老师在引导学生探寻文本后半部分中崔莺莺复杂矛盾的心情时,是抓住宾白和唱词展开分析的,显示了他的细致和功底。

学习了兰老师这一课的教学,我感触最深的一点就是他建构以学生为本的课堂教学生态环境的努力和成效。二期课改"以学生为本"的教育理念使我们意识到:基于课堂,对学情的了解尤为重要。

龙应台在《百年思索·史学——沙漠玫瑰的开放》一文中写道:她和两个儿子观察到,沙漠玫瑰在水中第八天才复活,并为之欢呼雀跃,而在邻居眼中它只是一株难看的地衣,这种认知的冲突在于"我们知道它的起点在哪里。知不知道这个起点,就形成我们和邻居之间价值判断的南辕北辙"。这段话给我们很好的启示——我们得知道学生的认知起点在哪里,对于文本他们懂得了哪些,还有哪些稍一点拨就懂了,还有哪些基于他们的年龄和人生经历现在不会一下子就懂得,这一部分的内容老师必须讲解,埋下一颗种子,待将来他们长大了,人生有了阅历、有了感触后就会懂得。蒋勋在《美,看不见的竞争力》一书中,将这一环节定名为"美的库存"。

我们的教学对象是学生。这一点决定了我们的所有教学行为应该以学生为中心。特别是教学设计的推进不是教师一个人设想的空中楼阁,更不是拘于教参或网络现成资料照搬照抄,而是应该基于学生的实际情况进行教学设计。

二、建构以文本解读为立足点的教学环节设计

在这堂课中,我感受最深的第二点是兰老师建构了以文本解读为立足点的教学环节设计。

通过研读文本,了解剧情,这篇课文的学习重点应该落在分析崔莺莺的性格特点和复杂的思想感情上,特别是从莺莺的对白和唱词中概括莺莺的性

格和爱情观。而学习的难点则落在体会情景交融的意境上。在崔莺莺心目中,爱情的前提和基础不是门当户对、金榜题名,金榜题名是"蜗角虚名,蝇头微利","但得一个并头莲,煞强如状元及第",所以她临别时不忘叮嘱张生"得官不得官,疾便回来",可见她珍视爱情而鄙视功名利禄。

纵观整堂课,兰老师的教学环节设计主要体现在以下方面:

1. 找出《长亭送别》的主要矛盾冲突。

2. 分析造成崔莺莺内心矛盾冲突的根源。

3. 以课文后半部分为主,再挖掘崔莺莺复杂的内心情感世界。

4. 积极调动起学生对古典戏剧的了解愿望。

兰老师引导学生紧紧抓住文中体现爱情观的文句,结合情节展开讨论,注意营造民主气氛,使学生畅所欲言,并适时点拨,且作为其中的一员加入讨论。比如,在他的引导下,学生抓住了以下关键语句来理解人物的思想感情:

张生,此一行得官不得官,疾便回来。

你休忧"文齐福不齐",我只怕你"停妻再娶妻"。休要"一春鱼雁无消息"!我这里青鸾有信频须寄,你却休"金榜无名誓不归"。

兰老师的这一课教学给我印象最深的是他在授课中体现的文本解读功力:紧扣文本,抓住字词的含义,深入挖掘其文学、文化的意蕴,入乎其内,出乎其外。

于漪老师说:"哪一门学科能有语文那样的灵动蕴藉,哪一片天地能有语文世界那样的斑斓多彩!"从学科角度看,语文实在是一门魅力无穷的学科。语文与每个生命个体的关系极为密切,日常的人际交往都离不开用语言表情达意。语文教学的价值就在于带领学生透过特殊的语言形式感受语言背后所蕴含的思想、情感以及价值判断、文化内涵等,并通过母语的学习,生发对祖国语言文字的热爱之情。

从育人的角度看,语文学科又关乎思维的养成,人格的熏陶:依托语言的学习,培养学生的思维能力,传达语言的魅力,语文教学的真谛就在于唤醒学生们的自我意识,激发他们的梦想,使他们有能力去追寻自己的理想,实现自己的梦想。大而言之,语文教学是文化的传承与发展,思想的传播与渗透,这才是语文课程的精髓,语文课程的灵魂所在。

从兰老师的课堂上,我们看到了这样的努力和追求,也看到了这样做的成效。

三、循循善诱地引导学生走向人物思想情感的深处

这堂课给我感受最深的第三点是:兰老师循循善诱地引导学生走向人物的思想情感深处。

课开头,当学生复述剧情时,他及时点拨:"这只能说有'事',却不能说有'戏'。"并引导学生思考:"课文节选的这部分,真的是没有丝毫波澜吗?"当有学生回答:张生要去京师赶考,莺莺不愿意与他分别,这就构成了矛盾,而有的学生持反对意见时,他要求学生圈出"脱布衫"和"小梁州"这两支曲子里的动词,引导学生体会莺莺眼中的张生形象,并建议学生把崔莺莺的唱词用心读一读,最好读出声音来,这样,就自然引出学生认知的改变:莺莺内心的矛盾冲突才是这出戏的核心。

尤其是当解读"西风紧"时,有的学生过度解读文本,认为还有莺莺母亲催得紧、逼得紧的意思。兰老师及时予以点拨,引导学生得出时间很紧迫的理解,他不急不火、循循善诱的课堂驾控能力让人折服。而且他还特别善于追问,如:"崔莺莺是真心不愿意与张生分别……那么是不是可以不分别呢?"由此挖出造成莺莺内心矛盾冲突的根源:是她的爱情观与老夫人的封建思想之间的冲突。为帮助学生认识崔莺莺复杂的内心世界,兰老师还恰当地引用了唐代元稹《莺莺传》的结局,以不同文本的对照,说明人物有如此复杂的心理活动决不是"做作",而是合情合理的。

以上这些循循善诱、引导学生走向人物思想情感深处的教学处理,充分体现了兰老师扎实的教学功底和优秀的驾控课堂的能力。

语文教师的重要任务是"唤醒":在一个资讯空前爆炸的时代,培根"知识就是力量"的名言有了别样的定义——教师不再是公认的知识的权威传播者。多渠道的知识获得方式给我们的课堂带来了严峻的挑战。正如艾略特在他的作品中所担忧的个体精神有"空心化"的倾向,我们也在担心学生的内心是否也被空心化了。

但是学生的内心真的是一片文化的荒漠吗?美国人海斯勒在他的《江城》一书中如是写道:他把莎士比亚十四行诗第十八首全盘打乱,然后把破碎的诗行给学生,让他们重新排序,他本以为这是不可能完成的任务,但学生成功了。他们反复读这些诗句,轻轻地在桌上打着拍子,他们仿佛听见了莎士比亚情感的流动。情感没有消失,只是深埋,而我们要做的事情是"唤醒"。教师"唤醒"的是学生深埋或沉睡的情感和体验,是学生对语言文字的敏感

和热爱。为此,教师要全情投入,调准文本、教师和学生三者的心弦,引发学生的思索和兴趣,这是考量一个语文教师智慧和学养的重要方面。

　　不过,这里我也有一点想法与兰老师商榷。在课的后半部分,回扣前面学生的问题——"同学们还认为这出戏里的唱词言过其实、过于夸张吗?"教师追问:"咱们同学有喜欢看戏的吗? 或者有看戏听戏的经历吗?"这一环节显得冗余。为何不趁热打铁,问问学生如何评价女主人公的爱情观,思考、讨论现代女性的爱情观,古典文学如何对今天的学生有指导意义和价值,传统文化如何传承? 或者也可以就元曲语言的俗与雅的完美结合进行讨论。

【专家点评】　上海市复旦中学　孙宗良

关注学生的语文学习经历

　　真正优秀的语文课,其重要的考量视角之一,就是教师能否引领学生在文本中走一个有效的来回,让学生见原先之所未见,悟原先之所未悟,并让学生不断获得这样的启迪:原来文章是可以这样读的,原来文章是应该这样读的! 从而获得阅读的成就感与成长的快乐感。近年来上海语文教研的主题词——"关注学生学习经历"的提出,也正是基于这样的思考。也只有这样的语文课,才能真正让学生走进语文,喜欢语文,使语文成为他们生活与生命不可或缺的部分。

　　兰保民老师的《长亭送别》就是这样的课。面对一篇具有丰富文化内涵的传统名篇,面对一个学生不熟悉而必须让他们浸润进去的世界,面对一群虽有阅读欲望却不得其门而入的学生,兰老师顺应着学生的思维,由浅入深,由表及里,由人物的现实处境到特定的时代氛围,由具体的生活场景到背后的文化思辨,带着他们一步步走进文本的深处,去体察、体验、体悟文本字面背后的东西,去发掘他们原先难以认知的丰富与深刻,从而到达原先难以到达的阅读境界。

　　无疑,初读时学生与文本是有很大距离的,他们难以进入文本:"这篇课文很多唱词写得很美,很有文采。不过我读过后,感觉对崔莺莺的描写显得太夸张了",全文"反反复复地写她的悲伤,有些描写我认为言过其实。比如'快活三',感觉莺莺太挑食了……你看'眼面前茶饭怕不待要吃,恨塞满愁肠胃',太贵族气了,太夸张了。还有'要孩儿'这一段说'眼中流血,心内成灰',还有其他好多唱词都是这样的。当然我不否认分别总归是令人伤心的,但这样的语言我感觉不真实,有点假","感觉这出戏没有什么情节,没有什么矛盾冲突,翻来覆去就是崔莺莺在唱她的悲愁"。学生在以今天的生活经验去体认那个时代,那个时代中的生活,那个时代的人的情感世界。他们不懂得古人面对离别的痛苦与无奈,不知道古代女子面对爱情的忧虑与无助,更难以体悟那个时代对个人自由幸福追求的巨大的制约力量,因而他们进不去。

兰保民老师在教学过程中非常尊重学生的阅读体验。他站在学生思维的起点上,从戏剧冲突这一文体的基本特征、也是学生感到困惑的地方入手,引领学生去发现张生不愿赶考却不得不去应试的内在心理矛盾,莺莺不愿意送别张生却又不能不送别张生的内在心理冲突;并通过对景物描写中悲凉氛围的感知,抓住一个"紧"字,后面适时导入人物行为的社会心理分析,有效地激发了学生的思维,带着他们一步步往里走,帮助他们认识到冲突的根源"应该是崔莺莺的爱情观和老夫人的封建思想的冲突","我从莺莺的唱词和对白中还感受到,她对张生能否一直忠于他们之间的这份感情不是很放心。所以她先是试探张生,说'还将旧来意,怜取眼前人',后面又直接叮嘱他,不要'停妻再娶妻',不要喜新厌旧,拈花惹草";再通过与元稹《莺莺传》结局的比较,最终学生认同了教师的分析——"崔莺莺与张生的这份感情,不仅仅是与门当户对的门第观念和父母之命、媒妁之言的传统婚姻观相抗衡,而且是与整个男尊女卑的社会秩序相抗衡","她这里送张生一走,意味着正在拿自己的终生幸福和一身清白作为赌注,与整个社会做一场豪赌"。于是他们认识到"这场送别太沉重了",完全颠覆了他们初读时的认知感受。学生走进了文本,走进了那个时代,走进了莺莺的心灵世界,从而实现了对不同时代文化体认的跨越,完成了真正有价值的学习经历。

本堂课的成功首先体现在教师的文本解读与教学内容的确定上,这取决于教师的学术功底、学科素养、文化眼光和学生意识。面对《长亭送别》这样一篇看似浅显、表达却内蕴着丰富的文化思考和深刻批判精神的剧本,兰保民老师不是如许多教师通常所做的那样,仅仅停留在作品作为爱情故事,表现了或者颂扬了主人翁追求真挚爱情的层面上,甚至不仅仅停留在所谓反对封建礼教之类的苍白概念上。当然,兰老师读出来了这些,但他更将视角不断延伸,沿着文本中人物与时代、与那个时代特定的文化的冲突不断地往下走,不断激发学生的语言感知与情感体验,进而让学生实现了对自己原有认知的超越。例如,课堂结束时,有学生认为:"崔莺莺把爱情几乎当成了自己的信仰,竟然敢于挑战世俗,但同时她又面临着很大的风险,张生是否会抛弃她,事关她一生的名声和幸福,这样的忧虑和悲伤无论怎么说都不过分,唱词这样写,既写出她内心沉重的悲伤,又令人感到很美。"可见,学生已经超越了文本思想情感的把握,进入了距他们很远的传统戏剧的审美境界中。所以说,课堂的价值不在结论,而在过程。

这堂课对今天的语文教学也是有很大的启示价值的。当前语文教学的弊端之一就是过于注重分析,而忽略了学生的自主体验,甚至以教师的分析取代了学生应有的体验过程。尽管现今的课程标准也在强调体验,但惯性的力量是强大的。长期以来语文教学受到不少诟病,原因之一,就是我们的课堂过于注重给学生提供答案,过于喜欢呈现分析的结果,如此长期沿袭,课堂就变成了概念的归纳和输送。然而,语文教学如果只会给学生结论,语文课堂就没有了生命。在这堂课上,兰老师不仅没有以结论去代替学生的体验,也不只是带着学生不断从作品中获得阅读体验,而是建构起了如何获得这种体验的基本路径,带着学生去发现,去体验,去思辨,去收获成长的快乐。

这样的课堂将会长久地留在学生的心底。

【教材原文】

长 亭 送 别

王实甫

(夫人、长老上,云)今日送张生赴京,十里长亭,安排下筵席;我和长老先行,不见张生、小姐来到。

(旦、末、红同上)(旦云)今日送张生上朝取应,早是离人伤感,况值那暮秋天气,好烦恼人也呵!"悲欢聚散一杯酒,南北东西万里程。"(旦唱)

【正宫】【端正好】碧云天,黄花地,西风紧,北雁南飞。晓来谁染霜林醉?总是离人泪。

【滚绣球】恨相见得迟,怨归去得疾。柳丝长玉骢难系,恨不倩疏林挂住斜晖。马儿迍迍的行,车儿快快的随,却告了相思回避,破题儿又早别离。听得道一声"去也",松了金钏;遥望见十里长亭,减了玉肌:此恨谁知?

　　(红云)姐姐今日怎么不打扮?(旦云)你那知我的心里呵!(旦唱)

【叨叨令】见安排着车儿、马儿,不由人熬熬煎煎的气;有甚么心情花儿、靥儿,打扮得娇娇滴滴的媚;准备着被儿、枕儿,只索昏昏沉沉的睡;从今后衫儿、袖儿,都揾做重重叠叠的泪。兀的不闷杀人也么哥?兀的不闷杀人也么哥?久已后书儿、信儿,索与我恓恓惶惶的寄。

　　(做到,见夫人科)(夫人云)张生和长老坐,小姐这壁坐,红娘将酒来。张生,你向前来,是自家亲眷,不要回避。俺今日将莺莺与你,到京师休辱末了俺孩儿,挣揣一个状元回来者。(末云)小生托夫人余荫,凭着胸中之才,视官如拾芥耳。(洁云)夫人主见不差,张生不是落后的人。(把酒了,坐)(旦长吁科)

【脱布衫】下西风黄叶纷飞,染寒烟衰草萋迷。酒席上斜签着坐的,蹙愁眉死临侵地。

【小梁州】我见他阁泪汪汪不敢垂,恐怕人知;猛然见了把头低,长吁气,推整素罗衣。

【幺篇】虽然久后成佳配,奈时间怎不悲啼!意似痴,心如醉,昨宵今日,清减了小腰围。

　　(夫人云)小姐把盏者!(红递酒,旦把盏长吁科,云)请吃酒!

【上小楼】合欢未已,离愁相继。想着俺前暮私情,昨夜成亲,今日别离。我谂知这几日相思滋味,却原来比别离情更增十倍。

【幺篇】年少呵轻远别,情薄呵易弃掷。全不想腿儿相挨,脸儿相偎,手儿相携。你与俺崔相国做女婿,妻荣夫贵,但得一个并头莲,煞强如状元及第。

　　(夫人云)红娘把盏者!(红把酒科)(旦唱)

【满庭芳】供食太急,须臾对面,顷刻别离。若不是酒席间子母们当回避,有心待与他举案齐眉。虽然是厮守得一时半刻,也合着俺夫妻们共桌而食。眼底空留意,寻思起就里,险化做望夫石。

　　(红云)姐姐不曾吃早饭,饮一口儿汤水。(旦云)红娘,甚么汤水咽得下!

【快活三】将来的酒共食,尝着似土和泥。假若便是土和泥,也有些土气息,泥滋味。

7. 长亭送别　　173

【朝天子】暖溶溶玉醅,白泠泠似水,多半是相思泪。眼面前茶饭怕不待要吃,恨塞满愁肠胃。"蜗角虚名,蝇头微利",拆鸳鸯在两下里。一个这壁,一个那壁,一递一声长吁气。

　　(夫人云)辆起车儿,俺先回去,小姐随后和红娘来。(下)(末辞洁科)(洁云)此一行别无话儿,贫僧准备买登科录看,做亲的茶饭少不得贫僧的。先生在意,鞍马上保重者!从今经忏无心礼,专听春雷第一声。(下)(旦唱)

【四边静】霎时间杯盘狼藉,车儿投东,马儿向西。两意徘徊,落日山横翠。知他今宵宿在那里?有梦也难寻觅。

　　(旦云)张生,此一行得官不得官,疾便回来。(末云)小生这一去白夺一个状元。正是:"青霄有路终须到,金榜无名誓不归。"(旦云)君行别无所赠,口占一绝,为君送行:"弃掷今何在,当时且自亲。还将旧来意,怜取眼前人。"(末云)小姐之意差矣,张珙更敢怜谁?谨赓一绝,以剖寸心:"人生长远别,孰与最关亲?不遇知音者,谁怜长叹人?"(旦唱)

【要孩儿】淋漓襟袖啼红泪,比司马青衫更湿。伯劳东去燕西飞,未登程先问归期。虽然眼底人千里,且尽生前酒一杯。未饮心先醉,眼中流血,心内成灰。

【五煞】到京师服水土,趁程途节饮食,顺时自保揣身体。荒村雨露宜眠早,野店风霜要起迟!鞍马秋风里,最难调护,最要扶持。

【四煞】这忧愁诉与谁?相思只自知,老天不管人憔悴。泪添九曲黄河溢,恨压三峰华岳低。到晚来闷把西楼倚,见了些夕阳古道,衰柳长堤。

【三煞】笑吟吟一处来,哭啼啼独自归。归家若到罗帏里,昨宵个绣衾香暖留春住,今夜个翠被生寒有梦知。留恋你别无意,见据鞍上马,阁不住泪眼愁眉。

　　(末云)有甚言语嘱付小生咱?(旦唱)

【二煞】你休忧"文齐福不齐",我只怕你"停妻再娶妻"。休要"一春鱼雁无消息"!我这里青鸾有信频须寄,你却休"金榜无名誓不归"。此一节君须记,若见了那异乡花草,再休似此处栖迟。

　　(末云)再谁似小姐?小生又生此念。(旦唱)

【一煞】青山隔送行,疏林不做美。淡烟暮霭相遮蔽。夕阳古道无人语,禾黍秋风听马嘶。我为甚么懒上车儿内,来时甚急,去后何迟?

（红云）夫人去好一会，姐姐，咱家去！（旦唱）

【收尾】四围山色中，一鞭残照里。遍人间烦恼填胸臆，量这些大小车儿如何载得起？

（旦、红下）（末云）仆童赶早行一程儿，早寻个宿处。泪随流水急，愁逐野云飞。（下）

【华东师范大学出版社"高级中学课本"《语文》（试用本）二年级第一学期】

8. 梦游天姥吟留别

学生:上海市敬业中学高一(7)班
时间:2009 年 4 月 27 日下午第二节

【课堂实录】

师:台湾著名诗人余光中先生曾经在他的诗中盛赞过唐代一个著名的诗人,他是这样说的:"酒入豪肠,七分酿成了月光/余下的三分啸成剑气/绣口一吐,就是半个盛唐"。同学们,你们知道他盛赞的这个诗人是谁吗?

生:(齐声)李白。

师:看来同学们的课外阅读面还是比较宽的。"绣口一吐,就是半个盛唐"啊!这是一种怎样的气魄啊!今天我就和同学们一起,上溯千年,跨越千年的时空,走进李白的梦境,去触摸他的那一颗诗心,感受他的那一片诗情。我们来学习《梦游天姥吟留别》。

(板书课题)

师:同学们一起把课题读一下。

生:(齐声)梦游天姥吟留别。

师:在哪儿停顿?

生:(齐声)吟。

师:前边后边?

生:(齐声)后边。

师:为什么?

生:这是一种诗体,后边是交代他写这首诗是用来干什么的。

176 | 上海名师课堂 中学语文兰保民卷

师：也就是他写这首诗的目的。关于这一点，课后有注释，"别东鲁诸公"，"吟"是这首诗的诗体标志。（圈出板书中的"吟"）今后读诗时，同学们如果看到诗题中带有"吟""歌""行"等，就说明这用的是乐府旧题。

师：课前，老师要求同学们充分地预习，这首诗的题目是"梦游天姥吟留别"，游天姥山是真的游吗？

生：（齐声）没有。

师：在哪里游的？

生：（齐声）梦境。

师：对，在梦中。我想了解一下大家的预习情况，诗歌一共是三节，哪一节是对梦境的描写？

生：（齐声）第二节。

（板书：梦中奇境）

师：那么第一节写的是什么呢？第一节和这个梦有什么关系？

生：诗人听别人说天姥山很美，所以日有所思，夜有所梦。

师：也就是说第一节写他做这个梦的……

生：（齐声）原因。

师：课文中有没有诗句可以揭示这两节间的关系？

生：（齐声）"我欲因之梦吴越。"

师："因"什么意思？

生：（轻声）因为，因此？

师：是"因为""因此"的意思吗？

生：（轻声）依据。

师：对，依据。（板书：因，依据）依据越人谈论天姥山的这一番话，去梦游吴越。这是梦前（板书：梦前异闻）第三节和梦有什么关系？

生：（轻声）感想。

师：仅仅是想吗？让我们一起来读一读，看看用什么词比较合适。

（生朗读第三节）

师：最后是个什么句式？

生：（齐声）感叹句。

师：对，感叹！甚至是长叹。是梦后的长叹！（板书：梦后长叹）那么就让我们进入李白的梦境吧。

刚才××同学说过"日有所思,夜有所梦",也就是说,梦和现实有着密切的联系。因此我们要很好地理解李白的梦境,真正地走进去,去感受李白通过梦境所表达的感情,你觉得这需要具备哪方面的知识?

生:具备与李白写这首诗时的境遇相关的知识。

师:对,你说出了诗歌鉴赏中一种很重要的方法,那就是知人论世。你知道他的境遇吗?

生:他被唐明皇贬官,出长安后写了这首诗。

师:对,赐金放还。还有哪位同学能说得具体些?

生:李白怀着他的政治抱负来到长安后,唐明皇只是把他当作一个弄臣,让他写些诗,李白非常失意,常常喝酒,后来得罪了当朝权臣,还有皇上的心腹高力士,之后就被排挤出长安,于是他就到处游历。

师:也就是说,他在现实政治生活中遭遇到挫折,碰壁了,被唐玄宗赐金放还。我们知道李白有着济苍生,安社稷的雄图壮志,他曾经在一篇文章中说道,他"愿为辅弼,使寰区大定,海县清一",可见抱负不凡哪!可是在现实官场中,他却被人排挤和谗毁,以至于郁闷地离开长安,东游东鲁,写下了这样一首诗。那么,让我们感受一下他的梦境。带着李白这种现实生活中的感受,我们一起把第二诗节朗读一下。读的时候思考:这是写梦的,那么你能不能几个形容词,形容一下这是一个怎样的梦?

(学生朗读第二节)

师:"云青青兮欲雨","雨"字在这里是个动词。文言文中,词在改变词性的时候,对这个词要异读(示范朗读,"雨"读第四声)。结合刚才朗读的感受,你来描述一下这是一个怎样的梦境?

生:神奇壮丽的梦境。

师:能否结合具体的意象或语言特点谈一谈?

生:比如说"列缺霹雳,丘峦崩摧。洞天石扉,訇然中开",写出了打雷时壮丽的景象。还有他见到了那些仙人,十分神奇。

师:怎么个神奇?能否结合具体的描写,把这种神奇、辉煌、壮丽充分地展现出来?

生:"霓为衣兮风为马","虎鼓瑟兮鸾回车",描写了仙人的衣着和下凡时的神奇景象。

师:"霓"是什么?霓虹,色彩缤纷。用虹霓做成的衣裳,这是一种什么样的服装啊……用风做的快马,这些东西现实生活中有吗？没有！靠什么创造出这些？

生:(齐声)想象!

师:靠想象创造出这样一个奇异的世界!(板书:想象)还有哪位同学也能来形容一下?

生:我觉得是一个宁静的世界。一开始李白描绘的是"一夜飞渡镜湖月。湖月照我影,送我至剡溪"的景象,镜湖照出我的影子,月光送我到剡溪,这是谢灵运曾经居住的地方,表现出一种宁静、空灵的情状。而且李白在这样的氛围中,怀念起了故人。

师:怀念起了故人? 是吗?

生:哦,不是。是想起了古人。他希望像谢灵运那样,在山水之中寻找自己心中的一份宁静。

师:这就对了。结合着湖水啊、明月啊、古人留下的足迹等,让我们清晰地触摸到诗人游历天姥山时内心的情感波动。"一夜飞渡镜湖月"在现实的世界中可能吗? 不可能。只有在梦想的世界中才可以。一夜飞渡镜湖月,从东鲁来到吴越,这是一种什么手法?

生:(齐声)夸张。

师:(板书:夸张)还有类似的诗句吗?

生:"千岩万转路不定,迷花倚石忽已暝。"哪有千岩万转? 都是夸张的手法。

师:对的。请大家注意其中的一个"忽"字。"忽已暝","暝"是什么意思? 天黑了,傍晚了。前面还是"半壁见海日,空中闻天鸡",太阳刚刚升起来,"忽"地一下子天就黑了,这说明什么问题?

生:说明时间流逝之快,也说明诗人沉迷陶醉的心情。

师:说得不错。关于李白的梦境,除了刚才同学们谈到的之外,我想还可以用许许多多其他的形容词,比如雄奇啊、壮丽啊、辉煌啊等来描绘,我们可以感受到李白用想象和夸张营造出的那个现实生活中不可能有的世界。那么他为什么要营造这样的世界?

生:结合刚才同学所说李白写这首诗的背景,我想是因为李白的政治抱负没办法在现实生活中实现,所以他有一种怀才不遇的郁闷心情,于是就借梦中世界来排遣这种郁闷。

师：你能够联系诗歌的写作背景来理解，这是读诗的一种很重要的方法，非常好！

生：他通过想象和夸张，营造了一个现实中不可能有的世界，完全是为了抒发自己内心的那一份情感。现实的世界不能满足自己抒发强烈情感的需要，他就要创造一个新奇的世界来抒发它。

师：从这里我们可以发现，李白的诗歌真的可以称得上是"精骛八极，心游万仞"，意象极为富丽，极尽想象之能事。著名美学家李泽厚在他的美学名著《美的历程》中曾经说过：庄子的飘逸，和屈原的瑰丽，在李白的天才作品中已经合二为一了，达到了中国古代浪漫文学交响音诗的极峰（板书：浪漫文学）。浪漫，完全是为了表达自己内心感情的需要，而不是以客观地再现现实生活为目的。那么李白在整个梦境中，经历了一段怎样的心路历程呢？是否在整个梦境中李白的心情是一成不变的呢？接下来，咱们一起结合诗歌的意象类型和语言节奏来探究一下这个问题。我们先来看，从"湖月照我影"一直到"迷花倚石忽已暝"一段。一起来读一下。

（学生齐读课文"湖月照我影……迷花倚石忽已暝"）

师：同学们能感到李白在神游天姥山时的心情是怎样的吗？

生：是一种心驰神往、沉迷陶醉的心情。

师：是啊，你看他是多么迫不及待，多么快乐呀。这种急切和快乐之情在语言节奏上是不是也有所传达呢？

生：（七嘴八舌）以五言为主，句式比较短。

师：那好，我们把这六句五言诗句连起来读一读，感受一下。

（生齐读"湖月照我影……空中闻天鸡"）

师：读来感觉在节奏上有什么特点？

生：（七嘴八舌）轻快、活泼。

师：××同学，请你单独把这六句诗再朗读一遍，把这股轻快活泼劲儿读出来。（生朗读）

生：这里的景物描写也很有特点。

师：××同学关注到诗人笔下的景物，在诗歌中这些景物有特定的术语，叫作——

生：意象。

师：对，叫作"意象"。那么诗人描写了哪些意象呢？圈画一下。

（生圈画课文）

师：（与学生一起）这里有湖月，有渌水——渌水就是清水，像明镜一样清澈的湖水，还有花、石，喷薄而出的红日，从远处传来的天鸡的鸣唱，这些意象构成一幅怎样的画面？

生：充满朝气。

师：嗯，充满朝气、非常清新。人在这样的境界中，不由自主地就会更加感到……

生：很放松，很愉悦。

师：我们感到李白好像暂时忘记了现实经历中那些烦恼、那些挫折、那些郁闷之情。在这样的登山过程中，在这样的梦境中，他得到了暂时的超脱，获得了一份短暂的欢乐。（板书：超脱、欢乐）可惜的是这份欢乐转瞬即逝，"迷花倚石忽已暝"（重读"忽已暝"）啊。我们接着来看一看，当天色暗下来后，整个梦境发生了怎样的变化？一起来读！

（生齐读"熊咆龙吟殷岩泉……訇然中开"）

师：通过这些诗句，你感受到李白在这时怀着一种怎样的心情？

生：后四句诗每句都是四个字的，非常紧凑，气氛很紧张，从中体味出诗人这时的心情带着一些惊恐，面对电闪雷鸣时的惊恐，仿佛又回到了现实中，遇到了挫折。

师：你读到的是一份紧张、惊恐。大家认同吗？

生：……

师：你关注到诗句的节奏，这一点很了不起。不过你还得仔细体会一下，他描写这些巨声、伟力，宏壮的声音，目的就是为了营造一种恐惧紧张的氛围吗？那么我们读的时候是不是应该带着一种紧张、惊恐的心情呢？你体会一下我这样读行不行："熊咆龙吟殷岩泉……"（颤声，作惊恐状）

生：这样读不行。（恍然大悟状）哦，我知道了。（众生笑）在前面李白刚刚从现实的郁闷中得到了一点超脱，但是那种郁闷的心情还没有完全排解掉呢，天就黑了，美景就不见了，所以他仍然很郁闷。

师：所以梦想洞天福地的大门在他面前打开，目的何在呀？

生：进入仙境，彻底摆脱现实，忘记烦恼。

师：对喽，我们经常说"梦是现实欲望的虚幻满足"，这时山中的美景倏然消失得无影无踪，但是李白现实的烦恼还没有彻底忘怀，所以他梦想通过一种奇异的超自然的力量,为自己打开一个洞天福地,神仙的境界,让他彻底摆脱现实的烦恼。通过这几句诗,我们感受到的是李白灵魂的挣扎,生命的呼喊(板书:挣扎、呼喊),他在呼唤一种神奇的力量来帮助他摆脱现实的烦恼呀。我们请××同学来朗读一下,希望你能把这灵魂的挣扎、生命的呼喊读出来!

(生朗读课文"熊咆龙吟殷岩泉……訇然中开")

师:我感受到你的努力了!不过我觉得你还可以读得更好!这是一种呐喊啊,是一种挣扎,非常富有力度。刚才××同学说得非常好:"列缺霹雳……訇然中开。"四言句式,非常短促、富有力度。(教师范读"熊咆龙吟殷岩泉,栗深林兮惊层巅""列缺霹雳,丘峦崩摧。洞天石扉,訇然中开")这时洞天福地的大门轰隆隆地在李白面前打开了,展现了一段华彩的乐章,语势迅速上升。所以说,我们在这里,读到的不是恐惧,读到的是李白的呐喊。请同学们放开声音自由朗读这几句诗。

(生大声自由朗读"熊咆龙吟殷岩泉……訇然中开")

师:我们再请××同学把这几句诗朗读一下。

(该生再次朗读)

师:味道出来了。大家看接下来的一部分,从语言句式上来看,是怎样的句式?"霓为衣兮风为马",在哪种文体里看到过?

生:(七嘴八舌)用了很多"兮"字,是赋体。

师:在这里采用赋体句式目的是什么呢?

生:前面我们刚刚学过《阿房宫赋》,赋体的特点是善于铺排渲染,这里是为了烘托和渲染一个壮丽的世界。

师:这个世界是一幅怎样壮丽的景象?

生:你看到处都是仙人,还穿着平时可能都不常穿的节日的盛装——"霓为衣",还有迎宾乐队,这迎宾乐队还蛮有意思,也是只有在神仙世界里才有,平时让我们感到凶暴残忍的老虎,在这里温情脉脉,成了抒情能手,平时让我们感到柔弱无比的小鸟,却反而力大无比,很神奇的。

师:这可真是想出天外,是不是? 也只有李白才能想象出这样壮丽神奇的世界。你觉得李白在这样一个神仙世界里会有怎样的感受?

生:李白应该感到自己是有价值的。

师:愿闻其详。

生：这里描写神仙来迎接李白，说明他感受到自己是很有价值的，不应该被人排挤。他在现实世界中感到始终是不受重用的，内心愤愤不平，很郁闷，在这里却感受到一种被尊崇、被礼遇的荣耀。（师板书：尊崇、荣耀）

师：特别扬眉吐气是吗？在现实的世界里，李白饱受排挤，倍感屈辱，而在梦中的仙境里，他却得到了放松，获得了荣耀，并且受到贵宾一样的待遇。让我们把整个梦境再齐读一遍，感受一下李白整个的心路历程。

（生齐读诗歌第二节，师接读"忽魂悸以魄动，恍惊起而长嗟。惟觉时之枕席，失向来之烟霞"）

师：梦是短的，仙是虚的，现实不可逃避，一个"忽"字，一个"恍"字，写出了梦境之短暂，因此李白不由得梦后长叹："世间行乐亦如此……"（示意学生继续朗读）

（生齐读诗歌第三节）

师：同学们是否发现，在最后一个诗节中，有两个词在我们日常表达中，意思是一致的，哪两个词？

生："世间行乐亦如此"中的"行乐"，还有"开心颜"。

师：（板书：行乐、开心颜）"世间行乐亦如此，古来万事东流水。"在李白的梦后长叹中，他认为世间之乐是否值得追求？

生：（轻声）不值得。

师：世间之乐如这梦一般短暂和虚假，一切都像流水一样，稍纵即逝且虚妄。因此，我不能去追求这些，我要开心颜。"行乐"和"开心颜"在内涵上有什么区别？可以讨论一下。

（生思考讨论）

生："行乐"是为了使自己愉悦，刻意去做一些事情；"开心颜"是一种发自内心、由内而外的愉悦，是一种心境，不用刻意做一些事情去追求。

师：结合我们在这节课开始时谈到的李白的追求，能有进一步的理解吗？

生："行乐"这个"乐"可能就是指他当官，一展宏图，这"开心颜"就是指发自内心的快乐。

师：不仅内心是快乐的，脸上也容光焕发，笑逐颜开啊！这是一种心灵的自由，生命的舒展啊！而"行乐"不过就是享受荣华富贵、功名利禄，带有贬义，更何况在红尘俗世中要想得到这些东西，还要付出怎么样的代价？

生：（轻声）沉重的代价，摧眉折腰。

师：什么是"摧眉折腰"？"摧眉"就是低头的意思。低头哈腰，唯唯诺诺，低声下气，奴颜婢膝，想一想，那是多么窝囊的一种活法啊！让自己的生命不得舒展，让自己的心灵不得自由，让自己的人格不得独立，所以他李白要反问自己："安能摧眉折腰事权贵，使我不得开心颜！"摧眉折腰，你李白能受得了吗？受不了！不能够！所以他发誓，他要追求的是"开心颜"，是一种精神的独立、人格的自由、生命的舒展。（板书：精神独立，人格自由，生命舒展）

通过一节课的时间，我们一起走进了李白的世界，走进了李白的梦境，触摸了他那一颗充满傲气的不羁心灵。我想，我们每一位同学，也都应该在自己的人生中坚守自己的一份心灵的梦，保持一份独立的精神、自由的人格，让自己的生命自由地舒展张扬！回去之后，请同学们背诵这首诗歌。下课！

附：板书设计

	梦游天姥 吟 留别		
	李白　浪漫文学		
想象	梦前异闻：因（依据）		精神独立
	梦中奇境： 超脱、欢乐（五言） 挣扎、呼喊（四言） 尊重、荣耀（赋体）		人格自由
夸张	梦后长叹：行乐、开心颜		生命舒展

【教学笔记】

贴着语言走进诗人心灵

李白的诗歌，向来以豪放飘逸著称。但是，这种"豪放飘逸"的风格，绝对不是"做"出来的，而是从他那狂放不羁的个性与乖舛坎坷的仕途遭际的深层生长出来的。就拿这首《梦游天姥吟留别》来说，那"身登青云梯"的快意，那"栗深林兮惊层巅"的震惊，那"日月照耀金银台"的荣耀，那"安能摧眉折腰事权贵"的决绝，都是与他"长安三年"始宠终弃、乍荣还衰的生命际遇密不可分的。故而，诗歌中的欣悦、呐喊与决绝的宣言，都是他发自灵魂深处的生命的声音，是从心底流淌出来的，或喷涌而出的。

而就接受主体而言,一般说来,从欣赏、咀嚼、品味的角度来看,他们更喜欢那些含蓄隽永、言近旨远的文字,对于豪放的直白的文字,总觉得没有回味的余地,实际上这是一种误解。

　　因此,像这种源自生命深处的豪放飘逸的诗歌,如何能够读出生命的欢乐与悲伤,灵魂的挣扎与解放,读出深度,读出味道,是一个很值得探讨的问题。

　　我在备课的时候,主要遇到了三个问题:

　　第一个问题是对李白梦境的理解。对李白梦境的理解,向来是有异议的。有人认为,诗歌中的梦境是一片与恶浊的现实政治境遇相对立的乐土;有人认为,南游吴越之梦是促使李白最终觉悟的一场噩梦;甚至还有人认为,这个梦境就是李白长安仕途的缩影。这些说法,我都没有采纳。根据我的理解,这个梦境就是他现实生活体验的代偿,是现实失落的补偿性满足和自我内心情绪的宣泄。

　　第二个问题,就是对从"熊咆龙吟殷岩泉"一直到"洞天石扉,訇然中开"这一段的理解。我感到,从开始时攀登天姥山过程中的那种欣悦、轻松和快乐,到后面在神仙世界里铺陈出来的辉煌壮丽,中间愣生生插上这么一段,让人感觉很突兀,怎样把它读通、理顺,这就涉及文本解读的问题。我认为,把诗中描写的梦境理解为李白仕途受挫后的心路历程,庶几可以达成对文本的合情合理的理解,因此我认为,此处"熊咆龙吟"、闪电惊雷等巨声伟力和群山战栗、丘峦崩摧的景象,实际上就是李白灵魂的挣扎和呐喊,是精神极度压抑后的一种纾解与宣泄,诗人想借助超自然的力量为自己打开一个洞天福地。

　　第三个问题就是,在理解了这首诗的情思意蕴的基础上,怎样把内容理解与诗的语言、意象,以及它的想象、夸张等手法的运用有机地结合在一起。否则的话,这堂课就不是一堂诗歌教学课,而成为一堂文化课或思想教育课了。

　　因此在教学中,我从诗歌的文体特点入手,从诗歌的意象、节奏的变化、修辞的特色、选字用词等角度引领学生把握诗歌的内涵,走进李白的内心,探求李白的心路历程,并力争能够从李白那份独立精神和自由人格中受到心灵的震动和感染。

【同行链接】 复旦大学附属中学　王希明

营造课堂教学的气场

2009 年 4 月 27 日下午,我有幸身临其境,在这堂《梦游天姥吟留别》公开课上又一次领略了兰保民老师的风采。

我一直认为,课堂是有气场的,是有个性的。乏味的课堂往往师生离心离德,节奏拖沓,思路混乱,使观者如同面对一个没精打采、气场杂乱的病夫,生不起任何美感。而好的课堂,却是多种多样的:有的课堂充满着和煦之气,使观者有如坐春风之感;有的课堂充满着雄浑之气,使观者生慷慨激昂之心;有的课堂充满着肃穆之气,使观者起正冠端坐之意⋯⋯高境界的教师,甚至能使自己的风格随着教学内容的不同而展现出不同的样貌,上《再别康桥》,潇洒飘逸;上《雪落在中国的土地上》,严肃庄重。

面对《梦游天姥吟留别》,我期待听到充满豪放不羁之气的一课。兰老师恰恰提供了这样的一课,课堂主题鲜明,思路清晰,节奏感强,老师充满激情,学生很投入,师生既能深入李白诗的瑰奇世界,又能时时跳出,进行理性分析,这些都让我发自内心地赞赏。

《梦游天姥吟留别》的梦境到底应该怎样解读? 学术界并没有定论。很多人认为此诗是写李白对于仙境的向往。而兰老师认为李白豪放飘逸的风格"绝对不是'做'出来的,而是从他那狂放不羁的个性与乖舛坎坷的仕途遭际的深层生长出来的",这里面的快意与梦醒后的发自灵魂深处的呼喊,"都是与他'长安三年'始宠终弃、乍荣还衰的生命际遇密不可分的",所以兰老师将梦境定性为自我内心情绪的宣泄。这一个立足点的选择是极其重要的,给整个课堂定下了一个基调,使得这堂课最终能落实到李白由独立的精神、自由的人格而造就的豪放不羁的精神上。由此可见,课堂气场的营造,首要在于教师能选择合适的内容,并能师生合作,酝酿出与之相应的情绪。

诗歌是音乐和文字交织的艺术。离开了节奏韵律,诗歌就成为分行的散文。中国的古诗词,特别注重音乐性。在吟诵艺术已经濒于失传的现在,朗读就成为由节奏韵律而体会诗行背后涌动情感的重要教学手段。兰老师的这堂课之所以能打动人,朗读功不可没。屈指算来,这一堂课中有多处朗读——齐读题目"梦游天姥吟留别",体会停顿;示范"云青青兮欲雨"中"雨"字的读法;齐读"熊咆龙吟殷岩泉……訇然中开";齐读诗歌第二节;齐读诗歌第三节。有时单个学生朗读,有时齐读;有时老师朗读、学生接读,有时学生朗读、老师接读,有时反复朗读,形式多样。给我留下很深印象的是朗读"熊咆龙吟殷岩泉……訇然中开"一节,兰老师先是提醒读的同学"希望你能把这灵魂的挣扎、生命的呼喊读出来",在对朗读的学生鼓励、引导后,又提醒学生"这是一种呐喊啊,是一种挣扎,非常富有力度",并在自己范读后再次让学生朗读。这样就把诗歌的节奏、力度的变化与背后的思想感情之间的密切关系很直观地呈现出来,也能让学生明白,朗读其实是读者和作者之间的一种交流,一种共鸣。

一堂课,始终面对课文进行冷静的理性分析并不难,始终面对课文进行感性的鉴赏也不难,难的是如何协调两者。中国古代的诗歌以抒情诗为主,歌行体中表达的情感又往往特别充沛。这就决定了学习这样的诗歌,必须以让学生真正感受到诗之美、体会到作者的感情为第一目标,而这个任务是纯理性的分析所不能完成的。这也就是说,学习这样的课文,必须以感性体悟为主。但是纯粹感性的体悟,又会使学生停留在表层,很难深入下去,反过来又可能导致感而不悟。兰老师的这一课,做到了在感性的表层下,涌动着理性的潜流。他借学生理解诗歌要"具备与李白写这首诗时的境遇相关的知识"这句话,顺势将"知人论世"带出,给了学生一把理解诗歌的钥匙,可谓"授人以渔"。再例如,借对标题的分析,说明"吟""歌""行"等是乐府旧题的标志;由一句"这种急切和快乐之情在语言节奏上是不是也有所传达呢"的提问,引起学生对句式变化的关注;用一句"在诗歌中这些景物有特定的术语,叫作——"引出"意象"这一概念并让学生圈画;还有点出想象、夸张的手法,对赋体句式特点的复习,等等。凡此种种,可以说明,兰老师几乎是不动声色地将知识点自然融化在了诗意课堂的推进之中。

一堂课能否形成气场,产生巨大的共鸣效应,与作为教学活动组织者的教师的素养直接相关。我前面讲到的几点,无一不在考验教师的素养。一堂课要想有浩然之气,教师就要有养气的功夫。我和兰保民老师相交多年,深知他是位文化底蕴特别深厚的教师。记得外出活动时,他往往带着书,和我聊天,也会交流有哪些书值得看。从这堂课来看,别的不说,仅仅信手拈来的就有余光中的"酒入豪肠,七分酿成了月光,三分啸成了剑气,绣口一吐,就是半个盛唐"、陆机《文赋》中的"精骛八极,心游万仞",以及李泽厚《美的历程》中的话,没有平日的积累,是做不到的。

当然,对于一篇课文,每个人都会有自己不同的理解。在尊重兰保民老师思路的前提下,我也有一点点个人的意见。首先是对于"行乐"的理解,是否就是"享受荣华富贵、功名利禄"还可以再讨论,不然"亦如此"中的"如此"该作何解? 其次,是否对梦境的解释有必要如此斩钉截铁? 最后,似乎可以考虑留一点继续研读的口子,跟学生提一提这首诗还有不同的理解,请有兴趣的同学去查找相关资料自己探讨。

自然,这一点点意见,毫不影响我对这一课的欣赏。什么样的一堂语文课可以称得上是成功的? 这个问题恐怕没有什么标准答案。但是就我来说,优秀的一课必须给人一点不一样的感觉,让人激动,让人眼前一亮。兰保民老师的这一课,就是给了我冲击、让我记住了的一课。

【专家点评1】 复旦大学附属中学 黄荣华

进入古典诗词:如何可能?

那天兰保民老师教学《梦游天姥吟留别》,我是"在场"者。

说"在场"至少可以理解为下面三点:2009 年 4 月 27 日 14:40—15:20,我与敬业中学高一(7)班全体同学,在兰保民老师引导下,共同学习了李白的《梦游天姥吟留别》,一起走进了李白那个千古奇梦;在这之前与之后,我与兰老师就《梦游天姥吟留别》的教学,都有过一些交流;我对李白与古典诗词及其教学,一直都比较感兴趣。

但是"在场"不一定就能看得真切,得到真相。看的立场,看的角度,看的方法,看的力度,看的认真度……都会影响看者的眼光。因此,我不能也无力也无意对兰老师的教学作出判断,只能从他的《梦游天姥吟留别》教学出发,就如何引导学生进入古典诗词,谈点不成熟的感想,就正于兰老师及诸方家。

古典诗词,在中学语文课程中有着极其重要的地位。但古典诗词教学,是不是被老师们放在了极其重要的地位呢? 据我的观察,有的老师在古典诗词教学上很用心,如兰老师就是;但也有相当一些老师却并不在意。而要引导学生真正进入古典诗词,恐怕老师自己一定要有相当的教育自觉,在教育理想与教育目标上有高度清醒的理解:古典诗词教学在语文教育中是不可缺少的,不可替代的,不可苟为的,它需要语文教师怀着虔诚去挥洒自己的才华。借用黑塞的话说就是:我们先得向杰作表明自己的价值,才会发现杰作的真正价值。

古典诗词的"古典"二字,既从时代上表明了它与现代的距离,又从核心价值上表明了它对现代的意义。因此,古典诗词的教学,就有一个"回到时代中去"的问题。兰老师的教学在探讨李白为何"梦游天姥"时,不经意间就将学生带入了李白创作时所处的社会情境之中,这就是"回到时代中去"。当然,"回到时代中去"有着非常丰富的内涵,除了特殊历史事件(如李白被"赐金放还")下的作家创作,还应当有特殊时代风尚(如政治形式、学术思潮、地理民俗、民族心态、经济环境等)中的作家创作。《梦游天姥吟留别》是否可回到特殊的时代风尚中去解读?杨义先生在《李杜诗学》中说:"李杜诗学既在反映盛唐气象中,表现出大魄力;又在反抗盛唐阴影和盛唐衰变中,表现出大魄力。"整个盛唐人都在一场盛大的"青春梦"中,士人们都有一种"尽时""尽气""尽才"的昂然期待,何况天才诗人、谪仙人李白呢!孟浩然的那句"欲渡无舟楫,端居耻圣明",正是那个时代士人心态的典型概括。因此,李白在被"赐金放还"后,还高唱着:"东山高卧时起来,欲济苍生未应晚。"(《梁园吟》)"但用东山谢安石,为君谈笑静胡沙。"(《永王东巡歌十一首(其二)》)这种磅礴强大的生命力一直激荡在李白的心中,与整个时代青春伟力的激荡是密不可分的。因此我想,如果在教学中将《梦游天姥吟留别》引入盛唐的时代伟力之中,同学们对李白描绘的这个无比瑰奇、充满伟力的壮丽之梦,会不会有更多的理解?对诗作最后那句古代士人最高亢、最响亮的呐喊,会不会有更深沉的把握?对李白被"赐金放还"后摆脱阴郁心境、重新获取生命自信的那种嶙峋傲骨、不屈精魂,会不会有更多的认识与共鸣?

拉近时代距离,回到"古"字中去,是走进"古典"作品的重要途径,同时,还要认识"古典"之"典"。何为"典"?是典范,是法则,是雅正。进入中学语文教材中的古代诗作,都是"古典",都是典范,都是法则,都具有雅正之质。兰老师的课堂,从题目开始引导学生认识"吟"(歌行),再通过诵读等方式理解这种"吟"(歌行)的句式、节奏等,通过对诗中梦境的整理、把握,来理解李白精神,这些都是在引导学生认识与理解"典"。这种对"典"的认识与理解,既有对"这一""体式"("吟")的认知,同时又有对"这一""体式"表达的"这一""内容"("梦")的认知。这些认知的融会,共同构筑了对"这一"作品之"典"(不可无一、不可有二的,独一无二的《梦游天姥吟留别》)的认知。这也就是对艺术具有的"绝对性、必然性"的认知。

或许,这种对诗的"绝对性、必然性"认知未必都能以清晰的"知识"来呈现,但总体而言,这应当是走进"古典"作品的重要方向。很遗憾的是,今天的语文课堂没有朝着这一方向前行。这有应试教育的原因,也有对"诗无达诂"的误读。前者无须展开,后者可以略作探讨。"诗无达诂"是说诗难以完全解读,或者说难以抵达诗的精神(境界)高点,而不是说诗不能获得真正可靠的解读。如果诗不能获得真正可靠的解读,诗还有存在的意义吗?

当然,读诗也不能以艺术的"绝对性、必然性"认知,来否定艺术欣赏的个体性认知。尤其是经典,其解读空间具有很大的开放性,具有无限的延展性,因此,一代代读者会获得一代代解读,那些具有超强艺术感知力的读者还会得到他人无法获得的艺术真相。像《梦游天姥吟留别》,关于"梦游"的意义理解,就有无数种。哪一种是李白的心中之意? 没有谁可以定论。关键在于能否以艺术的"绝对性、必然性"来统摄全篇,认识到一个字、一个词、一个句子,在"这一""绝对性、必然性"意义理解中的不可替代性,即唯一性。

回到兰老师的课堂可以看到,兰老师遵循了这一解读原则。但对"行乐"的解读似乎有所游移,或者说不太统一。兰老师将"梦"解读成李白以超现实的幻象的方式实现自我价值,以对抗现实中的挫败感,从而获得生命的解脱。那么诗人在梦醒之后的心灵独语——"世间行乐亦如此,古来万事东流水",应不应当是对这一梦意的否定呢? 我感觉不应当是否定,而应当是肯定。因此,"行乐"就应当从正面去认识,或者说从李白认同的角度去认识。那么,这句诗是不是可以这样理解:世间的行乐都是这样转瞬即逝,自古以来的一切都像东流水一样一去不复返,所以,应当抓紧时间,及时行乐。只是,这里的"行乐"不是指庸人贪享的荣华富贵,而是李白心中的生命价值的实现与生命尊严的赢得,就如这次瑰丽壮伟的"梦游"。所以,就有了诗作的后面几句:"且放白鹿青崖间,须行即骑访名山"——这是走向孤绝生命境界的心灵许诺;"安能摧眉折腰事权贵,使我不得开心颜"——这是拒绝尘寰污浊,保持性灵纯洁,以实现及时"行乐"的心灵呐喊与生命誓言。

最后想说,在观兰老师的课时有一种特别的激动,几年之后写这篇文章时还在这种特别的激动中,那就是兰老师的课堂始终保持着一种整体感,即始终有一种热烈而深沉的氛围,以及由此而形成的课堂张力。这不只是因为整堂课以激昂的诵读来推进,更在于兰老师将"这一首诗"的"言""体""情""思""韵"融于一体,将《梦游天姥吟留别》"这一首诗"作为"这一首诗"在教学,而不是作为某种知识在教学,不是作为某种思想在图解,不是作为展示教师某种技艺的凭借在表演。我不敢对兰老师的教学作判断,但我敢肯定,这种将"这一首诗"作为"这一首诗"来教学的教学,应当是引导学生进入古典诗词的教学。

【专家点评2】 上海市杨浦高级中学 于漪

教学的个性与自由

今天我们研讨的这堂课是李白的诗。李白这个人,人格当然很"峻伟",他的那种峻伟的精神,对理想的向往,在唐代的诗人中是独树一帜的。《梦游天姥吟留别》这首诗是很难的,但确实是李白的代表作。

教课千万不能一个面孔,要有个性,每个人都要教出自己的个性来。我觉得今天兰保民的这堂课,个性确实非常突出。有了个性,久而久之就形成风格了。你像西南联大的教授,一个人一个样子,哪里都是一样的呢?我们现在太标准化了。我们不仅把学生搞得标准化,把老师也搞得标准化了。把老师搞得标准化,是培养不出出类拔萃的教师的。都是标准化,七律都是一个写法,也就出不来李白和杜甫。

今天的课,我觉得,旁枝繁叶剪得是蛮多的,主线很明确。关于李白,可讲的东西实在太多了,一节课根本没有办法讲。历来对梦境有很多解读,到底是噩梦还是乐土?有人还认为这是他作为道家的求仙思想的反映,这个问题本身就有很大争议,甚至包括写作的时代,到底是刚从长安出来之后去到吴越游历,还是安史之乱之后,也是有争议的,这都是学术上的问题,没有必要作为问题跟学生一起探讨。对这些问题,老师一句都没有提,我觉得非常好,没有必要!高一的学生,应该给他什么?高一的学生,跟高三的学生就是不一样。对高一的学生,没有必要讲李白思想的体系,思想的脉络。这些剪裁得都很好。主线非常明晰。整堂课重点很突出,结构线索又很明确。一开始就抓住重点,以"梦境"切入,之后就把最最重要的"呐喊"切入进去。很多情况下，一堂课整体的结构意识往往被忽略掉了，这跟"一课一练"很有关系。"一课一练，碎尸万段"，就没有了整体结构。其实文章的整体结构是非常重要的，文章嘛，否则怎么叫"章"呢？这堂课，线索拉得很清楚。

我觉得把梦境解读为"心路历程"是好的。兰保民讲他备课时碰到三个难点，我觉得这三个难点，在处理的过程中解决得都比较好，特别是对"熊咆龙吟"一节的处理。因为这一环节出现得很突兀，跟前面的心态的衔接，到底怎样来解决？因此就有怎样解读的问题。我认为，文本，不仅是文字的问题，文本一定是作者现实生活的凝固，是作者心路历程的表达。如果只是就文字理解文字的话，就没有办法突破。你就会觉得这里是脱掉的，怎么弄法？这个环节，老师不仅仅是讲，而且用读来代替，用读来指导。它是七言的古诗，但是它又有五言的，把五言的六句连起来读，是一种清新愉悦自然呈现。到了这个地方，"訇然"中天门大开了，一变成为四言的。用读和教师的范读来组织，这是对的，这本身就是指导。心路历程的转变，它之所以好，好就好在曲曲折折。如果这个梦境写得不那么曲曲折折，也就没有必要讲了，也就不可能成为名篇了。曲曲折折当中，它的关联和榫头在哪里？你就要抓住它。这个关联和榫头，它的变化，在什么地方，一定要把它找准。找准了以后，学生对天门大开之后的景象的理解，对那种理想境界的理解，就迎刃而解了。所以，用"心路历程"来表达，的确是非常好的。因此，总体来说，这堂课上得很成功，能够感染学生。

我觉得不足的有几个地方，是不是可以考虑：一是，最后结尾部分，实际上还是心路历程的一种变化。刚才有老师讲，如果再多十分钟就好了。梦醒了之后，是噩梦还是美梦，心态是不一样的，因此解梦也不一样。这个地方的解梦，他是超脱的，觉悟了，无所谓了。真正到超凡脱俗，必须到最后那一点上去。不到那一点的话，就没有办法超凡脱俗。超凡脱俗一定要看穿功名利禄，这个是道家的心境。这个地方的心路历程，缺掉了一点。第二个缺陷就是，开头部分，可以放掉一点，但是还得有，因为它毕竟是诗歌的开头，而且这个开头很有特色，它用衬托。你解题解得很好，但是，题目中的"梦游天姥"，你把"天姥"丢了，只关注"梦"了。对"天姥"的处理，读一读也可以。诗人认为，远赴蓬莱、方丈是做不到的，因此他才选中了天姥山。第三点，关于"心路历程"，你写的几个词中，第三个词的角度跟第一、第二个是不一样的。所以李老师赞颂你"严密的逻辑思维",我不同意,这个地方你不严密,"受尊重"才好。这些地方,对孩子都是一种思维的训练,包括用词的训练。第四个,"乐"和"行乐"是不一样的,"行乐"是有贬义的,"乐"是没有贬义的,"开心颜"中的"开",管了"心",还管不管"颜"? 它是从内心到表面,只讲"开心",是不严密的,他是喜自内心,而且喜形于色,是真正的发自内心的欢乐,完全摆脱了现实生活的苦恼,是一种心灵的释放。当然,抓得是对的,就是有少许地方还不到位。

课从来讲的就是精益求精,这堂课上得是很好的。我总觉得,对于学生的教育,既要有适切性,适合他当前的水平,但是还要让他跳一跳,如果一直适应他现有的水平,他就很难提高。但是又不能高得很厉害,高得很厉害,他就反应不出来了,用教育学、心理学的话说,就是"最近发展区"。在每一篇文章里,不能所有内容都超出他的能力,总要有一两个地方让他觉着,你要高攀才能达到目的。我一直认为,眼高才能手高,眼不高永远手不高。我们有时候讲学生"眼高手低",实际上,"眼高"是很重要的,"眼高"了,判断力强了,慢慢地,"手"就会高起来了。如果"眼"不高的话,他的"手"是没办法高的。所以我觉得,像这样难度很大的诗文,教的确是很不容易的,特别是在一节课里处理,难度很大,这就要剪裁,旁枝繁叶把它剪掉,突出主线。我们毕竟不是学术讨论,而是给学生知识。其实像这样的课,平常上,用一节半课未尝不可,我们现在因为要听课,没有办法,只好用一节课来上。李白的诗歌,确实是神曲,正像教师一开始所引的余光中的诗所说的"绣口一吐,就是半个盛唐",确实如此。像这首诗,现实的人,和仙界结合得那么好,对于古诗,诗人又用得这么好,应该是七言的古诗,他五言的、四言的,在诗中用得不见痕迹,完全根据他的心路历程,需要什么,拿来用上。

因此我们的研究,既要有标准,又要有选择。鲁迅先生曾经讲过,有标准无选择,那是生命中不能承受之重,实际上我们的教师和学生就处在这样一种状态。承受这不能承受之重,是学不好的。当然我们也不能搞绝对主义,无标准,只讲自由,那不行。无论教课还是作文,都要有个规矩,没有规矩怎能成方圆? 但是在这个规矩里头,你一定要有个选择的自由度。我们之所以要这样研究,就是要把大家的长处集中在一起,形成自己最深的体会,总结一些规律性的东西。

梦游天姥吟留别

李 白

海客谈瀛洲,烟涛微茫信难求;越人语天姥,云霞明灭或可睹。天姥连天向天横,势拔五岳掩赤城。天台一万八千丈,对此欲倒东南倾。

我欲因之梦吴越,一夜飞渡镜湖月。湖月照我影,送我至剡溪。谢公宿处今尚在,渌水荡漾清猿啼。脚著谢公屐,身登青云梯。半壁见海日,空中闻天鸡。千岩万转路不定,迷花倚石忽已暝。熊咆龙吟殷岩泉,栗深林兮惊层巅。云青青兮欲雨,水澹澹兮生烟。列缺霹雳,丘峦崩摧。洞天石扉,訇然中开。青冥浩荡不见底,日月照耀金银台。霓为衣兮风为马,云之君兮纷纷而来下。虎鼓瑟兮鸾回车,仙之人兮列如麻。忽魂悸以魄动,恍惊起而长嗟。惟觉时之枕席,失向来之烟霞。

世间行乐亦如此,古来万事东流水。别君去兮何时还?且放白鹿青崖间,须行即骑访名山。安能摧眉折腰事权贵,使我不得开心颜!

【华东师范大学出版社"高级中学课本"《语文》(试用本)一年级第二学期】

9. 归去来兮辞(并序)

学生：江苏省张家港市常青藤高级中学高一(5)班

时间：2010 年 10 月 16 日,上午第四节(10:50—11:35)

【课堂实录】

师：作为一个中国的读书人,当然需要读很多文章。不过,如果让我们把必读的文章做一下减法,只留下最后三篇,你会保留哪三篇? 老师的选择是这样的:第一篇,范仲淹的《岳阳楼记》,因为它让你牢记应肩负的家国责任;第二篇,归有光的《项脊轩志》,它让你珍惜人间的至爱深情;还有一篇,就是今天我们要学习的陶渊明的《归去来兮辞》。请同学们打开课本,自由朗读这篇文章。

(学生散读课文)

师：通过初读,你能体会到洋溢在字里行间的陶渊明的情绪吗? 这是一种怎样的情绪?

生：告别仕途回到家乡的情绪。

师：是这样一种情绪。那么,它的基调如何? 伤心的? 痛苦的? 欢乐的?

生：是一种悠闲的基调。

师：好的。×××,你的体会呢?

生：心里感觉蛮舒服。

师：看来同学们都感觉到文章所带来的一种舒心和愉悦。好的。我们来看文章的题目。(板书课题——归去来兮辞),这种舒心和愉悦在题目中有体现吗? 关于这个题目应该怎么理解,历来有两种理解方式(出示PPT):

- "来"是动词,"兮"是助词。"归去来"就是"归去"和"归来"。
  → "于官曰归去,于家曰归来,故曰归去来。"

　　　　　　　　　　　　　　　　　　　　　　　　——毛庆蕃《古文学馀》
- "来"和"兮"都是语气助词。

　　你认为哪一种解释能够传达出陶渊明归隐田园时的特定心境?

　　生:我同意第二种"'来'和'兮'都是语气助词",因为我觉得语气助词有助于表达一个人的情感,他说归去时特别高兴,觉得一个"兮"不够,还要加个"来",比如"我今天真高兴啊","啊"不够,就"啊哈——",应该是这样子。

　　师:说得真好,你是真正体会到了。能结合着自己的生活体验具体谈谈吗?

　　生:比如说,小时候爸爸妈妈因为要办很多我并不感兴趣的事情,把我带到一个地方去,我实在一点兴趣也没有,急盼着回家或者说到公园去,过了很长时间,爸爸妈妈终于把事情办完了,说:"好,下一步我们去公园。"这时候,我会不由自主地又蹦又跳地喊起来:"哦——,到公园去咯——哦——"

　　师:实际上每位同学都有过这样的体会。尤其是当一个人是一个天真稚子,没有被世俗污染的时候,他那种纯真的感情特别容易得到流露。所以说这时候"归去——",同学们说这个"来兮"应该怎么读啊?

　　生:很快乐。

　　师:你读读试试。

　　生:归去来兮——

　　师:语调舒缓上扬是不是更好一点?

　　生:归去——来↗兮——

　　师:是不是情绪释放得更痛快? 来,一起读——(师生齐读)归去——来↗兮——

　　师:好,我们就带着这样的心情,把课文再大声地自由朗读一遍。

　　(生自由朗读课文)

　　师:接下来,我们就潜入文本中去,看一看,陶渊明是怎样从语言的层面将他归隐田园的快乐呈现出来的。同学们请看课文,你所捕捉到的陶渊明的快乐,可以是具体的词语,可以是一句句子,可以是特定的句式,也可以是其他的东西,请拿起笔来圈画一下,体会体会。

（学生默读、圈画、批注）

师：好的,我们交流一下,你关注到文章中的哪些语言要素?

生：我注意到文章中用了很多叠词。比如第一段中写道:"舟遥遥以轻飏,风飘飘而吹衣";后面写道:"景翳翳以将入",以及"木欣欣以向荣,泉涓涓而始流",这让我感到他轻快、开心的心情。

师：叠词的音韵悠扬。

生：很有节奏。

师：节奏切合于他那种快乐心情的表达。请你把这些句子读一读,把这种节奏感读出来。

（生朗读课文中的相关语句）

师：很不错,你实际上关注了文章语言的音韵。当然,在音韵上很有特色的,除了这些叠音词之外,还有很多双声词和叠韵词。比如说"盘桓""崎岖""窈窕",这些词语都具有音韵舒缓、和谐、悠扬的特点,极具节奏美、韵律美。

生：我觉得第二段,写他在看到家的时候,多用四言句。如"乃瞻衡宇,载欣载奔。僮仆欢迎,稚子候门。三径就荒,松菊犹存。携幼入室,有酒盈樽",显得很轻快,因为看到家,所以心情很愉快。

生：还有第三段中的"或命巾车,或棹孤舟"。

师：看到家就在自己不远处,所以很激动,干农活、游山水时很快乐,所以用四言句,轻快、活泼、跳动。那么相对来说,六言句怎么样? 四言句传达了他将要到家还未到家,或者回到家后的那种快乐和激动,那么六言句式又怎样呢?

生：到家后,六言句式所表达的心情显得悠然闲适。

师：好。那你来把第二段朗读一下。

（生朗读课文第二段）

师：好的,××同学关注到了句式,还有同学关注到其他的要素吗?

生：我觉得文章还运用了对偶的句式。

师：实际上这也是这篇文章文体的特点。从文体的角度来看,这是一篇"辞",历来辞赋并提,辞是赋的一种。不过大家要注意,偏向于抒情的称之为辞,句式整齐,大致押韵。

生：有很多对偶句是吗？

师：对的，尤其是到两晋南北朝，语言形式越来越讲究，对偶句就多起来了。同学们，关注语言，除了句式、音韵之外，还有用词，不知道有没有同学关注到，本文用词也很有特点呀！

生：老师，第二段最后一句"景翳翳以将入，抚孤松而盘桓"中的"抚"是什么意思？

师：××同学关注到了这个"抚"字。我查过字典，它有两个意思，一个意思是轻轻地抚摸，第二个意思是轻轻地拍打。你觉得陶渊明在此时此地此境此景之下，他是摸，还是拍，还是打？哪种理解更切合他此时的心境？

生：我觉得"摸"更合适。因为这时候天已经晚了，然后他心里不舍得离开这里美好的环境，所以抚摸孤松，在这里留恋徘徊。

生：说不定他觉得和孤松有点像，他当初要归隐是因为对当时的社会很失望，找不到和自己有一样想法的人。所以感觉自己就像是那孤松一样，再见到那株松树时就很轻柔地、充满深情地"摸"。（学生笑）

师：对孤松有一种深深的认同感。说得很好啊！古代这些有节操的人，以松菊来明志，这是我们中国文人的一种传统，所以他说"采菊东篱下，悠然见南山"，所以他说"三径就荒，松菊犹存"，其实陶渊明不仅爱菊，他也爱松。

生：我觉得"轻轻地拍打"这个意思也挺合适的。陶渊明外出做官，感到很不开心，于是就想着归隐田园。回到家里后，看到自己亲手栽种的松树，就像见到老朋友一样，拍着他的肩膀，虽然有千言万语，可是又不知道从哪里谈起，所以"拍"更耐人寻味。

师：你说得很有道理。通过对"抚"的理解我们可以体会到，对文学作品语言的理解，往往存在着多义性，正是各种虽然不同但又合情合理的理解融合在一起，才令文学作品的语言那么耐人寻味。

师：实际上类似"抚"这样的词语还有好多，同学们把这些词语圈一下，我们回去后慢慢体会。比如"引壶觞以自酌"中的"引"，"倚南窗以寄傲"中的"倚"，"园日涉以成趣"中的"涉"，"策扶老以流憩"中的"流憩"。好，那么我们把这二、三两段再读一遍。同学们已经深入地体会到这种快乐之情了，我希望同学们能把这种感情通过你们的朗读体现出来。

（生齐读二、三段）

师：实际上这两段，历来有争议。有的人认为它们写得好得不得了，有

人认为这两段文字令人费解。老师把两个代表性的观点给同学们找来了。（出示PPT）

- "将归而赋耳,既归之事,当想象而言之。今自'问途'以下,皆追录之语,其于畦径【注:常规】,无乃窒乎?"

  ——(金)王若虚《滹南遗老集》卷三四

- "本文自'舟遥遥以轻飏'至'亦崎岖以经丘'一节,叙启程之初至抵家以后诸况,心先历历想而如身正一一经。"

  ——钱锺书《管锥编》第四册

师：能够说一说王若虚和钱锺书两个人各自的观点吗?

生：王若虚认为,从"问征夫以前路,恨晨光之熹微"往后,都是追述的文字,是陶渊明归隐后写的,按照常规,应该是要归隐但是还没有归隐的时候,想象归隐的情景。

师：理解完全正确。就是说王若虚根据"问途"以后的文字判断,认为这篇辞赋是陶渊明归隐后写的。那么钱锺书呢?

生：钱锺书认为陶渊明是在还没有归隐之前就先想象归隐后的情景。

师：说得不错。同学们请注意"心先历历想而如身正一一经"这句话,什么叫"历历想"?

生：每个地方都想。

师：对,一个一个地依次去想,正如"身正一一经",合在一起怎么理解?

生：他在归隐之前先想象自己归隐后的一个个情景,就好像自己正在一个环节一个环节地经历这样的生活一样。

师：理解得很到位。同学们看,两种观点正好相反,那么你认为谁说得更有道理呢?

生：我认为钱锺书的观点更有道理。因为我觉得陶渊明写下第二、三两段,不一定是归去之后才写的,我感觉他更多地通过这两段的环境和人事的描写,通过这些景象来表达自己对田园生活的向往。

师：嗯,你读到了一种向往之情。正因为向往得非常迫切,因此他在还没有走上回家的路时,就已经像钱锺书先生所说的那样"历历想"了?

生：我也觉得是钱锺书说得比较准确。看他第二段和第三段,排在一、四段的当中,从整篇文章来看,第一段是总述"悟已往之不谏",说明他在当官的时候觉得自己已经很为难自己了,后面觉得这样做是不对的,所以回来了,"知来者之可追"。第四段也是呼应第一段的说法。所以我觉得如果是之后记录的话,就不像这么完整的一篇了,所以应该是他先想好了,顺下来写的,当中两段写自己想象中所经历的愉悦。

师:好的,你是从文章结构的角度来理解的。看来大家都认同这篇文章是写在将归而未归的时候。"心先历历想而如身正一一经。"啊呀,学术大师的这个评价真是到位,全都是通过非常高超的艺术想象来写的,但是每个画面都让我们感到如在眼前。其实"小序"里面说得很清楚,他说"仲秋至冬,在官八十余日",他十一月从彭泽令任上辞去,这篇文章正是写在"乙巳岁十一月"。看来同学们对文章的把握应该是准确的。下面我们来探讨一下,陶渊明为什么如此向往归隐的生活呢?刚才,×××同学实际上已经涉及这个问题了,但是我们能不能用文本中具体的语言,去说明这个问题,去阐发自己的理解?

生:我认为他自己已经说了,"既自以心为形役,奚惆怅而独悲",说明他是不想违背自己的心意去做官。

师:他体会到了一种心为形役的悲苦。(板书:心为形役的悲苦)"心为形役"怎么理解?

生:心灵被形体所累。

师:意思不错,理解得很准确。还要注意"役"的准确意思:役使。那么结合着对陶渊明的理解,你觉得陶渊明这种"心为形役"的惆怅和悲苦,可能会有哪些方面?

生:他是一个向往田园生活的人,他自己说是为了衣食,所以来做官,这就违背了他的理想,而且他还说,田园将芜,也许他很挂念家乡的人。

生:我想×××讲的应该是陶渊明为自己归去找的一个理由,但是其中深层次的理由是他"心为形役",当时的情况就是他不愿为五斗米折腰,所以辞官归隐,当时的官场没有让他得到他心中期望的东西,然后他回到家,感觉到心灵的慰藉和家人的团圆。

师:好的,请坐。我觉得×××同学结合当时官场和陶渊明理想之间的巨大差距来体会陶渊明这种"心为形役"的悲苦,有深度。因此,这一段文字中有两字,同学们在阅读时不能忽略掉,一个是"悟",一个是"觉",来一起读一下。

生:(齐读)悟以往之不谏,知来者之可追。实迷路其未远,觉今是而昨非。

师："悟"和"觉"合在一起就是一种觉悟啊。陶渊明归隐田园的快乐背后,是他在现实生活中感受到的一种极大的不快乐。这种不快乐源自他"不肯为五斗米折腰向乡中小儿"的气节、品格与官场规则的冲突。另一方面,陶渊明所处的时代,晋宋之际,纷乱扰攘,社会动荡,一个人要想求得荣华富贵,不仅仅要牺牲你的品格,你的气节,你独立自由的精神,而且有的时候会招致杀身之祸。所以说,这种归隐田园的快乐背后的巨大悲苦,实际上正是令陶渊明对归去生活迫切期盼、向往的深层原因。当然,除此之外,还有陶渊明对人生的更为深沉的思考。

我们一起读最后一段。同学们思考:这一段,陶渊明提出一个什么问题?他的回答是怎样的?

(学生朗读最后一段)

生:陶渊明提出的问题是"胡为乎遑遑欲何之",他的回答是"聊乘化以归尽"。

师:能不能用自己的话说一说你的理解?

生:其实他在觉悟到自己"心为形役"的状况,归隐田园之后,心里并不平静,自问为何心神不定,想要到哪里去。这问句是一个心理暗示。

师:也就是说,不是问别人,是问自己,这就是一种反思,甚至可以说是拷问。

生:官场的一切富贵、帝乡都不是自己想要的,也是不可期待的,还是顺应自然生活。

师:"富贵非吾愿,帝乡不可期。"什么是"帝乡"?

生:"帝乡"课后注释说是天帝居住的地方。

师:也就是仙境,是要遗世独立、羽化登仙才能到达的神仙境界,而这根本就是不可能的。

师:寓形宇内复几时?这就不是一时一地的现实考量了,而是对整个人生路程的一种深沉思考,一个人活在这世上,能活多长时间啊,曷不委心任去留?注意"委"的意思:随从、顺从。所以说这个地方陶渊明提出了一个人生的大问题,"欲何之"就是"欲之何",宾语前置,人生要到哪里去?你匆匆忙忙、心神不定地要到哪里去啊?(板书:欲何之)这个问题从古希腊开始问,直到现在凡是热爱生命的人无不追问这个问题。西方著名的印象派画家高更,有一幅名作,题目叫作:"我们从哪里来?我们是什么?我们到哪里去?"实际上问的也就是这样一个问题,人生最后的归宿是什么?陶渊明给出了三个选择:一个是富贵,富贵之乡;第二个是帝乡,神仙境界;第三个是田园。来一起读一下。

生:(齐读)富贵非吾愿……乐夫天命复奚疑!

师:面对这三个选择,陶渊明的选择毋庸置疑是哪一个?

生:田园。(板书:归隐田园的快乐)

师:实际上陶渊明的这种思考,正表现出不同的人对待人生的不同态度。有的人遵循的是世俗功利原则,因此,他的人生追求就是富贵、功名、利禄,只要能够功成名就,只要能够富贵无边,那么他在这个世上就什么都可以做。有的人追寻的是一种具有超越价值的宗教原则,他将人生最后的希望寄托在遥远的彼岸世界,因为怀着对彼岸世界的一种虔诚的期待,因此在现实的世界里就苦心静修,期望能够离那个渺不可期的"帝乡"越来越近。但是可贵的是在这个世界上还有这样一些人,他们既不愿意在世俗的功利世界里为了富贵功名而沉沦,以至于让自己都辨不出自己是谁,也不把希望寄托在渺不可期的茫茫的彼岸世界,而是"我"就生活在当下,就生活在现实生活中,就生活在世俗里,但是"我"与世俗始终保持着一种距离,怀着一种尊重心灵的审美原则。陶渊明的田园生活实际上也就是这样一种极具审美色彩、遵循着心灵真实而过的生活状态。因此,从这个意义上来说,陶渊明篇首所发出的"归去来兮",最后归隐的地方与其说是田园,不如说是——

生:(齐)心灵。(板书:田园→心灵)

师:回到自己的心灵,不违背自己的心灵,所以说是"曷不委心任去留"啊,要"委心",要顺应心灵,要去留随意,只有这样才能乐天安命,才能够达到人生的旷达的状态,(板书:乐天安命的觉悟)有了这种理解,再回首去重新阅读陶渊明的《饮酒》,你可能对有些诗句,会理解得更深刻一些。同学们一起背一下《饮酒》。

(生一起背诵《饮酒》)

师:能不能结合着咱们今天讲的内容谈一谈"心远地自偏"的境界?

生:陶渊明说他是"结庐在人境",不是归隐到深山巨壑中,也不是归隐到幽洞密林里,而就是在人声扰攘的地方,但是他却能够保持内心的一方净土,没有车马喧嚣。他认为只要心是清净的,"心远地自偏"。

师:所以说真正的归隐是隐到自己的心灵中去,遵循心灵的原则来生活。

师：整篇文章,陶渊明回答了自己的三个问题。(边与学生交流边补充板书:胡不归、复焉求、欲何之)

师：三个问题,陶渊明实际上既是在追问他自己,也是在提醒我们去思考好多东西,他层层深入,直达生命的深层。

在我们以前学过的古典诗文中,诗人大多是求索者的形象、游子的形象,他们为了实现自己的人生理想而四处漂泊、到处游历,哪怕有的人偶尔回到家乡,也往往是一个陌生的他者,就像贺知章《回乡偶书》里写的那样:"儿童相见不相识,笑问客从何处来。"只有陶渊明给我们提出了一个更为深刻的命题,那就是,当你出发去追求去探索的时候,你一定不要忘了回家,你一定不要迷了回家的路。他给我们提出了一个"还乡"的主题(板书:还乡),这个"家乡"既是你空间意义上的故土家园,更是你生命意义上的自我的纯净的心灵。阅读陶渊明的意义,就在这里。

最后我们用评论家雷淑容的一句话结束这堂课:如果说漂泊是诗人的宿命,那么还乡便是诗人的天职。

下面有两个作业(PPT 显示):

1. 积累文言实词"载""引""命""抚"和文言虚词"而""以""之"。

2. 课外阅读鲁枢元的《从陶渊明看当代人的生存困境》和鲍鹏山的《陶渊明:南山种豆》,并以"陶渊明的帮助"为题写一篇练笔。

附:板书设计:

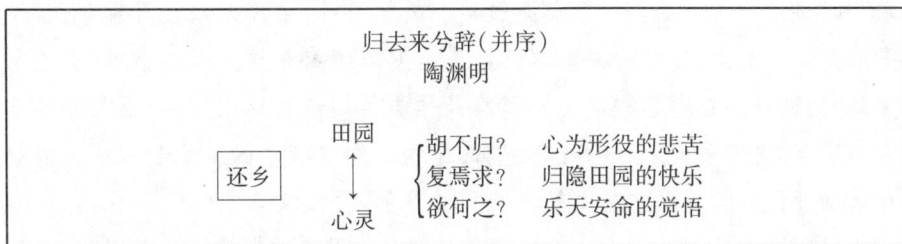

```
              归去来兮辞(并序)
                   陶渊明

               田园    ┌ 胡不归?   心为形役的悲苦
      ┌──┐       ↕    │ 复焉求?   归隐田园的快乐
      │还乡│            │
      └──┘       心灵    └ 欲何之?   乐天安命的觉悟
```

【教学笔记】

首先要让学生感动起来

陶渊明在中国文学史上不仅是一位诗人,而且还是一个文化符号;他的这篇《归去来兮辞》,不仅是一篇脍炙人口的佳作,而且还是中国人,尤其是中国文人一种生存方式的宣言书。这种生命姿态的选择,虽然时过境迁,世易时移,但却穿越近两千年,直到今天仍然具有十分鲜明的现实意义。因此,教学本文,一方面必须立足于语言,关注其文学品位,另一方面,它的文化价值也是无论如何都不能忽视的核心教学价值。在高中阶段陶渊明作品选入教材不多的情况下,这一点更是应该得到落实。

在第一次备课过程中,我非常关注这一名篇佳作的文化价值。根据我对文本的理解,我设计了这样的教学过程:首先让学生在阅读基础上,将文本中陶渊明的自我追问(胡不归? 复焉求? 欲何之?)提炼出来,然后以这三个问题为抓手,逐次落实文本四段文字的教学,最后落实到对陶渊明具有审美意义的人生境界和具有文化意义的人生选择的理解上来。

为了能够将课上得更好一些,我带着备好的教案初稿去请教陈军老师。陈老师非常认真地读完教案后,用商量的口吻与我交谈了他的看法。陈老师以他丰厚的文化底蕴,提出了深刻的见解和具体的指导,概括起来主要集中在两个方面,一是要让学生充分地品味文本语言,二是要让学生尽量能够触摸到陶渊明的心境。他还提供了钱锺书先生《管锥编》中品赏《归去来兮辞》的话语:"心先历历想而如身正——经。"并谈了他对这句评语的理解。

陈老师的指导让我非常受益,回来后我仔细回味他的指导意见,并认真审视自己的教案,觉得原先的设计确实有问题。我的教案初稿是抓住文章第一段、第三段和第四段中的三个问句——"田园将芜胡不归""复驾言兮焉求"和"胡为乎惶惶欲何之"来提领整个教学设计,由浅入深展开探讨,但这是从概念出发,从教师的文本解读结果出发来组织教学。而学生对《归去来兮辞》的阅读初感是怎样的呢? 怎样从学生的阅读初感出发,一层层搭建学习的平台,根据学生学习的心理逻辑,建构起文本教学的基本过程呢? 怎样在这个过程中落实文言诗文教学所需关注的文言、文学、文章、文化内容,从而达到最终的教学目的呢? 这些问题我却考虑得不够充分。也就是说,我还是更多地从"教"的角度来设计教学,而没有将学生的"学"作为教学设计和课堂实施的主要依据。这种"演绎式"的教学,因为学生的"学"处在被动地位上,所以往往难以取得很好的效果。

经过反复思考,我越来越清晰地认识到,陶渊明的人生追求,既有时代的原因,也有他性情的缘故,还有更深层的文化的根源。所有这些,学生普遍会感到比较陌生，因此，要让学生一步步走进文本深处，首先要让他们对文本产生亲切感，让他们在阅读文本时感动起来，这是学生在学习过程中能够走进文本深处，实现教学目标的动力基础和心理保障。如果学生不能首先获得感动，那就很难体会陶渊明的那份田园之乐，很难体会那份田园之乐在文本语言上的精彩美妙的表现，从而也就难以理解这份田园之乐背后的生命追求和人生价值取向。

基于这种认识，我对教案初稿进行了修改。在第二次设计中，我从学生初读文本的情感体验入手，在充分尊重学生初读体会的基础上，想方设法努力让学生充分感受文本中所抒发的"快乐"之情，继而引导学生关注文本的语言，从文本中的具体语句、词语中去体会这种快乐之情，在充分体会这种快乐之情的基础上，再去探寻和思考陶渊明对人生的理解和觉悟。这样的设计，从学生对文本的感性体验出发，把学生逐渐引领到对文本理性的认知和文化内涵的思辨的深度。学生的情感体验和思维运行，形成了有序的逻辑链条，环环相扣，步步相连，没有被人为地中断或割裂。反过来看第一次设计，在学生学习心理逻辑的有序建构上，就存在着明显的缺陷，比如在课堂起始阶段，我也关注到了学生学习情绪的激发和调动，通过对标题"归去来兮"的理解和读法的指导，努力让学生感受到一种快乐情绪。但是接下来的设计并没有建立在对这种快乐情绪的感受基础上，而是让学生去提炼陶渊明的自我追问，这样的教学设计，显然是违背了学生学习的心理逻辑。这样的两个教学环节，就很难帮助学生构成一个文本学习的连贯流程，第一个环节好不容易调动起来的情绪，到第二个环节时，完全失去了价值，从而生硬地扭断了学生学习心理的内在逻辑链条。而修改后的教案在实施过程中，学生学得比较轻松，贴近文本，解读得很厚实，真正让语文课洋溢着浓浓的语文味儿。

关于陶渊明《归去来兮辞》的文化价值在教学中如何准确定位，也想简单谈一下自己的看法，与语文同仁交流。一般来说，人们往往把陶渊明当作隐逸文化的代表来理解，那么陶渊明的田园理想，对于当今学生的生命态度和人生价值取向，有什么借鉴意义呢？总不能让我们的学生都归隐田园，远离都市吧。对此，我是这样处理的：不刻意在隐逸文化和田园生活理想上作太多纠缠，而是更多关注这种人生追求所蕴含的更加本质的东西——人生除了出发，还应该适时回归；努力追求外还应当好好珍惜；除了身外的事功，更重要的是自我的心灵；漂泊，但不要忘记还乡；追求，但不要迷失了自己。这，既尊重了文本,也贴合了时代,关键是合乎学生生命发展的需要。在教学中从这个角度来落实《归去来兮辞》的文化价值,庶几不会委屈、浪费或者误读了陶渊明吧!

为了清晰呈现备课过程,兹将备课教案的"初稿"和"修改稿"附后,以就正于同道与方家。

附:《〈归去来兮辞(并序)〉教案》"初稿"和"修改稿"

《归去来兮辞(并序)》教案(初稿)

教学目标

1. 积累"行""引""乘""策"等文言实词和"胡""奚""焉""何"等文言虚词。

2. 品味富有表现力的动词,体会整齐而有变化的句式与抒情的关系。

3. 感受陶渊明回归田园的喜悦和隐居生活的随适,领会他随心适性、自然率真的生命态度。

教学重点

品味富有表现力的动词,认识陶渊明"归去"告白中所蕴含的生命态度。

教学难点

理解"以心为形役"和"感吾生之行休"中"感"的丰富内涵。

教学设想

1. 本课不拟在"小序"上纠缠,拟通过对辞作的学习,适当地带起对"小序"的学习。

2. 以文中的三个问句——"胡不归""复……焉求"和"欲何之"为抓手,抓住文中"悟""觉""问""恨""引""眄""倚""流憩""善""感""怀"等词语和文章六言为主、间以四言的句式特点,通过读、议、品、思,体会陶渊明"归去"告白中所体现的人生境界和"回归田园""回归心灵"的现实意义。

教学时间

预习+1课时。

教学过程

一、引入课题

有人说:"要么精彩地活着,要么赶紧死去。"你怎样看待这种人生态度?

让我们走进《归去来兮辞(并序)》,体会陶渊明对精彩人生的理解。

二、解题

1. 辞,是一种赋体文章,偏重于抒情的称"辞",要求句式整齐,大致押韵。

2. "归去来兮",历来有两种理解:一种理解是"去"和"来"都是动词,"于官曰归去,于家曰归来,故曰归去来"(毛庆蕃《古文学馀》);一种理解是,"来"和"兮"都是语气助词。你赞成哪种说法?为什么?

3. ① 请学生读"归去来兮",读出"归去"的兴奋喜悦之情。

② 教师点拨、示范、全班齐读:"归去～～～来兮。"

三、初读课文,解决文字障碍

1. 分别请五位同学独诵,其他学生听读,关注读音和句读。

2. 学生与教师共同正音。(预设:给、靡、眄、憩、岫、曷)

3. 全班齐诵。

四、再读课文,提炼问题,为深入研讨定向

1. 问题:陶渊明是一个对比大师,在对比中找到了适合自己的生活。其实一个善于对比的人,首先一定是一个善于自我省思和追问的人,在这篇文章中,陶渊明追问了自己哪些问题?

2. 学生默读,圈画。

3. 汇总、提炼问题:胡不归? →复焉求? →欲何之?

五、研读课文,深入领会文章内核

1. 以"胡不归"为切入口,研读第一段。

① "胡""奚":为什么。请同学翻译"归去来兮,田园将芜胡不归"一句。

② "胡不归"的追问和"奚惆怅而独悲"的独白,源自于陶渊明深刻的生命体验。这种生命体验,用文中的话说就是——"以心为行役"。对这句话的翻译,注释中有。那么该怎样理解呢?

• 提示:在小序中,这个意思是怎样表述的?("饥冻虽切,违己交病。尝从人事,皆口腹自役")

• 用自己的话谈谈对这句话的理解。

• 身在官场,对于一个向往自然、追求心灵自由的人来说,我们替他想想,可能会有哪些"违己"(违背自己心灵)的因素?【仰承鼻息、欺上瞒下、争权夺利、勾心斗角、鱼肉百姓、贪赃枉法、性命之忧】

● 可见,开篇"归去来兮"的宣言和"胡不归"的追问,根源于陶渊明精神生命的深度觉醒。(学生读)

③ 接下来的四句,就是这一深度觉醒的自我告白。

● 哪两个词最重要?(悟、觉)

● 圈出来,读一读这四句。

④ 悟:恍然大悟;觉:猛然觉醒。陶渊明突然发现,在人生道路上自己迷路了,自我迷失了,他要赶紧用未来的时光补救这一过失。因此,他毫不犹豫地踏上了回家的路。

● 学生齐读后四句。

● 在回家的路上,陶渊明心情是怎样的?

☆ 轻松愉快(追问:何以见得?)

☆ 归心似箭(点拨:"问""恨")

⑤ 齐读第一段。

⑥ 小结:在这一段中,诗人经过"胡""奚"的反思和追问(板书:胡、奚),完成了自我心灵的深度觉醒(板书:悟、觉),于是毫不犹豫地作出了"归去"的选择(板书:问、恨)。苏格拉底说:未经省察的人生是毫无意义的。陶渊明的人生,当得起有意义的人生。(板书:人生意义)

2. 以"复……焉求"为切入口,研读第二、三段。

① 请一位同学诵读第二、三段,其他同学思考:陶渊明到底有没有人生追求?

② 讨论交流:

A. 没有追求(点拨:关注语境,"交""游""世""驾"。生命之外无追求,生命之内呢?)

B. 有追求(追问:他追求什么? →田园生活的快乐)

③ 哪些语言让你体会到了陶渊明的"快乐"?

● 词语:"引""眄""倚""流憩""抚"等。(读一读)(板书:词语)

● 句子:"云无心以出岫,鸟倦飞而知还","木欣欣以向荣,泉涓涓而始流"等。(板书:句子)

● 句式:六言句式为主,间以四言句式,节奏轻快,韵律感强。(板书:句式)(读一读)

④ 问题：其实，陶渊明的生活很平常，甚至平淡，他眼中的景物也是我们司空见惯的白云、小鸟、树木、泉水。这些在一般人看来很可能是索然无味的，为什么在陶渊明眼中却诗意盎然、其乐无穷呢？

• 学生思考交流；

⇨ 点拨：第三段最后两句中的"善"和"感"。（板书：善、感）

⇨ 善：注释曰"喜好、羡慕"，不妥。"欣赏"更佳。

追问：什么样的人才会欣赏？（用心灵感受生活，热爱生活）

⇨ 感：注释曰"感叹"；《说文解字》：感，动人心也。

追问：他是为生命即将终结而伤心感叹吗？

• 陶渊明用一颗善感的心灵，领会到人的生命和自然万物一样，都是得时而生，失时而衰，这是大化流行、生生不息的自然大美和宇宙和谐。因此这里的"感"虽然让我们听到了一声轻轻的叹息，但却并不引向对人生的伤感悲痛，而是引向对生活、对大自然的欣赏和珍惜。

⑤ 小结：有人说，生活必须经过心灵的过滤，才能闪耀出诗意的光芒。陶渊明正是因为有了一颗善感的心灵，才拥有了一个诗意人生。（板书：诗意人生）

3. 以"欲何之"为切入口，研读第四段。

① 师范读。请同学们思考：陶渊明提出了"欲何之"的问题。（之：到。何之：宾语前置，之何，到哪里去。）"人生要到哪里去？"这是一个十分深刻的大问题。陶渊明给我们提供的答案是什么？

• 学生交流。

• 点拨：不能或不愿到哪里去？（富贵、帝乡）

• 怀良辰以孤往：怀，留恋，爱惜。"生活不在别处"。

② 富贵在世俗的深层，帝乡在世俗之外，陶渊明既不愿沉迷世俗，与世俯仰，又不能弃绝尘世，修道成仙。他对"欲何之"这一人生终极问题的回答是：在世俗生活之中，珍惜每一天的美好时光（怀良辰）。乘大化，乐天命，直到生命的尽头。这让我们想起他的《饮酒》："结庐在人境，而无车马喧。问君何能尔？心远地自偏。"

③ 可见，除了刚才的回答之外，还有一个更加智慧和玄妙的回答，那就是——心。

④ 带着这个理解,再来看开头的"田园将芜胡不归",对"田园"两字,你是否有了更深层的理解?

●学生交流。

●田园即心灵,心灵即田园。

⑤ 小结:陶渊明按照心灵原则生活,不戚戚于贫贱,不汲汲于富贵,不耽想虚无缥缈的神仙世界,而是从生活中发现快乐和美好,他的人生达到了审美境界。(板书:审美境界)

⑥ 齐读最后一段。

六、总结

当代评论家雷淑容说:"如果说漂泊是诗人的宿命,那么还乡便是诗人的天职。"陶渊明的意义,就在于他向我们提出了"还乡"的命题,并告诉我们,幸福不在别处,就在我们身边,就在我们心中。所以,让我们一起高呼——"归去来兮"。

七、布置作业

1. 整理文中"而""以""之",指出它们在句子中的用法和意义。

2. 作家王蒙在《老子的帮助》一书中说:"读书的最乐在于从中发现了生活,发现了生命的体验;生活的最乐在于从中发现了类书本。"请你以"陶渊明的帮助"为话题,写一写你的"发现"。不限字数,言之尽意即可。

八、推荐书目(没有☆者为选读)

(一) 特别推荐:

☆ 1. 陶渊明《读山海经》(其一)

《饮酒》(其一)(其五)

《归园田居》(其一)(其三)

《移居二首》

☆ 2. 鲍鹏山《陶渊明:南山种豆》,见《绝地生灵》,中国青年出版社 2006 年版。

☆ 3. 鲁枢元《从陶渊明看当代人的生存困境》,载 2010 年 9 月 18 日《文汇报》。

(二) 一般推荐:

1. 朱光潜《诗论》第十三章——《陶渊明》,安徽教育出版社 1997 年版。

2. 刘小枫《拯救与逍遥》第二章——《适性得意与精神分裂·七》,华东师范大学出版社 2007 年版。

九、板书设计

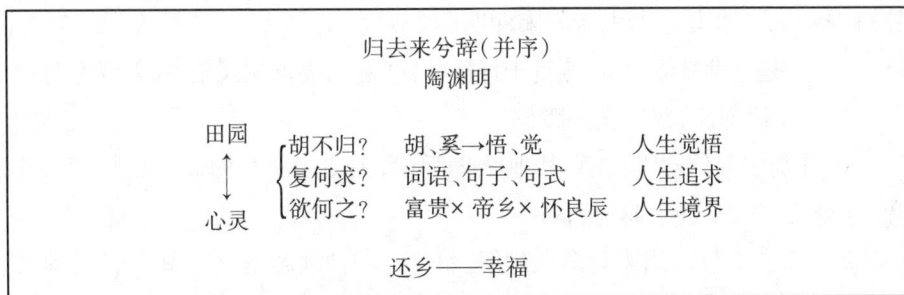

```
                    归去来兮辞(并序)
                         陶渊明

        田园  ⎧ 胡不归?   胡、奚→悟、觉      人生觉悟
          ⇕  ⎨ 复何求?   词语、句子、句式    人生追求
        心灵  ⎩ 欲何之?   富贵× 帝乡× 怀良辰   人生境界

                    还乡——幸福
```

《归去来兮辞(并序)》教案(修改稿)

教学目标

1. 品味富有表现力的动词,体会整齐而有变化的句式与抒情的关系。

2. 感受陶渊明回归田园的喜悦,领会他随心适性、自然率真的生命态度。

教学重点

品味富有表现力的动词,认识陶渊明"归去"的告白中所蕴含的生命态度。

教学难点

"以心为形役"的现实体验和"遑遑欲何之"的终极追问。

教学设想

1. 本课不拟在"小序"上纠缠,拟通过对辞作的学习,适当地带起对"小序"的学习。

2. 从快乐心情的体验入手,抓住文中"悟""觉""问""恨""引""眄""倚""流憩""善""感""怀"等词语和文章六言为主、间以四言的句式特点,通过读、议、品、思,去体会陶渊明"归去"告白中所体现的人生境界和"回归田园""回归心灵"的现实意义。

教学时间

预习+1 课时。

教学过程

一、引入课题,解题

1. 作为中国的读书人,心中至少要牢牢地装着三篇文章。一篇是范仲淹的《岳阳楼记》,它让你时刻不忘天下情怀;一篇是归有光的《项脊轩志》,它让你时刻牢记家族责任,感受亲情温暖;还有一篇文章,它会时刻提醒你,在人生道路上,千万不要迷失了自己。这就是我们今天要学习的《归去来兮辞》(板书),作者是东晋大诗人陶渊明(板书)。

2. 辞,是一种赋体文章,偏重于抒情的称"辞",要求句式整齐,大致押韵。

二、初读课文,解决文字障碍

1. 分别请五位同学独诵,其他学生听读,关注读音和句读。教师相机正音。(预设:给、靡、晞、憩、岫、曷)

2. "归去来兮",历来有两种理解:(PPT)一种理解是"去"和"来"都是动词,"于官曰归去,于家曰归来,故曰归去来"(毛庆蕃《古文学馀》);一种理解是,"来"和"兮"都是语气助词(课后注释)。你赞成哪种说法? 为什么?

3. 请学生读"归去来兮",要求读出"归去"的兴奋喜悦之情→教师点拨、示范→全班齐读:"归去～～～来兮"。

4. 全班齐诵,感受陶渊明的快乐(板书:归隐田园的快乐)。

三、研读课文,深入领会文章内核

1. 散读课文,圈画出能够体现快乐之情的句子或词语

① 品味词语:

引——音韵:上声;词义:有距离的牵拉。表现:从容,舒缓,悠闲,洒脱。

晞——置换:观。"采菊东篱下,悠然见南山。"

倚——轻松,闲适。调动生活体验:什么情况下你才可以采取"斜倚"姿势?→"寄傲":天地之间,毫无愧怍,于人于己,无欲无求。

抚——①抚摸,摩挲;②敲打,轻拍。

● 请学生为陶渊明设计独白

● 总结:如老友重逢,如知音倾诉

…… ……

② 赏析语句:

"云无心以出岫,鸟倦飞而知还。"——"山气日夕佳,飞鸟相与还。"

"木欣欣以向荣,泉涓涓而始流。"

朱光潜:他的世界中人与物以及人与我的分别都已化除,只是一团和气,普运周流。

渊明则如秋潭月影,澈底澄莹,具有古典艺术的和谐静穆……全是自然

本色,天衣无缝,到艺术极境而使人忘其为艺术。

③ 感受句式:

六言——两两对称,舒缓纡徐,节奏平和,气定神闲。

四言——句式精短,节奏欢快,轻松活泼,如欢歌,如轻舞。

④ 体会音韵:

遥遥、飘飘、翳翳、盘桓、窈窕、崎岖、欣欣、涓涓

多用叠音词和联绵词(双声、叠韵),舒缓、悠扬,具有和谐的韵律美。

⑤ 小结:

精到的用词,纯净的描写,和谐的句式,悠扬的音韵。

⑥ 你能不能用一个比喻来形容一下陶渊明的欢乐?

示例:归隐后的陶渊明,就像天边的一朵白云,舒卷自如,去留无心。

⑦ 齐读二、三两段,进一步感受陶渊明的快乐。

2. 关于这两段文字,一直有一些争议。老师列举两个具有代表性的观点,你赞同哪一种观点?为什么?(出示PPT)

● "将归而赋耳,既归之事,当想象而言之。今自'问途'以下,皆追录之语,其于畦径【注:常规】,无乃窒乎?"

——(金)王若虚《滹南遗老集》卷三四

● "本文自'舟遥遥以轻飏'至'亦崎岖以经丘'一节,叙启程之初至抵家以后诸况,心先历历想而如身正一一经。"

——钱锺书《管锥编》第四册

① 学生交流观点→提醒关注"小序"最后一句:"乙巳岁十一月也。"

② 点明"想象"。"历历想":依次、一个接一个地、清楚、详细、具体,想象之真切、动情;"如身正一一经",可见向往心情之迫切。

3. 为什么对田园生活的向往之情如此迫切?

① 带着这个问题,听老师读第一段。

② "惆怅而独悲"的独白,源自于陶渊明深刻的生命体验。这种生命体验,用文中的话说就是——"以心为行役"。对这句话的翻译,注释中有。那么该怎样理解呢?

● 提示:在小序中,这个意思是怎样表述的?("饥冻虽切,违己交病。尝从人事,皆口腹自役。")

● 用自己的话谈谈对这句话的理解。

● 身在官场,可能会有哪些"违己"(违背自己心灵)的因素?【仰承鼻息、欺上瞒下、争权夺利、勾心斗角、鱼肉百姓、贪赃枉法、性命之忧】

● 小结:可见,开篇"归去来兮"的宣言和"胡不归"的追问,根源于陶渊明现实人生的深刻体验,精神生命的深度觉醒。(板书:心为形役的悲苦)

③ 陶渊明之所以热切地向往田园生活,除了身在官场的悲苦的现实体验外,有没有对人生的更深层次的思考?(请一生读最后一段)

陶渊明提出了"欲何之"的问题。(之:到。何之:宾语前置,之何,到哪里去。)"人生要到哪里去?"这是一个十分深刻的大问题。陶渊明给我们提供的答案是什么?

● 学生交流

● 点拨:不能或不愿到哪里去?(富贵、帝乡)

● 怀良辰以孤往:怀,留恋,爱惜。"生活不在别处"。

④ 富贵在世俗的深层,帝乡在世俗之外,陶渊明既不愿沉迷世俗,与世俯仰,又不能弃绝尘世,修道成仙。他对"人生要到哪里去"这一终极问题的回答是:归隐田园,在世俗生活之中,珍惜每一天的美好时光(怀良辰)。乘大化,乐天命,直到生命的尽头(板书:乐天安命的觉悟)。这让我们想起他的《饮酒》:"结庐在人境,而无车马喧。问君何能尔? 心远地自偏。"

⑤ 可见,除了刚才的回答之外,还有一个更加智慧和玄妙的回答,那就是——心。

⑥ 带着这个理解,再来看开头的"田园将芜胡不归",对"田园"两字,你是否有了更深层的理解?

● 学生交流。

● 田园即心灵,心灵即田园(板书:田园→心灵)

⑦ 齐读最后一段。

四、总结

这篇辞赋,陶渊明实际上回答了自己提出的三个问题:胡不归? 复焉求? 欲何之?(板书)表达了一种回归田园,回归心灵的人生追求。

(PPT)当代评论家雷淑容说:"如果说漂泊是诗人的宿命,那么还乡便是诗人的天职。"陶渊明的意义,就在于他向我们提出了"还乡"的命题,并告诉我们:出发,但不要迷失了自己,追求,但别忘了回归家园。

五、布置作业(同"初稿"中的"七、布置作业")

六、推荐书目(同"初稿"中的"八、推荐书目")

七、板书设计(见"实录"所附"板书设计")

【同行链接】 华东师范大学附属东昌中学 孙丽杰

巧妙导引,兴味悠长

久闻兰保民老师的课非常精彩:教学内容选择善于删繁就简、层层深入,教学设计切入点精巧,教学点拨精到、富于启发,教学底蕴丰厚,充满文化气息。重要的是,兰老师善于点燃学生的学习兴趣,并由课内牵引到课外,课堂力求余音缭绕。今年一月,拜读了兰老师的《归去来兮辞》课堂实录,深感这节课如同一件艺术品,颇值得玩味。后来,每当在文言文教学中遇到了一些困惑的时候,就喜欢再回头看看兰老师的这节课,细细品味其中的艺术美感。

《归去来兮辞》是陶渊明的代表作。陶渊明被认为是研究中国诗歌史、文学史、文化史、哲学史、思想史乃至中国知识分子心灵史绕不开的一位作家,欧阳修称《归去来兮辞》为魏晋文第一。对于这样一篇经典名篇的教学,教师应该做到"使学生彻底、清晰、明确地领会作品",学习经典作品的"丰厚内涵"。但这篇文章,距离学生的思想实际比较远,文言阅读也有一定的障碍,如何让学生潜入文本,理解陶渊明的心灵世界,就需要教师的教学智慧了。兰老师的这节课,就给了人很大的启发和教益。

一是善于相机引导,使教师的教自然地融入学生的学之中。我们知道,教学各环节的设置要符合学生的认知规律,既不能是内容的堆积,也不能只顺应教师教的方便。文言文学习离不开朗诵,把握字词解释,理解文意,赏鉴评价,离不开文言阅读实践。但如何在了解学情的基础上,顺应学生学的规律,相机引导,达到文言文学习的水到渠成,这就是教学的艺术了。因此,相机而教,就显得非常重要。这"相",是"发现"的意思,而"机",是指教与学的时机。"相机"是指在恰当的时机为达到具体的目的而有所作为。对教学时机的把握,体现了教师教学设计和课堂生成的智慧。

比如这节课的伊始,教师的导入颇具匠心:从教师自身的阅读经验谈起,从《岳阳楼记》《项脊轩志》谈到《归去来兮辞》,给学生以一定的阅读期待,使学生的思维兴奋起来。课中,教师既是学习的引导者,又是学习的参与者和先学者——学长。如教师肯定了学生从文章语言的音韵角度来体现陶渊明归隐田园的快乐,之后,又作为平等的学习者参与到学习中来,指出是否能够从双声词、叠韵词的角度来体会文章的音韵美。在学生的理解尚处于表层的时候,教师适时地作学生的学长,与他们分享自己的理解,以此来深化学生的理解。教师还善于将教学环节的设置与学生学的具体需要结合起来:在学习完第二、第三段之后,在学生回答"说明他是不想违背自己的心意去做官"之后,教师顺势引导大家思考:"结合着对陶渊明的理解,你觉得陶渊明这种'心为形役'的惆怅和悲苦,可能会有哪些方面?"这些,探究原因,没有设置在文本学习的最后,而是恰当地放在合适的环节,顺应了学生的思考节奏,也激发了学生对后文的学习兴趣。

又比如在处理"文"与"言"的教学内容上,也体现了兰老师的相机引导。文言文的美不仅仅来源于每个字、词、句、段,也来源于字词句段有机结合成的整体。教学中,一般的做法是,教师不厌其烦地作字词串讲,逐句翻译,然后再进行赏析。殊不知这样做,文言文凝练典雅的语言、行云流水的韵律、蕴藏其中的情感和美感都被稀释和肢解了。而兰老师的这节课较好地处理了这种细部和整体的关系,教学的诸多环节,都考量了学生对文义的整体理解和把握,在整体把握之中,兰老师不忘引导学生把握具体的字,如谈到陶渊明"欲何之"的时候,涉及"曷不委心任去留"这一句子,这时老师提醒学生注意"委"的意思即"随从、顺从","委"字的解释随文解决,轻松而有实效。又如在探究了"抚"字的理解之后,兰老师提到类似的词语还有好多,如"引""倚""涉""流憩"等,这样,由一个带动几个,由课内兴趣点燃了课外学习。

二是善于启发学生思维,激发学生的多元思考。华师大教授殷国明曾在《对中学语文教育的期待》中提到,教师应当尽可能为学生提供一种广阔的思维空间,尽力使他们保持不拘泥于常规的、原生的、自由创造的思维能力,能够进行多元化、多维度和多样化的思考和思维。而兰老师的这节课,较为充分地体现了这一点。课堂中,兰老师提出的问题具有开放性,可见他不是为了引导学生追求一个结论性的东西,而是旨在打开学生的思维,让学生的思维运转和活跃起来,让学生体验多元理解的乐趣,体验思考过程的乐趣。

比如对题目中"来""兮"的理解,教师出示两种理解方式,让学生思考哪一种能够传达出陶渊明归隐田园的特定心境;当学生提到"第二段最后一句'景翳翳以将入,抚孤松而盘桓'中的'抚'是什么意思"的时候,兰老师指出"抚"字的两个字典意思,学生从不同的角度根据具体的语境对这两个意思作了理解、分析,兰老师给予了肯定,并且指出:"通过对'抚'的理解我们可以体会到,对文学作品语言的理解,往往存在着多义性,正是各种虽然不同但又合情合理的理解融合在一起,才令文学作品的语言那么耐人寻味。"兰老师的这种引导,打破了一般课堂中唯标准答案是从、让学生陷入封闭思维怪圈的局面,这无疑是对学生多元化、多维度、多样化思考和思维的鼓励,也让学生体会到了文学作品的魅力。学生学习的兴趣,不是来源于老师的单向灌输、老师对学生向标准答案的强拉硬扯,而是来源于学生作为学习的主人,自身参与带来的成就感,主动学习带来的真切体验,思维被开启后的灵动的飞翔,和探究之后哪怕是极其微小的自我发现。这节课,给学生学习文言文插上了翅膀,相信学生在思维觉醒之后,会更加主动地去向课外的学习延伸。

三是善于挖掘文本内涵,提升课堂质感。文言文是厚重的,但因为应试目标,我们的文言文教学往往内容僵化,方式单一,除了简单的文字疏通和文意理解外,文言文"一体四面"的其他三面,文章、文学和文化未能获得深入挖掘。这使得文言文变得枯燥无味,生涩难懂,文言文学习缺少价值感。于是,一般的文言文课堂教学,往往流于表面的浅层滑行,学生所得多是字词理解、句子翻译之类的东西,对于文本深层的探究往往不够,因而触及学生深层思考的东西也就不多。而兰老师的这节课,却让我们体会到了文言作品的厚度。

我们知道,经典作品的教学内容之一应该包括"文学、文化学者对该作品的权威解说"。我们来看兰老师为学生学习所创设的文言小环境:对于题目的解释,兰老师拿来毛庆蕃《古文学馀》中的理解;对于文章第二、第三段内容,兰老师融进两个有代表性的观点,一个出自王若虚《滹南遗老集》卷三四,一个出自钱锺书《管锥编》第四册,他让学生根据文本来发表见解。在学生回答之后,兰老师恰到好处地用这篇文章的小序来加以印证。这些与文本相关的"权威解说"的植入,不是僵硬的割裂开来的教学环节,而是设置在学生理解的需要处,在需要点燃学生研究兴趣的地方,这无疑让学生感到一种文言的纵深感,不但可以开阔学生的见识,消除学生对文言的距离感、陌生感和排斥感,而且可以让学生更好地在浸润中体验文言美感。

另外,加强文言与现实的联系,是加深文言内涵的重要内容。在探讨陶渊明归隐田园的选择的时候,兰老师就势谈到了不同人对待人生的不同态度,贴近学生的情感和心灵。兰老师启发学生,陶渊明的归隐实际上是回归心灵,陶渊明对自身的追问,启发我们思考生命更深层的东西,也就是说要与世俗始终保持一种距离,怀着尊重心灵的审美原则去生活。文言文的魅力,除了它能够传达文学、文化、文章之美外,它还能给人鲜活的现实启示,让人从作品中读出现实,读出自我和生命。文言文的学习与现实生活有许多相通和交融之处,绝非有隔膜和割裂的。教师就是要在恰当的时候,揭开那一层膜,让学生从文言文的学习中,读到现实的影子,读到自身的生存状态,读到自己心灵的声音,那么,文言文的价值将不言而喻。而这节课恰到好处地做到了这一点。

一节课的时间是有限的,一节课的容量也不是无边的。教师的作用不应止于具体知识的传授,更多的应该是启发、点燃和唤醒,让学生由这一知识的学习延伸到另外知识的学习,由这一方法的习得拓展到这一方法的运用,由这一层面的思考深入到更深层次的挖掘。黑格尔说:"在艺术里,感性的东西是经过心灵化了的,而心灵的东西也借感性化显现出来。"兰老师的这节课就是这样一件艺术品,让人感到愉悦深刻,兴味悠长。

【专家点评】　上海市市北中学　陈军

语文课的引导力

——简评兰保民《归去来兮辞(并序)》的课堂教学

上语文课与开展一般的语文兴趣活动是不一样的。单就参与对象而言,上语文课的同学,未必都喜欢都愿意上语文课,这很正常,大家各有各的兴趣、关注点。可为什么又得上呢? 学业的基本要求起了决定作用。你是高一学生,你就得完成高一语文的基本学业。而参与一般的语文活动,则显然受到心理力量的内驱;换言之,参与者在未活动之前,就具备了一个强大的向往和表现的心理条件。既有这样的区别,那么对于组织者——教师而言,关注的问题就得认识清楚。上课,必须做到有教无类,面向全体;而开展兴趣活动,"全体"就已成了"一类"。因此,上课无法免除设计、组织的特别心力,特别是无法省却每节课都要引导那些没什么语文兴趣的学生一起去实现基本的学习目标这件至关重要的事。

语文课堂教学的事实又表明,课堂上的兴趣生成是动态的。一部分对语文兴趣不浓的学生未必就是一个拒绝语文的个体。在语文的感召下,在老师的引导下,在同学的激励下,他们完全可以融入美妙的语文学习之中,从而使自己的学科认知结构得以改建,最终甚至能改变原有的"无趣",而且能像那些原先对语文充满兴趣的同学一样,真正激活了内心的语文良种,从而自主生长出语文的绿荫。由此可见,语文教师的教学引导力极为重要。

当前,似乎有一种思想倾向,认为语文课要灵动、要自由、要自主,不要讲"设计",似乎讲组织、讲设计、讲引导,就会捆住学生,就会使课堂僵化。看起来这种观点很时髦,很懂得"自由"与"自主",殊不知,偏偏犯了一个低级的形式逻辑错误:即把"灵动""自由""自主"与"组织""设计""引导"生硬对立起来。其实,从概念上讲,这些根本就不是对立的你我,而是辅承的双方。再者,这种认识者又无视了一个基本的教育逻辑:教育本身就充满了引导力,并且非常需要引导力,正如上文所言,要把那些"无趣"的"部分"变为基本的"有趣"部分,这是教育的天道。因此,没有组织、设计、引导,怎么可以达成这样的基本目标呢?当前,很多语文课"脚踩西瓜皮,滑到哪里就算哪里",还美其名曰"自由"与"潇洒"。这实在是令人揪心的,不能误了全体学生啊!误了学生,何止是误尽苍生!

正是在这样的思考背景下,我特别欣赏和赞佩兰保民老师的这节课。我曾在几年前陪同兰保民老师到苏州参加教研活动,第一次聆听他的《归去来兮辞》。从此以后,这节课就刻录在我的脑海里,成为我学习揣摩的"模版"。以下,就从两方面把我的肤浅认识与体会写出来,继续向兰保民老师求教,也请有志于这方面思考的同道指导:

一、组织引导,营造"课"的心理全局

以前我们常说"组织教学",现在不说了,改之为"放养教学"。看起来是对学习主体的尊重,其实是对学习心灵的阉割!

孩子毕竟是孩子,学生毕竟是学生,这部分学生感觉无趣毕竟是这部分学生感觉无趣。上课之责、教师之责就是要促使他们改变。你美其名曰自主学习,实际是无视他们的困难,蔑视他们的无知,贱视他们的成长微光。一节课"放"过去,一年"放"过去,一生也就"放"过去了。兰保民老师尊重学生,尊重生命的微光,具体表现就是担当教学之责,精巧地组织与设计,从而营造了使一节课中所有学生都"活"在同一种学习心理情境中的局面,彼此相濡以沫,互为条件。而让所有的同学都"活"到同一个学习心理情境中,殊为不易。兰保民老师的课树立了榜样。比如,他注重导入环节,从学生的初步体会入手与学生交流,特别是抓住标题的朗读,把学习情绪与心情体认都推到了一个共同认知的汇合点,使全班同学都占据到一个心情平台。从阅读理解上看,这是对作者心情基调的准确把握;从学生学习心理上看,这是全场情绪的"合拢"调控。我特别珍视的是,在抑扬顿挫的朗读体验下,全班同学的情绪都调动了起来。要知道,不是所有同学都喜欢《归去来兮辞》的,不是所有同学在这节课开始时都很愉快放松地走向学习的;特别要明白:有一部分或有几个学生是想采取老办法抵制你、拒绝你的。而兰保民老师的导入,大大地消解了这些"障碍",说到底,这是对学生的心理导向与温热。又比如,指导学生朗读课文,体会一些词语的感情特点,这在很多课堂上是熟见的,但兰保民老师的策略是"两两分进","点面互通",很见匠心与功力。首先是指导学生默读、圈画、批注:"可以是具体的词语,可以是一句句子,可以是特定的句式,也可以是其他的东西,请拿起笔来圈画一下,体会体会。"这是很宽泛的要求,每个学生都可以找到自己的关注点,都有事做。其次,是通过师生交流,使知识介入,如音韵、双声词、四言句、对偶等语文基本知识的提示,引导学生从概念的高度来体认词句的表现力。这是第一个回合的"两进",即"词句↔概念"的同构学习。接下来,又分"两进":一是凸现一个"抚"字,重加体味,这是举一反三的"举一"。举一的教学之道关键是如何"举"。倘若不"举"、乱"举"、错"举",都会导致枉费口舌,胡乱讨论,无法达成"反三"。兰保民老师举"抚",十分精准,这是"举道"之一;继之由一般词义确定特定词义,学生定位于"摸"的认识应运而生,显然得之于"词义辨析",这是"举道"之二;再推进到学生"拍"的提出,可谓意趣横生,这得之于对作者心境的不同体认,这是"举道"之三。兰保民老师的"举",正是以少胜多,以简驭繁,尺水兴波,推进无痕。二是由此带出"引""倚""涉"等动词的指导性学习,留待课下体味。其实,这就是承上的"反三"。这,就是第二个回合的"两进",即"点——面"的同构推断。两两分进,点面结合,互为表里,相得益彰,这就是我特别赞佩的课堂教学引导程序与逻辑。

为学之"序"的实质是为思之"序"。在思考点上巧设,在思考路线上点拨,在思维框架上建构,在思考方法上指导,都是引导学生自主建立思考之"序"的不可缺少的教学措施,这也是通常所说的教学有效性达成的必要保障。这些保障性条件,哪一样不靠教师精密构思? 哪一环节不靠教师巧妙布局? 正是如此,所以,教师施教的过程中,处处见艺术,时时见科学,当然,时时处处见为师之道,为教之责。于漪老师常说"师爱荡漾",我想,这份纯美的师爱,不仅荡漾于班主任的管理之中,不仅荡漾于教师与学生的平等相处之时,同样也荡漾于天天上的每节课上。师爱的温度,不仅表现于师生的情感慰抚上,而且更表现于教师意在促进学生成长进步的教学环节的设计谋划与程序组织的精巧程度上!说到底,教学环节的组织与设计,恰恰是激活学生灵性,营造课堂学习的积极心理氛围,发展学生自主思维,促进全体学生积极学习的必要条件。

二、重点突破,构筑"课"的思想高地

高中语文课的核心是培育"思想"。很多人以为一谈到"思想"就是人文性,就是政治课。其实,这是不懂语文教学思想性的误解。从学习内容上看,学生学的是"文",其实就是学"文"的思想及其表达这种思想的形式意义。从学习者的课堂学习特点来看,他们不是孤立地"学",而是交流式、对话式地学。而交流与对话就是思想之间的碰撞与影响。第三,再从课堂这个情景来看,其独特性就在于"文"的思想唤醒学习者的思想并使之相互沟通、耦合,从而形成新的思想认识。这新的思想认识,不仅是对"文"的思想的新认识,也不仅是学习者个体有了新体会,而且还是全班同学在课堂学习中共同构建起新的思想方法与思维方式。需指出的是,紧扣思想的教与学必定是紧扣语言形式的教学,也必定是紧扣语文基础知识的教与学。不懂得这一点,就必定是语文教学的外行。

显然,兰保民老师是语文教学的内行。他在构筑"课"的思想高地上实现了两级跨越,一是由"文"到"心"的跨越,二是由"心"到"理"的跨越。

所谓由"文"到"心",是指由文章的语言意义深入到作者的内心情感。比如他组织学生对于作品词句的理解,既注意词语的一般意义,更注意到词语的特定意义;又比如,他在组织词句意义讨论后,迅即提出一个思考的焦点,即王若虚的评价和钱锺书的识见的矛盾性。而这个问题的设计,恰恰是总拎该文的灵魂所在。是归前之向往的表达,还是归后之体验的描述,从内容上看,似乎无关紧要,但从情感真切向往程度上体味,从艺术构思的想象魅力上揣摩,作者行前的历历所想更具波澜。钱锺书之所以会认为是行前所述,说到底是更贴近陶渊明其人的思想与人格。

所谓由"心"到"理",是指这节课的尾声由"归园"的内心情感体验而上升到对于"归园哲学"的人生之"理"的思考。这就一下子拓宽了学生对于作品的认识视野,提升了学生对于作品思想的认识高度。当然,教师没有无限、任性地拔高,而是点到即止,留下空间。

这里要特别强调的是,兰保民老师的思想讨论预设充分体现了语文课的基本原理:其一,本于"文"。他提出的问题,本身就是作品的思想穴点。比如,对于"心先历历想而如身正——经"的见识认同,不是因为这是钱锺书的看法就自然附和,而是紧扣文本在内容上细细揣摩、在心境上细细揣摩所致。换言之,学生通过点拨而得到的思想认识是在作者作品思想沃土上开出的花朵。其二,本于"课"。什么是"课"? 有些教师很少加以研究,倒是讲课程不厌其烦。其实,明白"课"是明白"课程"的前提。课程是课的序列化安排与设计,"课"的独特作用则又决定着课程序列安排的有效性。课者,言之效也,用现代语言表述,就是一个团体在特定时空里围绕学习与研究的对象展开思考讨论,从而使认知与能力实现新的达成的指导情境。它的核心是"指导性",它的特点是"情境化"。一堂语文课上完,学生得到的指导基本上有三条:一是对课文的理解更明白了,二是对自己认知系统的改善与应用能力的结构改善更有效了,三是对于这种学习在学理上的认识更规律化了。从兰保民老师上面的这个问题设计来看,首先,是帮助学生更深入理解前边所讨论词句蕴含的情感。一旦把这些词语放在想象的情境中去体会,这些词句的艺术表现力就更具张力,更有生命体温。其次,想象描写在作者是表达艺术,在学习者就是提高表达能力的范例。学生讨论其独特作用时,实际上也就是对自我将来应用的深刻暗示。第三,取消这个问题似乎并不影响对作品的研究(事实上,很多老师也并不都能提出这个问题)。但是,这个问题的"课"的意义往往又是无可取代的。其"课"的意义是什么呢? 就是学理的认识。何谓学理的认识呢? 就是学生对于引用、联系、比较这些思想方法的熟练化掌握。教师常态地、长期地这样设计,必然会暗示学生自主学习时习惯性地予以模仿,而这,恰恰是语文课创新学习成果的真正体现。

语文课一定要讲学习章法的引导,语文课也一定要讲思想认识的引导。

【教材原文】

归去来兮辞(并序)

陶渊明

余家贫,耕植不足以自给。幼稚盈室,瓶无储粟,生生所资,未见其术。亲故多劝余为长吏,脱然有怀,求之靡途。会有四方之事,诸侯以惠爱为德，家叔以余贫苦，遂见用于小邑。于时风波未静，心惮远役，彭泽去家百里，公田之利，足以为酒。故便求之。及少日，眷然有归欤之情。何则？质性自然，非矫厉所得。饥冻虽切，违己交病。尝从人事，皆口腹自役。于是怅然慷慨，深愧平生之志。犹望一稔，当敛裳宵逝。寻程氏妹丧于武昌，情在骏奔，自免去职。仲秋至冬，在官八十余日。因事顺心，命篇曰《归去来兮》。乙巳岁十一月也。

归去来兮，田园将芜胡不归？既自以心为形役，奚惆怅而独悲？悟已往之不谏，知来者之可追。实迷途其未远，觉今是而昨非。舟遥遥以轻飏，风飘飘而吹衣。问征夫以前路，恨晨光之熹微。

乃瞻衡宇，载欣载奔。僮仆欢迎，稚子候门。三径就荒，松菊犹存。携幼入室，有酒盈樽。引壶觞以自酌，眄庭柯以怡颜。倚南窗以寄傲，审容膝之易安。园日涉以成趣，门虽设而常关。策扶老以流憩，时矫首而遐观。云无心以出岫，鸟倦飞而知还。景翳翳以将入，抚孤松而盘桓。

归去来兮，请息交以绝游。世与我而相违，复驾言兮焉求？悦亲戚之情话，乐琴书以消忧。农人告余以春及，将有事于西畴。或命巾车，或棹孤舟。既窈窕以寻壑，亦崎岖而经丘。木欣欣以向荣，泉涓涓而始流。善万物之得时，感吾生之行休。

已矣乎！寓形宇内复几时？曷不委心任去留？胡为乎遑遑欲何之？富贵非吾愿，帝乡不可期。怀良辰以孤往，或植杖而耘耔。登东皋以舒啸，临清流而赋诗。聊乘化以归尽，乐夫天命复奚疑！

【人民教育出版社"普通高中课程标准实验教科书"《语文·必修5》】

10. 过秦论

学生：河南省郑州市第 101 中学高一（5）班

时间：2012 年 4 月 13 日下午

【课堂实录】

师：今天我们来学习贾谊写的一篇文章——《过秦论》,同学们都预习过了是吗？

生：（齐声）是。

师：那咱们来读一下好不好？采用轮读的方式吧,找几个同学一段一段地读。

（一女生朗读第一段）

师：读得有问题吗？比如说字词的读音、添字漏字等。

生：（纷纷低声说）好像没有。

师：老师也没有听出来,读得字正腔圆,很不错。第二位同学,啊,还是位女生。

（一女生读第二段）

师：这么长一段文字,没有一点儿磕绊,很流利,不容易。只有一个地方,就是"争割地而——"（生齐声：赂秦）大家注意读音,lù。在古代,赠送财物、割让土地给别的国家,就称为"赂",现代专指赠送财物了,这说明从古代到现代这个词的词义在范围上缩小了,我们把这种现象称为"词义的缩小",类似的例子比如"丈夫",在古代成年男子都叫丈夫,而现在是指女子的配偶,这就叫作"词义的缩小"。其他没有什么错误,"从散约败"中的"从"（zòng）,读得很好,"为之谋","为"读 wèi,读得很准确。关于"从"的读音,课后有注释;那"为之谋"的"为"为什么不能读"wéi"?

生:因为这里的"为"作介词,是"替""给"的意思。

师:看来你的基础很扎实。这个"为"字如果作介词,只有在表被动的时候才读"wéi",因为表被动嘛,要求它动起来了,所以就和它作动词时一样,读"wéi",其他情况下作介词,都要读 wèi。咱们汉语的多音字,读音和它的意义与用法往往是密切联系的,同学们在学习时要学会有意识地把它们联系起来,做到融会贯通。

(一男生背诵第三段,偶尔看一下课文)

师:同学们说他的优势在哪里?

生:(纷纷)他是背的,他背出来了。

师:是啊,他在没学习之前就基本成诵了,很有古人之风,看来咱们男同学不鸣则已,一鸣惊人啊。(生笑)就是在个别字词的读音上还有点儿小问题,咱们一起再明确一下好不好?

生:(一起)"俯首系颈"中的"系",要读 xì。

师:对。读"jì",往往有"打结"的意思;作"捆、绑、拴、连结"等解释时,都读 xì。还有吗?

众生:(齐说)还有"藩篱"的"藩(fān)"。

师:嗯,读 fān。

众生:(齐说)"销锋镝"的"镝(dí)"。

师:读 dí。

众生:(齐说)"鞭笞(chī)"。

师:对,这个字不读"tà"。古代"笞"和"台"读音相近,同属于"之"韵,像"心旷神怡"的"怡"(板书:怡),"贻笑大方"的"贻"(板书:贻),读音都和"台"有关。还有吗?

众生:(齐说)"以愚黔首"的"黔(qián)"。

师:还有"良将——"

生:"劲(jìng)弩"。

师:对,是后鼻音,"jìng"。为什么要读"jìng"啊?

众生:(齐说)意思是"强劲有力"。

师:对,这个字作形容词时就要读"jìng"。咱们汉语中有好多多音字是具有区分词性功能的作用的,这一点要注意。其他好像没有什么问题了,很不错,尤其是成诵了,我估计这位同学语文成绩肯定不错。

众生:(笑,纷纷)他是我们班的才子。

师:看吧,才华源自于勤奋,还有好的学习方法。这位同学很值得我们大家学习。(指另一举手的男生)这位男同学,请你继续读下去。

(生读第四段)

师:同学们说他朗读的特点在哪里?

众生:带着感情朗读(或说"有感情"等)。

师:对,朗读时能够投入自己的感情,让我们听起来很过瘾,这是他的特点。不过也还有一些小问题。

众生:"瓮"。

师:(强调)就是啊,wèng,"瓮牖绳枢"。是什么意思?

生:用破瓮当窗子,用绳子当门轴。

师:理解得很准确。简简单单四个字,表达了多么丰富的意思!这得益于咱们汉语对词语的灵活运用。这四个字的用法就很特殊。"瓮"和"绳"是名词用作了状语,"牖"和"枢"是名词用作了动词,看上去四个名词排列在一起,却能表达一个很完整的意思,这是其他语言绝对办不到的。还有吗?

(众生纷纷翻书,但默然)

师:有一处老师要特别强调一下,就是"蹑足行伍之间,而倔起阡陌之中"的"倔",要读jué。"倔起"有两个意思,一个意思是"高高耸起"(辅以手势),读"倔(jué)起",第二个意思是"突然兴起",要读"倔(juè)起"。这里为什么要读"倔(juè)起",能不能说说看?

生:"倔(juè)起"是"突然兴起",就是说他在一夜之间发起暴动,并没有什么准备。

师:对呀,初中时咱们好像学过《陈涉世家》,是怎么记载这件事的?

生:就是说陈涉、吴广是被发配到渔阳吧(师肯定),被发配到渔阳去的囚徒,半路上遇到大暴雨,耽误了行期,按照秦国律法,要被处死。他们就一起商量,去也是死,造反也是死(师:"等死,死国可乎"),对,就推举陈涉,一起起来造反了。

师:于是振臂一呼,这就是历史上著名的大泽乡起义,不是充分酝酿、蓄谋已久的吧?(生:不是)所以要读"倔(juè)起"——突然兴起。你看咱们汉语,什么意思往往就要读什么音,多音和多义往往是相辅相成的。最后一段我们齐读好吗？"且夫天下非小弱也"开始——

（众生齐读最后一段）

师：有两个地方同学们还要注意字音。一个是"比权——"

众生：（齐）量力。

师："liàng"还是"liáng"啊？

（有的学生说"liàng"，有的学生说"liáng"，众说纷纭，莫衷一是）

师：在这里，这个"量"是什么词性？

生：是动词。

师：作动词只有在讲成"猜测、估计"这个意思的时候，才读"liàng"，比如，"我量你也不敢。"其他像"衡量"啊，"测量"啊，都要读——

众生：（齐）"liáng"。

师：对，比权——

生：（齐）量（liáng）力。

师："量"和"比"意思一样不一样？

生：一样。

师：哎，差不多，这是古文的一个特点，往往同义对举，文章中是不是还有好多地方是这样的？举个例子——

众生：（齐）度长絜大。

师：对。"度（duó）"和"絜 xié"意思都是——

众生：（齐）衡量。

师：文章中类似的例子还有很多，同学们把这样的词语圈出来，画一下，关注文言文语言的这个特点，当然有的时候也会反义对举。"同义对举"和"反义对举"是我们在理解文言文词句时一个很好的参照。还有一个地方，同学们读得好像不是很准确，现在察觉到了吗？

生：（部分）百有（yòu）余年矣。

师：看来同学们还是很善于反思的。"有"是古汉语中常见的通假字，尤其是和余数连用时，往往通——

生：（齐声）又。

师：好的，字词基本上没有什么问题了吧？那接下来同学们再把课文自由朗读一遍。读的时候思考两个问题：一是用一个词语来概括一下你对这篇文章的评价；二是反思一下在学习这篇课文时还有什么自己不能解决的问题,或者是对文章的疑惑。开始朗读,自由朗读,想怎么读就怎么读。

（众生自由朗读文章）

生： 这篇文章读起来很过瘾。（众生笑）

生： 很有气势。

师： 正因为有气势,所以读起来很过瘾。确实是这样,这篇文章历来被公认是"古今第一气盛之文"（板书:气盛之文）。清初的林云铭这样评价这篇文章(出示PPT)：

贾生《过秦论》,雄直之气,汪洋如万顷陂(湖塘),一泻而下,莫之能御,此所谓阳刚之文。

——(清)林云铭《古文析义》

（板书:阳刚之文,雄直之气）这个问题我们先暂时放一下,通过咱们刚才的学习,包括朗读,有没有产生什么新的问题,或遇到什么困惑?

生： 在第51页的第3—4行:"秦人开关延敌,九国之师,逡巡而不敢进。"具体讲的是什么历史事件呢?

师： 哦,你想了解文本叙述与真实历史的关系,是吗? 其他同学呢?

生： 第50页第1节第1—2行,说秦孝公"有席卷天下,包举宇内,囊括四海之意,并吞八荒之心",这四句话其实都是说秦孝公想统一天下,为什么却要连着用四句?

师： 好,这其实涉及的是文本语言的句式问题。还有吗?

生： 文章的题目是"过秦论",可它在前面用了很长的篇幅写秦国的兴起,还有它统一天下后的做法,感觉上有点文不对题。

师： 你是说大部分篇幅是在叙述,而不像是篇议论文是吗?

生： 是。

师： 这其实促使我们必须思考文章中叙述和议论的关系问题。还有其他问题吗? (发现没有学生举手)那咱们总结一下这三个问题。（指着三个学生）这位同学提出的是史实叙述的问题,这位同学问的是文本语言的句式问题,这位同学提出的是议论文中叙述和议论的关系问题,就是说议论文中可不可以叙述,如果可以叙述,那它应该对议论产生什么作用? 老师觉得这三个问题,其实都和这篇文章的"文气"（将板书中"阳刚之文"

和"雄直之气"中的"文""气"圈出来)密切相关。我们先一起来研究第一个问题。

师："九国之师,逡巡而不敢进。"这在具体历史事件里,指的是秦国的雄师挥鞭东指的时候,六国纷纷割地赂秦。那么,他们有反抗行为没有?

生:(齐答)没有。

师:没有吗?

生:(迟疑)有的。

师:到底是有还是没有?不要告诉我这个可以有哦。(学生有的思考,有的互相交流)

师:同学们来看一看第 50 页上的《秦灭六国示意图》。你说有,从这个图中可以找到哪些证据?

生:这幅图中有秦军的行动路线,还有九国的反击路线,说明九国并不是一点反抗也没有,它们也想抵抗秦军的进攻。

生:秦军和九国之间并非只有一次战争,大大小小的战争有很多次,光图上标出来的主要战场就有八九个。

师:还有其他的发现吗?

生:图上标出来的最早的一次是内史腾带领秦军攻打阳翟(zhái)的一次战争。

师:阳翟(dí),这个字在这里要读 dí。

生:是攻打阳翟,在公元前 230 年,最晚的时间是公元前 221 年,由王……王……(师:王贲 bēn),由王贲统率,攻打齐国的临淄。

师:这能说明什么问题呢?

生:这说明秦国和九国的战争并不是像贾谊所说的,只发生了一次,就是攻打函谷关,时间跨度应该很长。

师:那么作者为什么要这样来写呢?

生:个人认为这样写很形象,读起来很有画面感,像"叩关""逡巡"这些词,很有表现力,马上让人想到了《刺秦》《英雄》这些大片里的场面。

师:是啊,整个战国,实际上就是各个诸侯国之间,尤其是秦国和山东九国之间攻伐征战的历史,时间跨度何止这十年呀!大大小小的战争数不胜数,这段历史,如果要详细叙述的话,能写一部厚厚的"战国史",内容非常丰富,事件也非常繁多。作者在这里呢,化繁为简,化枯燥的史料为生动形象的表述,好像九国之师在崤山、函谷关一带徘徊而不敢进的画面就在我们面前一样,这就是作者叙述史实时所用笔法的妙处(板书:笔法):化繁为简,化抽象为形象。这种叙述史实时有明显艺术加工痕迹的笔法,在文章其他地方还有,请同学们找出来体会体会。

生:第三段中"百越之君,俯首系颈,委命下吏",我觉着这一句就很形象,通过对百越之君束手就擒的描写,写出了秦始皇统一天下的威风,周边的小国连反抗的想法都没有了,乖乖地举手投降。

生:"践华为城,因河为池,据亿丈之城,临不测之渊,以为固。"这一句也有明显的艺术加工痕迹。我老家就是西安……

师:注意,秦王朝的都城是在(众生:咸阳)。

生:(很不服气地)咸阳就在西安边上嘛,那里离华山和黄河其实还很远,不可能以华山为城墙,以黄河为护城河,这显然是夸张的说法。

师:对啊,你看贾谊在处理史实时笔法真是变幻莫测,有时用衬托,有时用夸张,有时又高度形象化,(板书:形象化、夸张、衬托)把秦国统一天下前前后后那种所向披靡、强大无比、无人能敌的气势写得可谓淋漓尽致,读起来——

生:很过瘾。(众笑)

师:对,读起来气韵贯通,畅快淋漓。来,自己选一段这样的文字过一过瘾。

(生大声自由散读)

师:接下来我们再来讨论刚才同学提出来的第二个问题。先请一位同学把第一段第1—2行读一读。

(生读"秦孝公据崤函之固,拥雍州之地,君臣固守以窥周室,有席卷天下,包举宇内,囊括四海之意,并吞八荒之心")

师:这几句表达了什么意思?

众生:(七嘴八舌)占据有利形势,想要统一天下(大意)。

师:就是说秦孝公有一统天下的雄心,就这么简单的意思,他为什么要用几句话去说,说得这么复杂呢?

生:这样形成排比,句式显得整齐,读起来感觉更有气势。如果只用一句话说这个意思,就显得力道不足,没有气势,和上下文也配不起来。

师:就是说文气受阻、气韵不通畅了是吗?你对语言的感觉很敏锐。说到句式整齐,我觉得还可以把贾谊的原句进一步调整一下,改成:有席卷天下,包举宇内之意,囊括四海,并吞八荒之心。这样两两对举,形成对偶,岂不是更好吗?

（学生陷入思考）

师:这样吧,咱们男女同学分别把贾谊原句和咱们改后的句子齐读一遍,比较一下哪个更好,好吗?

（男生齐声朗读贾谊原句,女生齐声朗读改后句子）

生:还是原来的句子更好一点,贾谊的原句先是"席卷天下,包举宇内"这样四个字四个字连在一起,然后是六个字六个字连在一起,读起来感觉气势越来越强了。改了后虽然形式上更整齐了,但是没有这种气势上的变化。

师:对啊,同学们来看,贾谊的原句总的来看前两句比较短,后两句比较长,显得既整齐又富有变化,语言的节奏感很强,合乎文章气势运行的需要;而我们改后的句子呢？虽然两两对举,形式上非常对称,但是一味追求整齐,反而显得呆板,没有那种一浪高过一浪,气势越来越强的效果了。这位同学堪称贾谊文章的知音了。

师:刚才我们是从好的一面对这一处语言进行了一番品味。不过老师觉得,提出这个问题的这位同学还是很有眼光的,眼光很有穿透力,至少说明他语言概括力很强。他一眼就能看出这一组句子其实就表达了一个意思。我记得钱锺书先生在《管锥编》里就对这一处语言有所诟病,他说:(PPT显示)

"席卷天下""包举宇内""囊括四海""并吞八荒"四者一意,任举其二,似已畅足,今乃堆叠成句,词肥义瘠,无异《杨公笔录》所嘲诗句"一个孤僧独自行"、《广笑府》卷一所嘲诗句"关门闭户掩柴扉"或《两般秋雨庵随笔》卷三所嘲"墨派"八股"天地乃宇宙之乾坤,吾心实中怀之在抱";即对偶整齐,仍病合掌。

——钱锺书《管锥编》

钱锺书先生认为,这一处文字毛病就在于"堆叠成句,词肥义瘠",那么文章中有没有形式上类似这样整齐的偶句,但是又"词肥义丰"的句子呢？就是说,形式上比物连类、铺陈排比,同时表达的意思也很丰富,词肥义丰。

（师板书:比物连类、铺陈排比。学生读书）

师:我发现,总是我周围的这些同学发现比较多,远处的同学呢?

生:第三段第一句,(读)"及至始皇,奋六世之余烈,振长策而御宇内,吞二周而亡诸侯,履至尊而制六合,执敲扑而鞭笞天下,威振四海。"我觉得这几句话结构很工整,同时意义也很丰富,逻辑上也很清晰,先是"奋六世之余烈",然后是"振长策","吞二周而亡诸侯",后来再"履至尊",登上帝位,到最后才"执敲扑而鞭笞天下",开始对天下的统治,逻辑上很严谨。

师:就是说通过这样一组整句,概括了秦始皇从争夺天下到登上帝位,直到对天下进行统治的历史进程,秦始皇长达几十年的征战史、统治史,浓缩在这样由几个短句组成的长句中,读起来一气呵成,让人感觉秦始皇气势不可阻挡。类似的句子还有好多,由于时间关系,咱们不一一讨论,同学们回去之后注意体会。刚才我们一起讨论了这篇文章采用的句式与它"雄直之气""阳刚之文"的关系。(板书:句式)

师:下面咱们一起研究刚才这位女同学提出来的问题。文章题目是"过秦论","过"是什么意思?

生:指出过失。

师:对,这里是动词,是"指责……的过失"。题目中文体的标志是——(生齐答:——"论"),可是文章一到四段全都是叙述。我记得宋代大儒朱熹对这一点也很不认同,他曾经提出来这样一个观点(PPT 显示):

> "不知怎地,贾谊文章大抵恁地无头脑。""他只是乘才快,胡乱写去,这般文字,也不可学。"
>
> ——(南宋)朱熹《朱子语类》

师:朱熹认为《过秦论》是一篇"无头脑"的文章。"头脑"是什么?就是头绪,就是思路,就是文章构成部分之间内在的关系。(板书:构思)那么大家看一看,贾谊的文章就真的那么没有"头脑"吗?

师:既然题目是"论"的话,就应该有一个观点。那么大家看一看,整篇文章的观点是什么?

生:(纷纷)"仁义不施而攻守之势异也"。

师:这是在第五段议论的基础上提出来的,这篇文章也只有第五段是议论。那么第五段主要是通过什么方式来论的呢?

生:(齐)对比。

师:不错,是对比(板书:对比)。是谁和谁对比?

生:(纷纷)陈涉和九国。

师：那么它是从哪几个方面来进行对比的呢？

生：（纷纷）陈涉之位，非尊于……（师：这是地位）锄櫌棘矜……（师：这是装备）谪戍之众……（师：这是兵力）深谋远虑，行军用兵之道……（师：这是谋略）

师：可见，不管是地位、装备、兵力还是谋略，陈涉都不行，简直弱得不能再弱了，两者简直不能同年而——（生：语［yǔ］）语（yù），要读四声，因为这里用作动词，在古汉语中，一个词语临时改变它的常用词性时要破音异读，也就是要改变它的声调。这里我们就要产生疑问了，文章题目是"过秦论"，那么这里为什么要把陈涉和九国放在一起对比呢？

生：因为陈涉和九国都是秦王朝的敌人，也可以说是对手。对手变了，先是强大的对手九国，后来换成了陈涉，很弱小，但是秦国和九国较量胜出了，后来却败在弱小的陈涉手上，就是说，作者把秦的两个对手加以对比，目的是引发人们的思考。

师：思考什么？思考秦王朝留给后人的历史教训啊，对不对？那么九国到底有多强大？把文章中表现九国强大的语段找出来，读一读。

（学生自由朗读第二段中的相关语句）

生：从这里可以看出来，九国人才很多，土地比秦国多十倍，有百万之众。

师：可以说是兵多将广，土地广阔，人才荟萃，还有一点就是——同仇敌忾。

生：还有君主。

师：对，君主纷纷会盟，并且为了招揽人才也可以说是下了血本了，所以说是同仇敌忾。孟尝君、平原君这些人不是君主，他们是各诸侯国中的宗室贵族，当时称为公子，他们因为很贤明，能够为诸侯国招揽人才，所以在当时影响很大。咱们一起把表现九国强大的文字朗读一下，从"诸侯恐惧"开始。

（学生齐读"诸侯恐惧……叩关而攻秦"）

师：大家看，如果把表现九国强大的这些文字删去，对观点的表达有什么影响？

生：这样文章就显得很单薄，第五段议论中虽然也提到了九国的强大，但因为是议论，所以很抽象，而这样从各个方面去展开写，前后就形成了照应，就让我们真正认识到九国的强大。

师：九国的强大写得越充分,秦国的胜利和成功就显得越发难得。所以,这里前面叙述和后面议论之间的关系,我们不把它叫作照应,而应该称作——(生齐答:"铺垫")这里仅仅是为了表现九国的强大吗?

生：写九国强还衬托出秦国更强,九国那么强大,秦国照样能够灭了他。

师：说得好,是衬托。秦国灭九国的时候很强,那么它统一了天下之后强不强? 作者是从哪些方面去写的?

(生散读第三段)

生：作者主要从对外和对内两个方面来表现秦国的强大,对外秦始皇四处用兵,对内加强了统治,老百姓没有反抗的力量了,他自己认为没有谁能奈何得了他了。

师：那么作者又是从哪些方面来写秦王朝对内加强统治的呢? 能不能把这一点说得更加具体一些?

生：首先写它废弃了先王的道,烧毁了诸子百家的言论,目的是为了让百姓变得愚昧无知。

师：这里的"道"讲成"主张""学说"比较好,"言"呢,因为前面的动词是"焚",所以应该解释成"著作"才更通顺。概括一下,就是说秦王朝在文化上愚化百姓。接下来呢?

生：接下来写的是秦王朝削弱民间的反抗力量,加强防备。

师：也就是说在实力上弱化百姓。

生：还有就是秦王在都城建造上占据险要,在军事上加强防卫。

师：是啊,秦王朝实现了天下一统之后,对外开边拓土,对内呢,在文化上、在政治上、在军事上采取各种措施,不断愚化、弱化百姓,同时又不断加强防卫,增强自己的力量,秦国简直强盛到了极点,如果说前边是说秦国很强,那么这里就是说秦王朝强极了。其实文章开头就已经在表现秦国的强大了,表现在哪些方面?

生：地势险要,国势强盛,战略得法。

师：好,很有概括力。就是说秦国很强,因此取得黄河以西的地域是不费吹灰之力,用课文里的话说就是——

生：拱手而取西河之外。

师：同学们看,从开头一直到第三段,作者通过叙述,为我们展示了秦国发展的脉络,那就是:秦强,秦很强,秦强极了。(板书:强——很强——极强)但是就在这正强极了的时候,就被灭了。秦在面对强大的九国的时候,它能够胜出,但是就在强盛到极点的时候,面对微不足道的陈涉,它却失败了。在第四段中,对陈涉的弱小,作者也是极尽其表现之能事。下面同学们把书合上,根据文章表达的层次,给课文加上标点。

> 始皇既没,余威震于殊俗[　]然陈涉瓮牖绳枢之子,氓隶之人,而迁徙之徒也[　]才能不及中人,非有仲尼、墨翟之贤,陶朱、猗顿之富[　]蹑足行伍之间,而倔起阡陌之中,率疲弊之卒,将数百之众,转而攻秦[　]斩木为兵,揭竿为旗,天下云集响应,赢粮而景从[　]山东豪俊遂并起而亡秦族矣。

师生:(一起完成)第一处加句号(。),第二处加分号(;),第三处加分号(;),第四处加分号(;)第五处加句号(。)。

师: 这样加对吗? 打开书看看。(稍停片刻)同学们加的当然都对了,那么为什么要这样加呢?

生: 因为最前面是说秦始皇的威风,最后面一句说的是结果,所以要加句号。中间几句都是从各个方面表现陈涉的弱小,所以要用分号隔开。

师: 各个方面具体是哪些方面呢?

生: 一个是地位卑微,然后是说他无才无德,还有缺兵少将,再就是装备极差。

师: 真是弱到了极点,这几个方面和第三段的写法一样,也是构成了句群的排比,充分表现了陈涉的弱小和微不足道。同学们看,不管是写九国的强大,还是写秦国的强盛以及陈涉的弱小,对最后一段的议论起到了什么作用?

生: 铺垫。

师: 也就是为观点的表达在一层一层地蓄势啊。(板书:蓄势)这些叙述性的文字,在文章中发挥了铺垫、衬托,还有形成鲜明对比的功能,积蓄起一种议论的力量,这种力量积蓄到了极点,观点的阐述加上适当的点拨,自然就水到渠成。秦王朝攻取的时候面对强大的九国,结果取胜了,而守成的时候只不过面对着弱小的陈涉,结果却落败了,"身死人手,为天下笑",这是为什么呢? 作者的回答是:"仁义不施而攻守之势异也。"如果没有前边四段叙述性文字的充分蓄势,那么第五段的议论就显得单薄,没有力量。

师: 从整篇文章来看,不管是文章叙述的笔法,还是语言采用的句式,直到整篇文章谋篇布局的结构,都充分表现出这种攻守之势的巨大变化。正是因为这样,所以它才能够成为"古今第一气盛之文"。我们回头再来看朱熹的质疑,是不是就毫无道理了呢?(生翻书,小声议论)

生:我认为朱熹的观点也很有道理,对秦国前后攻守之势的变化这一点,贾谊议论得应该说很充分,但是对"仁义不施"这一点,他却并没有怎么涉及。

师:涉及了没有?

生:我认为涉及了。第三段中"执敲扑而鞭笞天下",还有"废先王之道,焚百家之言,以愚黔首",还有"隳名城,杀豪杰;收天下之兵,聚之咸阳,销锋镝,铸以为金人十二,以弱天下之民",这些都说明秦国施行的是暴政,这些做法应该就是不施行仁义的具体表现吧。

师:(对前生)他说的有道理吧?

生:这个地方当然可以这么说,可是对九国作战能够取得胜利,哪些地方能够看出是因为施行仁义呢?

师:对啊,当它和九国争斗的时候,为什么说取胜的原因和仁义有关呢?哪位同学有自己的见解?(学生陷入思考,稍候片刻,见一女生举手)你说说看。

生:应该是当时百姓苦于战乱,都渴望天下能够统一,秦国统一天下,顺应了百姓的这种愿望吧。

师:这位女同学看来历史学得不错,考虑问题也很有大局观。咱们今天学习的这篇课文,是贾谊所写的《过秦论》的上篇,另外还有中篇和下篇。在上篇中,贾谊对"攻守之势异也"进行了充分的论证,对"仁义不施"这一原因呢,这篇文章有所论述,但是在中篇和下篇中论述得更加充分。老师从中摘录了这样几句,咱们一起读一读(PPT显示,师范读,然后生齐读):

> 周室卑微,五霸既没,令不行于天下。诸侯力政,强侵弱,众暴寡。兵革不休,士民罢(通"疲")敝。今秦南面而王天下,是上有天子也。既元元之民,冀得安其性命,莫不虚心而仰上。
>
> 是以陈涉不用汤武之贤,不借公侯之尊,奋臂于大泽,而天下响应者,其民危也。

希望同学们回去后能够把《过秦论》的中篇和下篇找来认真地读一读,这也是今天老师留给你们的作业。下课。

附:板书设计

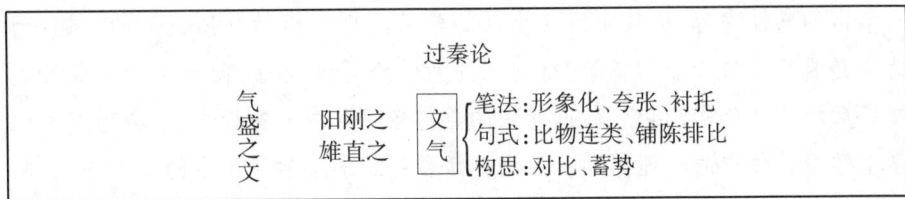

过秦论

气盛之文　阳刚之　文气　笔法:形象化、夸张、衬托
　　　　　雄直之　　　　句式:比物连类、铺陈排比
　　　　　　　　　　　　　构思:对比、蓄势

【教学笔记】

读出问题背后的学情和教学价值

　　不怕人笑话,实话实说,我早前上课很怕学生提问,总是依照课前设计好的环节,按部就班地把课上完算数,无论如何也不敢放开手脚,让学生把课前预习中遇到的问题当堂提出来,在课堂上根据学生的问题组织教学。当然学生的问题是要考虑到的,但那是在课前必须要做足的功夫。为什么不敢让学生当堂提问呢? 一是怕学生提的问题太散,弄不好就会把课上得很乱,既没目标,又没头绪,更不要说落实所谓的教学重点了;二是怕学生提的问题太突兀,万一学生提到的问题自己压根没有考虑到,那可怎么办? 如果真的应付不来,岂不是糗大了!

　　后来我开始思考这个问题。学生的提问当然会是一些枝枝节节的东西,但是,这些问题背后难道没有一些规律性的东西吗? 经过分析我发现,原来自己之所以害怕学生提问题,原因是对于"问题"这一问题缺乏比较深入的认识。

　　经过思考,我认识到,学生遇到的问题与教师想解决的问题,其实是有差异的。这主要表现在如下三个方面:首先,学生遇到的问题,是从学的角度来描述的,因为他们在学科知识方面缺乏专业自觉,所以提出的问题便往往五花八门,千奇百怪;而教师要解决的问题,则是从学科教学的角度来描述的,因为有学科专业知识背景,所以教师所描述的问题往往中规中矩,用康德的话说就是"合目的性"与"合规律性"。要想缩小这种差异,就要求教师对学生的问题进行专业的解读,从这些看上去五花八门、千奇百怪的问题中挖掘出它们所蕴含的学科教学价值。后面我会结合《过秦论》的教学较具体地讨论这个问题。

其次,学生所遇到的问题,往往都是具体的。这些具体的问题,往往蕴含着丰富的感性内容,反映出鲜活生动的学习心理。而教师所设计的问题,因为有必要的学科专业作背景,有一定的教学经验作支撑,便更多了一些经过提炼后的理性色彩,相应地,也就往往会忽略问题中的感性内容,会理解不到学生学习过程中的心理困惑。因此教师要判断学生学习困惑的心理根源,从而清醒地认识到学生的学习现状与学习内容之间的距离,在此基础上通过设计有针对性的活动,或者搭设学习的台阶,让学生跨越障碍,洞悉学习内容的奥妙。在《老人与海》的教学中,学生所提的两个问题基本属于这种类型,我采取的也主要是这样的策略。

另外,教师在设计教学的时候,往往为了更顺利地达成教学目标,而自觉地将问题进行有层次的设计,但学生在提问时却不会考虑这种教学上的因素,而是碰到什么问什么,因此会让人感到杂乱不堪。而实际上,这些问题也往往隐含着一个内在的层次,需要教师梳理出问题之间的联系,这样,把根源性的问题解决了,其他问题也往往会迎刃而解,在《合欢树》《长亭送别》教学中,我就是这么做的。

由此我体会到,要做到敢于放开手脚让学生提问,关键是要读出学生提问背后所隐藏着的学情因素,根据这些问题反映出来的学情,来确定教学的取向、教学的内容和教学逐次展开的层次。

在《过秦论》教学中,我主要通过两种手段来了解学情。一是设计朗读环节,让学生在朗读的过程中自己暴露出一些问题。这些问题,当然主要表现在文言词语的读音上。由于汉语言具有音形义紧密结合的特点,因此通过对读音的纠正,可以带起对字形、语义的知识学习,而这样的学习方式,往往可以让学生了解语言学习的一些规律性的东西,能收到举一反三的效果。当然这只是"文言"层面的学习策略之一,仅仅这样做显然是不够的,后面还会谈到这一问题。除此之外,之所以让学生朗读,还有两个用意,一是检测学生对文本的熟悉程度,如果学生朗读很不流畅,那说明学生预习很不充分,对文本很不熟悉,后续学习也就很难进行了。二是让学生初步感受贾谊文章的文风。

接下来我就放手让学生提问了。通过朗读环节所掌握到的学情,我对学生提问的主要领域其实已经基本上有了一个判断。因为学生预习得很充分,甚至有一个学生已经基本能够把文章背诵出来了,因此他们的提问一般不会在"文言"学习的层面。而"文学"和"文化"层面，就贾谊文章而言，并非学习的重点，并且要想提出这方面的问题，必须对贾谊及其思想有较为充分的了解，因此，这两个层面的问题，一般不会出现在学生的学习视野中。学生所关注的，就是眼前的这篇文章——《过秦论》，并且还仅仅是"上篇"。既然这样，那么学生所关注的问题，无论宏细，总归是"怎么写"和"为什么这样写"，也就是"文章"层面的问题。而就贾谊这篇文章而言，这一层面的问题其实都是可以纳入到"文气"的范畴来讨论的，而"文气"恰恰正是这篇文章学习的核心价值之所在。

因此，教师教学的关键，就在于能否解读出学生所提问题蕴含的文章学意义。如果能够解读出每一个具体问题的普遍性意义，那么，哪怕再细小、再琐碎的问题，也会具有示范价值，也会启发学生去举一反三，从而理解文本中的其他同类现象。如此看来，有些即便看上去很细碎的问题，其实也往往会蕴含着巨大的教学价值。

果不其然，学生的提问全都是"文章"层面的问题；果不其然，学生的问题都很感性，很具体，甚至很琐碎。他们的问题是这样的：

1. "秦人开关延敌，九国之师，逡巡而不敢进。"具体讲的是什么历史事件呢？

2. 说秦孝公"有席卷天下，包举宇内，囊括四海之意，并吞八荒之心"，这四句话其实都是说秦孝公想统一天下，为什么却要连着用四句？

3. 文章的题目是"过秦论"，可它在前面用了很长的篇幅写秦国的兴起，还有它统一天下后的做法，感觉上有点文不对题。

第一个问题看上去好像暴露了这位同学对历史事件进行索隐的兴趣，如果被他牵住了鼻子，其结果势必就会把课上歪掉，要么上成了历史课，要么不知如何应付，草草蒙混过关。其实，学生之所以提出这样的问题，是他对贾谊文章概括历史史实时所运用的笔法不了解。第二个问题表明，学生更多地关注了文本语言的语义因素，而对语言的形式因素没有关注到，或者不理解，而这恰恰是《过秦论》学习的重要内容，因此教师有必要引导他把学习的关注点进行必要的转移，由语义因素转移到形式因素上去，去关注文本语言所运用的句式。第三个问题问到了点子上，但描述问题的语言很不专业，完全是印象式的语言，因此教师要做的就是用语文化的专业语言把他所提问题的本质揭示、概括出来，那就是议论性文章中叙述和议论的关系问题。

通过这样的梳理,学生所提的问题,便全都统一到全文的核心教学价值——对"文气"的感受和鉴赏上去了。

当然,要能够从学生的问题中读出学情和教学价值,需要对文本有十分深入的解读,不仅要准确把握文章的核心价值及其核心教学价值,而且还要清楚地把握文本语言之间的内在联系。用于漪老师的话说就是:"读到书上的这些字站起来跟你对话,大概你就是读懂了。"读到这个程度,我们就会觉得,不仅文本中的任何一处语言都是牵一发而动全身的,都是贯通着一种与文本整体相一致的内在精神的,而且它所蕴含的这种文本的整体精神是以它独特的语言形式向我们扑面而来。读到这个程度,我们就会觉得,不管学生从文本中提出什么问题,总归是"万变不离其宗",总归是能够纳入到我的教学思路之中的。任何千奇百怪、五花八门的问题,全都在我的掌握之中。如果能够做到这一点,恐怕就不会害怕学生当堂提问了。

至于"文言"层面的学习问题,除了前面谈到的做法之外,课下我还给出了很具体的解释,教学中我充分发挥了它们的价值。我认为,对于高二学生来说,教师没有必要在课堂上让学生做"知识搬运工",而是应该加强自学指导,让学生在预习阶段基本扫除文字障碍,这不仅可以培养他们的学习习惯,而且也是让学生学会学习的很重要的办法。而一些学生可能习焉不察,或者忽略掉实际上还没有掌握的知识,那就要通过课堂教学将它暴露出来,教师可以及时发现并进行补正。另外,教师还可以通过巩固环节,要求学生对词语、句式进行必要的梳理,辅之以适量的训练题目。也就是说,并不是一堂课解决所有问题,而是要将课前预习、课上学习与课后复习作为一个完整的学习过程,从而确保文言文学习的有效性。

【同行链接】 上海市崇明区教师进修学校　耿慧慧

阅读教学应满足学生的思维需求

兰保民老师执教的这堂《过秦论》,非常精彩! 精彩之处在于突破了文言文教学过于注重知识层面的窠臼,而走向关注学生思维层面的深层需求。

阅读教学为什么要从知识层面走向思维层面? 因为在这个无论何人、无论身处何时何地,百度一搜就能获得大量资讯的时代,任何一个学生把"过秦论"这一关键词输入搜索引擎,都将会得到与之相关的所有海量的信息。在这种情况下,教师如果仅仅作知识性传播,那和搜索引擎有何区别?学生可以一搜就搜到的知识为何一定要到课堂上接受教师的"搬运"呢?换句话说,在这个大数据时代,未来的文盲可能不再是不识字的人,而是不会处理大量信息,不会思考的人。因此,阅读教学的目的不仅仅是获取知识层面的东西,更重要的是习得理解力、分析力、综合力、比较力、概括力、抽象力、推理力、论证力、判断力等一系列思维能力。

思考力将决定着学生未来的竞争力,而语言是思维的工具。让我们一起看看兰保民老师是如何用语言来教思维的。

首先,从字形字音字义入手,让学生深切感受到汉字是开展有效思维活动的资本。一开始兰老师让学生诵读《过秦论》全文,然后正音释义,这是阅读必需的环节。一般的教学往往就是告诉学生正确的读音是什么,它的准确意思是什么。但兰老师并不止步于此,而是进一步指导学生思考为什么读这个音,读音的背后是怎样的语言现象。例如,"'为之谋'的'为'为什么不能读'wéi'?""这里为什么要读'倔(juè)起',能不能说说看?"又如引导学生注意"比权量力"的"量"的读音:"'liàng'还是'liáng'啊?"这背后是汉语的独特性,就是音形义一体。这一环节,兰老师让学生在思考为什么读这个音而不是那个音的过程中体悟到:汉语读音和它的意义与用法往往是密切联系的,阅读时有意识地关注这些文字背后的语言现象与民族思维方式,是提升阅读理解能力的基础。古老的文字在师生的一问一答中充满着活力与意蕴。

其次,疑是思之始,由学生独立阅读文本而产生的疑惑展开思维活动。在通读全文,正音释义后,兰老师要求学生带着两个问题再次自由朗读全文。一是让学生用一个词语概括一下对这篇文章的评价。这不仅是上述正音释义环节的巩固,更是对整体阅读语感与阅读习惯的培养。二是基于整体阅读感受,提出自己不能解决的疑惑。这是学生阅读思维的起点,也是学生在这一文本阅读中的思维的需求。但学生提出的问题往往是感性的,常常是良莠不齐的。这时,教师对学生的思维引导就显得至关重要。兰老师敏捷地将学生提出的困惑归纳为三个层面:一是史实叙述的问题,二是文本语言的句式问题,三是议论文中叙述和议论的关系问题。这是非常考验教师的思维能力的,因为在归纳这三个层面的同时,指引了学生解决困惑的思维路径。针对第一个问题,兰老师指点的思维路径是:从读《秦灭六国示意图》入手,思考历史事件与文学作品中的史实叙述的区别,从而让学生自己体会作者"化繁为简,化抽象为形象"的笔法。而针对第二个问题,兰老师指点的思维路径是:用句式变化法体会句义的不同,从而让学生体会到语言的节奏与文章气势的独特性。第三个问题,从文章主要采用的对比手法的作用入手,引导学生深入思考叙述与议论的关系。在这一过程中,兰老师层层追问,激发学生连续不断地展开思考。这时,教师不仅仅是"传道者",更重要的是"激思者"。就如杜威所说的,教师是使学生思维作出反应的促进因素。

从学生的疑惑入手,是在尊重学生已有的认知基础上使学生获得思维的成就感,能够做到这一点已经是相当不容易的了。但本课的精彩之处还在于"于无疑处设疑"。

矛盾冲突是激发思维的有效手段。当学生们对文章开头一句"显得既整齐又富有变化,语言的节奏感很强,合乎文章气势运行的需要"这一表达效果认同的时侯,兰老师提出了钱锺书《管锥篇》中对贾谊文章语言的诟病,然后追问:如果开头有点堆叠成句,词肥义瘠,那么文章中有没有形式上类似这样整齐的偶句,但是又"词肥义丰"的句子呢? 这一问激发出学生对文章语言形式与内容兼美的准确而精彩的品味。随后兰老师引入朱熹对贾谊文章的评论,顺势一问:"那么大家看一看,贾谊的文章就真的那么没有'头脑'吗?"观课者不禁拍案叫绝! 整堂课在这样矛盾激化中达到高潮。

这两大"设疑"实在是精彩。其一,教师指导了正确的阅读方法,那就是"尽信书不如无书"。读书如果照单全收,还不如不读。阅读的过程就是不断思考的过程,从"是什么"不断向"为什么"和"怎么样"深究。其二,教师指导了批判性的阅读方式。对一篇千古流传的名文,一篇被广誉为"古今第一气盛之文"的《过秦论》,难道真的是毫无瑕疵吗? 有人提出质疑,是否毫无道理? 我们该如何思考? 分析、质疑、推断和评价文章的观点和证据,这是一种真正的批判性阅读。这样的阅读培养的是学生未来可持续发展的核心能力,这样的课不仅着眼于当下,更大的影响在于未来。因为教育的目的之一在于激发学生的自我发展潜能,如何才能激发和引导学生走上自我发展之路呢? 那就是,在尊重学生思维发展节奏的前提下,培养学生的批判性思维能力。

兰老师的这堂课立足语言文字,生疑——释疑——设疑——释疑,不断激发学生的思维潜力,塑造学生的思维品质,这是我们许多阅读教学课堂所缺失的,值得广为借鉴。

【专家点评】 上海师范大学中文系 郑桂华

文言文教学一格

文言文是一大类,文言文中所含的信息类型,大致可以归为四种,即言、文、章、道。"言"可理解为古文字材料信息,包括古文字写法、读法,古文字字义的理解、古汉语语法现象,古文阅读的语感与技能;"文"可理解为文学信息,包括文采、文气、风格,以及背后的修辞手法、表达技巧和相关表达理论;"章"即文章学信息,包括各类文体的结构、格式、谋篇布局的技巧,以及这些特点背后的表达意图;"道"即文章主旨方面的信息,包括文章中的思想情感、价值观、审美倾向、传统文化信息等。在一篇古文的教学中,以哪一类信息的获取为重点进行学习设计,体现了教师对古文教学价值的不同判断。从内容上看,在日常教学中,教师以"重言"和"重道"的两种设计为多。从教学手法来分,又有以诵读为主和以分析为主的两种做法。

不过,兰保民老师执教的《过秦论》一课,我们似乎看到了古文教学还可以有另外的设计思路。在这堂课里,我们能看到不少关于"言"的教学成分,例如对"镝""笞"等字音的识别,对"赂""为"等词义的推敲,对古汉语字中变音知识的介绍,以及对"瓮牖绳枢""度长絜大"等构词法的理解,甚至在古文句读上都有一定的训练,通篇实录可见出教师扎实的文言文教学的痕迹。

但在这堂课中,我们也看到了很重的"文"的色彩,如引导学生发现《过秦论》的"文气",借《过秦论》一文感受贾谊文气的风格、探究其文气特点的成因。这些,都是接近文学作品的阅读范式。

同样,这堂课也不乏对文章写法的探究和主旨的理解。如教师花了很多时间精力让学生理解如"对比""铺垫"手法的妙处,抓住似隐藏还明晰的主线,最后把握作者批判暴政、提倡仁政的主张。另外,从教学方法上看,这堂课也是阅读与分析并用、学生发现与教师讲解结合、教材细读与课外材料拓展相连等,总之,凡是与《过秦论》有关的内容、与教学方法有关的手法,几乎是"一个都不少"。

但奇怪的是,这堂课涉及的内容如此之多,却没有给我们一种"面面俱到"或"支离破碎"的感觉,这是为什么呢?原来,执教者采用了一种很巧妙的设计思路:以疏通字词帮助流畅地阅读,以流畅阅读准确感受文气,以文气体会表达手法的妙处,以写作手法把握文章的写作意图。于是,这堂课里的言、文、章、道四类信息、四种目标,不是互不相干的并列的四种目标、四个方向,而是串联为一个方向,即共同指向一个教学目标。这种把看似不同类型的许多学习内容用一个主线贯穿起来,使之组合为有机体,共同指向一个总目标的设计,我们不妨称其为教学的"目标链"。有了这样的目标链,教学活动就有了主线,一些不相关的内容的教学彼此就产生了关联,一课普通的语文知识、语言技能的学习就具有了现代课程论的成分,并为有效教学打下了好的基础。例如,很多古文教学中,对文章中的某些生字词的学习往往是不连贯的,但如果让学生在朗读中遇到障碍,如发现读音错误,以此引导学生及时纠正,使朗读更准确、更流畅,那么,此时的解决字词环节就不再是孤立的,而是融入了整个阅读教学中了。再如,介绍训诂学知识常被看作是孤立的"教知识",但若是结合文章阅读中遇到的几处同类语言现象,教师适当介绍有关知识,以此让学生通过一两处词语的学习,进而认识一类语言现象,这种知识的介绍就属于自然的延伸了。还有,在教学中,教师引用专业研究资料,常常会给人以卖弄和掉书袋的感觉,因为其所引的材料与要阅读的文章关联不大,或者对教师使用的阅读方法与教学要达到的目的没有帮助,为引用而引用,当然就很"隔"。我们看兰老师引用的几则材料,其一是林云铭谈论贾生《过秦论》之文气的。借助"文气"理解《过秦论》是兰老师这堂课的抓手,"文气说"便是这堂课的核心工具,属于非引不可。其次,钱锺书对《过秦论》中"席卷天下""包举宇内""囊括四海""并吞八荒"四句并列的非议,是辨析贾谊文风优劣的典型材料,而贾谊的独特句式又是构成他文章文气的显著标志,自然也引用得当。再看朱熹说"贾谊文章大抵恁地无头脑"这则材料,是讨论《过秦论》主旨的,但朱熹的论断恰恰是看到贾谊的"乘才快,胡乱写去",还是与句式、文气有关。最后教师补充的《过秦论》中篇、下篇摘抄和课外阅读建议,则是针对有人觉得《过秦论》立论方面不足、逻辑分析方面相对薄弱这一看法所作的弥补,这仍然有关对"文气"意义的理解。而这后两则材料看似一谈句式、二谈文章线索,其实都与"文气"有关,或者说,都服从于对文气的"探讨",如此一来,几则材料便都属于为研讨"文气"服务,而"言、文、章、道"四重目的,也在这一核心活动的连缀下成为一个有机的整体了。试想,如果不以文气作串联的线索,而是去孤立地辨析字词、机械地串讲句子、死板地背诵课文、生硬地归纳主旨,就不会有这样的效果了。据此,我觉得这是这堂课最大的闪光点,值得在古文教学设计时好好借鉴。

当然,我认为此处,对"文气"的意义还可以再点得透一些,因为贾谊写此文的目的,并不是向君王陈述一种新观点,而是通过感性的语言、丰富的细节,提醒当政者不要忘记维护帝国长治久安的"常识"。在这个表达目的下,文章的气势、感染力要比逻辑分析力有意义得多。

总的说来,兰老师的这节《过秦论》是值得语文教师好好研习一番的。

【教材原文】

过 秦 论

贾 谊

秦孝公据崤函之固,拥雍州之地,君臣固守以窥周室,有席卷天下,包举宇内,囊括四海之意,并吞八荒之心。当是时也,商君佐之,内立法度,务耕织,修守战之具,外连衡而斗诸侯。于是秦人拱手而取西河之外。

孝公既没,惠文、武、昭襄蒙故业,因遗策,南取汉中,西举巴、蜀,东割膏腴之地,北收要害之郡。诸侯恐惧,会盟而谋弱秦,不爱珍器重宝肥饶之地,以致天下之士,合从缔交,相与为一。当此之时,齐有孟尝,赵有平原,楚有春申,魏有信陵。此四君者,皆明智而忠信,宽厚而爱人,尊贤而重士,约从离衡,兼韩、魏、燕、楚、齐、赵、宋、卫、中山之众。于是六国之士,有宁越、徐尚、苏秦、杜赫之属为之谋,齐明、周最、陈轸、召滑、楼缓、翟景、苏厉、乐毅之徒通其意,吴起、孙膑、带佗、倪良、王廖、田忌、廉颇、赵奢之伦制其兵。尝以十倍之地,百万之众,叩关而攻秦。秦人开关延敌,九国之师,逡巡而不敢进。秦无亡矢遗镞之费,而天下诸侯已困矣。于是从散约败,争割地而赂秦。秦有余力而制其弊,追亡逐北,伏尸百万,流血漂橹;因利乘便,宰割天下,分裂山河。强国请服,弱国入朝。延及孝文王、庄襄王,享国之日浅,国家无事。

及至始皇,奋六世之余烈,振长策而御宇内,吞二周而亡诸侯,履至尊而制六合,执敲扑而鞭笞天下,威振四海。南取百越之地,以为桂林、象郡;百越之君,俯首系颈,委命下吏。乃使蒙恬北筑长城而守藩篱,却匈奴七百余里;胡人不敢南下而牧马,士不敢弯弓而报怨。于是废先王之道,焚百家之言,以愚黔首;隳名城,杀豪杰;收天下之兵,聚之咸阳,销锋镝,铸以为金人十二,以弱天下之民。然后践华为城,因河为池,据亿丈之城,临不测之渊,以为固。

良将劲弩守要害之处，信臣精卒陈利兵而谁何。天下已定，始皇之心，自以为关中之固，金城千里，子孙帝王万世之业也。

始皇既没，余威震于殊俗。然陈涉瓮牖绳枢之子，氓隶之人，而迁徙之徒也；才能不及中人，非有仲尼、墨翟之贤，陶朱、猗顿之富；蹑足行伍之间，而倔起阡陌之中，率疲弊之卒，将数百之众，转而攻秦；斩木为兵，揭竿为旗，天下云集响应，赢粮而景从。山东豪俊遂并起而亡秦族矣。

且夫天下非小弱也，雍州之地，崤函之固，自若也。陈涉之位，非尊于齐、楚、燕、赵、韩、魏、宋、卫、中山之君也；锄耰棘矜，非铦于钩戟长铩也；谪戍之众，非抗于九国之师也；深谋远虑，行军用兵之道，非及向时之士也。然而成败异变，功业相反，何也？试使山东之国与陈涉度长絜大，比权量力，则不可同年而语矣。然秦以区区之地，致万乘之势，序八州而朝同列，百有余年矣；然后以六合为家，崤函为宫；一夫作难而七庙隳，身死人手，为天下笑者，何也？仁义不施而攻守之势异也。

【人民教育出版社"普通高中课程标准实验教科书"《语文·必修3》】

附录1:教学随笔选一

子 路 的 知 音

今天给学生上完《子路、曾皙、冉有、公西华侍坐》后,蔡飓飓同学一蹦一跳地来到讲台边,用她一向感性的声音对我说:"老师,子路太可爱了,我喜欢子路。"

哦,她喜欢子路,我也喜欢子路,我还告诉她,杨绛和钱锺书先生也喜欢子路,并且据他们的研究,在三千弟子中,孔子最喜欢的也是子路。

在孔门弟子中,子路不管德行、政事、言语,还是文学,怕都不是最优秀的,他冲动,他躁急,他鲁莽,他好事,他闻一言则喜,他见不平则怒。可是他却最喜人见,最惹人爱。为什么呢? 就是因为他的"真"。子路确是一个真人,有着真性情,真气色。从子路的身上,以及孔子对子路的如父般的爱意中,我们不是可以感受到孔子以及他的儒学中那种对真纯的人性的关注吗? 可惜我们往往忽略了这一点。

说到子路,不由得要说到曾点,也就是那个鼓瑟而言志的曾皙。

曾皙言志的话是这样讲的:

"莫春者,春服既成,冠笔五六人,童子六七人,浴乎沂,风乎舞雩,咏而归。"

这番话说得多么漂亮,看上去多么潇洒悠闲,听上去多么超脱恬淡。孔子的一句"吾与点也",更是让后世儒家对之服膺之至,以至于千载而后的朱熹不由得击节赞叹:

"曾点之学,盖有以见夫人欲尽处,天理流行,随处充满,无少欠阙。故其动静之际,从容如此。而其言志,则又不过即其所居之位,乐其日用之常,初无舍己为人之意。而其胸次悠然,直与天地万物,上下同流,各得其所之妙,隐然自见于言外,视三子之规规于事为之末者,其气象不侔矣,故夫子叹息而深许之。"①

这番话,描绘的俨然就是儒家大同社会的生活图式,俨然就是礼复乐兴之后的理想图景。虽然据后世传闻,朱熹晚年对他的这番赞语深有悔意:"易箦之前,悔不改此节注,留后学病根。"②原因可能是把曾点吹得太高了。但从《朱子语类》所录多处反复讨论"曾点气象"的晚年言语可以看出,其整体肯定的基本态度还是不变的。在《朱子语类》中,朱熹虽然对"曾点气象"徒有见识却缺少扎实的"下学功夫"有所批判,但却始终肯定并维护所谓曾点见地高远的一面。

退而求之,还有论家认为,这至少也是儒家士人理想的额头碰到现实的坚壁之后,自我心性修养和保全的策略,体现了孔子理想中的"君子"人格。孔子曾经说过:"君子哉蘧伯玉!邦有道,则仕;邦无道,则可卷而怀之。"(《论语·卫灵公》)这副"暮春咏归图",正是"邦无道"时"卷而怀之"的生动诠释。

从儒家思想立场出发,我基本上认同对这番话的上述理解;但是,对曾点这个人,对不起,我不喜欢!

诸子言志,他在鼓瑟,好呀,真个洒脱。果真压根儿无干世的热情,只知调朱弦,弄五音,享受个"审美人生",对子路等同学的"治国安邦"之志敬而远之,我会佩服他个五体投地。为什么呀?因为他的通达透脱,因为他看得破!是呀,在那个破局面、烂世界里,再宏伟的理想,再卓越的才华,再不凡的抱负,再大的能耐,能挣揣出个样子来吗?不可能。圣明如孔子,不也差点饿死于陈蔡之间吗?好呀,我不蹚你这趟浑水总可以吧。

可是他通达吗?他看得破吗?我看未必。依我拙见,他的样子全是装出来的。为什么这样说呢?且听我慢慢说来。

鼓瑟弹琴,应该是人琴合一,全神贯注,对于身边发生的一切,浑然不觉。可是这位曾点却不然,当孔子问到他的时候,一句"异乎三子者之撰"的答语,就全招了供了,原来这老兄一边弹琴,一边却在琢磨同学的回答,同时还

---

① 朱熹《论语集注》第 48 页,上海古籍出版社 1987 年据世界书局本影印版。
② 语出杨慎《丹铅录》,见程树德《论语集释》(第三册)第 812 页,中华书局 1990 年版。

在寻思自己的答语呢。我从这里读出了曾点的"机心"。人,尤其是读书人,一旦有了"机心",就面目可憎。

北宋二程的高足谢良佐说:学者不可著一事在胸中,才著些事,便不得其正,且道曾点有甚事?"列子御风事"近之。(朱熹《论孟精义》)在我看来,这番话说得实在是不得要领。曾点胸中确实著不得一事,不过这"一事"是经世致用的"禹稷之事";但是一个人假如连一点儿有益于人世的事业都干不成,那还不是一个废物吗?所以朱熹虽然偏爱他,却仍免不了批评他的粗疏,说他"未见得其做事时如何。若只如此忽略,恐却是病"。在朱熹看来,曾点的那点儿所谓"气象"不过是一种"虚气象"罢了,因为他只是凭着个人的天资"偶然"见到了一些天理的"大纲意思"或是虚的轮廓,而且是"见到了便休",不肯去做踏实的"下学工夫"。(以上见《朱子语类》)也就是说,曾点可能的确有点小聪明,要命的是无论如何不肯努力,恐怕"鲁之狂士"的称号与此也不无关系吧!

但是,换一个角度,我却又要说,曾点心中其实很是"著"了一番事的,只可惜这番事无益于人,无益于世,实在上不得台面。试想,一个"做啥啥不成,吃啥啥没够"的人,其心性之高低究竟如何呢?在我看来,他只不过是一个心浮气躁的人罢了。《孟子》一书中记载了关于这位老兄的两个故事,一个故事说"曾晳嗜羊枣"(《孟子·尽心下》),一个故事说:"曾子养曾晳,必有酒肉。将彻,必请所与。问:'有馀?'必曰:'有。'"(《孟子·离娄上》)孟子的本意虽然谈的是孝道,却不小心向我们透露了一个信息,那就是,曾点实在是一个嘴刁贪馋的人。吃羊枣而竟至于"嗜"的程度,嘴还不够刁吗?每餐自己吃饱了酒肉,还心心念念地牵挂着下一顿,非问明白"有余"后,才肯舍得将吃剩的残羹冷炙分给别人。这样的嘴馋,简直透着一股贪婪自私的邪劲儿!可见,曾参虽然善"养志"(语见宋·孙奭《孟子注疏》,汉·赵岐注),但他的爸爸曾点却实在不太善于"养德"啊!

《孔子家语》中还记载了他的一件事:"曾子耘瓜,误斩其根。曾晳怒,建大杖以击其背。曾子仆地而不知人久之。"(《孔子家语·六本》)为了一株瓜苗,竟至用大棒子将亲生儿子打得长时间不省人事,这是多么"狂怖"(朱熹语)刻毒的行为啊!像这种人,其心性之狂躁浮薄可见一斑。

南宋陆游在家训里曾经深切告诫:"后生才锐者,最易坏。若有之,父兄当以为忧,不可以为喜也。切须常加简束,令熟读经学,训以宽厚恭谨,勿令与浮薄者游处,如此十许年,志趣自成。不然,其可虑之事,盖非一端。"①不幸的是,曾点恰恰正是这种"才锐"而又"浮薄"的人。像这种虽然有一点儿小聪明,然而却胸无大志、心性狂躁、寡恩薄情又不肯努力的人,心中还能牵挂什么事呢? 只不过是破事、烂事、低俗之事罢了,肯定上不得什么台面的!

那么《侍坐》篇里曾点心中放不下的那点儿破烂事,到底是桩什么事呢?还是让我们回到《侍坐》篇吧。

也许有人会说曾点有超人的智慧,虽然弹琴鼓瑟也能够做到眼观六路,耳听八方。也许吧! 可接下来发生的事,就更让我对这位老兄不喜欢了。

"三子者出,曾皙后。曾皙曰:'夫三子者之言何如?'"

别人都走了,他却留在了后边,为什么要留在后边呢? 无非就是想问问孔子对其他三位同学的评价罢了——"老师给我打了满分,给其他同学会打多少分呢?"读到这里,我联想到的是什么? 我想到的是一个侥幸取得好成绩的学生伸长了脖子盼望能够看到别人试卷上猩红大叉的恶俗表情和没有看到之前的坐立不安、疑虑重重。从这里,我读到的是曾点的"名利心"。(也可能是我心里太阴暗的缘故吧,可这是我阅读时的真实感受,实在是没有办法啊!)

子曰:"亦各言其志也已矣!"

孔子倒是一个蛮平和的人:也就是各人谈谈自己的志向罢了,谈过算数——"已矣"。(多处注本都将"也已矣"当作复音语气助词,教材也是这么处理的,但我对此持保留意见。我认为正确的断句方式应该是"亦各言其志也,已矣。")我想在老先生说出"已矣"的时候,该会不由得皱了皱眉头的吧——"这人怎么这样呀?"至于这眉头到底皱了没有,心里到底嘀咕过没有,就不得而知了。

可讨厌的是,这曾点仍然不依不饶,死缠烂打:

"夫子何哂由也?"

看吧,来了! 原来这老兄真的不愧是一个聪明至极的"才锐"之人,鼓瑟时竟真的能做到眼观六路,耳听八方,连子路言志时孔子面部细微的表情变化,他都看在眼里。怪不得他要"异乎三子者之撰"呢,原来他在捉摸老师的心思呢。夫子"哂"由,而对冉有和公西华之志,则没有任何评论,这更让这

<hr />

① 《放翁家训》,见张天龙编《万金家书》,中国文联出版公司1986年版。

位老兄放心不下,摸不清壶底。我不知道他希望从孔子那里听到怎样的回答,大概孔子的回答会令他大失所望吧。

对《侍坐》篇的解释,历来是从儒家"礼治"思想的角度来解读的,我原则上认同这些解读。可是我实在不喜欢曾皙的这副腔调。可能是从他的身上,我看到了太多现实的影子的缘故吧,所以才发出了上述如许离经叛道的歪论。

是啊,在当前的教育现状中,不是有太多人只关心学生"才"(实质是"分数")的塑造却无视学生"德"的养育,以至于制造出太多像曾点这样"才锐"却又"浮薄",机心重重,名利熏心的人吗?不是有太多人成功地被制造成或自觉地转变成"精致的利己主义者"(钱理群语)了吗?就学生而言,不是有太多的人只关心分数吗?不是有太多的人只关心名次吗?就教师和学校而言,不是有太多的人只关注教学业绩和高考上线率吗?不管教师还是学生,不是有太多的人为了捞得个好分数,不惜揣摩阅卷者心思,演练答题套路,苦背满分作文,堆砌华词丽句,乃至于押题、套题、抄袭、宿构,以博得高分吗?至于对文章、对人生、对社会、对自我,又有多少人会关注是否有自己独立的读法、想法和看法?这种现象,从学生到老师,从老师到学校,从学校到家长,从家长到社会,无休无止,哪里还有真性情、真学问、真教育?近读陈丹青《退步集续编》,谈到当今的教育,他说得真好:如今江湖荡荡,哪来真的佳人,真的贼?

所以,当蔡飚飚同学一蹦一跳地来到我面前,由衷地说道"我喜欢子路"的时候,我心中不由得一颤。我真的很想说:"飚飚,我太喜欢你这样的学生了。"

附录 2:师生存笺

致敬爱的兰老师

老师您好:

高三一别,至今已近四年。

我是 2011 年毕业于敬业中学的王一婧。高一高二时期,是您为我们教授语文课。不知您对我这个不怎么出挑的学生还有没有一丝丝印象?倘若您看到我的姓名还能回忆起我来,我恐怕要激动好一阵子呢。

数日前,您由于担心恶意软件骚扰亲友,发送了邮件给大家,我也不知怎么有幸出现在您的列表之中,虽然有些突然,却惊喜非常!

您的一封无心之书,却当即激发起了学生给您写这一封感谢信的念头。实在很幸运,有这么个契机,能将我在高中头两年内对您的感激,抒怀与您!

兰老师,您教学资历深厚,桃李满天下,我可能只是您众多学生中平凡的一个,但对于我来说,能在特殊的高中时代遇到您这样一位老师,真的感到无比的幸福。一直以来我的语文水平都忽上忽下,虽不是语文疑难重症患者,却也谈不上特别突出。不敢说有悟性,顶多有些小聪明,从小学到高中,我几乎从未在老师们眼留下过多少印象,更多时候甚至是被无视的存在。但您却似乎特别宽待我,很多次,很多次,给予了信任、赞赏的眼神,和一种或许只有我能感受到的关怀。

高中刚入学,第一堂语文课,与您初识,您当着全班朗读了我的入学考试作文。您声情并茂地演绎,那一刻,似乎给我稚嫩的文章赋予了新的意义。从小到大,您是第一个在全班面前朗读我作文的老师,没有质疑,不是反面教材,而是赞赏,或者说是一种温柔的鼓励。其实我知道我写得一般,还有些投机取巧,但那次之后,我突然觉得我应该更多花费些功夫在写作上,不能辜负您的信任。

此后,虽然与您在教学中只有短短两年的碰撞,但足以让学生铭记一生。

兰老师,您还记得吗?我曾荒唐地在您的语文课上趴着吃话梅,并对您解析的一篇歌颂黄瓜的文章吐出一句:"真矫情……"结果当场被您叫起来谈谈感受。若是其他任何老师,我想恐怕我是死定了吧,但您没有,您笑着让不知所措的我坐下,接着继续讲解。在我心中,您总是那么温文儒雅,那么宽以待人,那一瞬间,直至现在,对您的崇敬从未淡去。此后您的课,我哪怕再困,都硬要撑开眼皮,赶走瞌睡虫,打足精神头儿听下去。哈哈,那时候觉得您的课每分每秒都如斯宝贵啊。

高一高二时期,我是一个"不学好"的学生,可能您不了解,但在班主任老师和数学老师,或许还有其他各科老师眼中,我几乎就是一个既懒惰又没有上进心的学生,不出意料,继小学、初中之后,第三段学生时期,我依然被老师们划为了可以被无视的群体。但,在您这儿似乎一切都不同了。

您甚至提名我和其他两位同学去参加作文竞赛。兰老师,这也是我第一次,被老师点名去参加呢。这对我的意义,绝非是一次机会,而是信任,是种被伯乐识中的欢喜,十年来,几乎难有这样的欢喜,却因为您的信任,重拾了。

高二下半学期,同学们分科后,陆续开始了走班选修学习。我被班主任劝退,将化学改为政治。实不相瞒,当时确实感到很沮丧,但如今看来,却是走在了正确的道路上。

那天,我独自一人坐在座位上翻看我的政治辅导书,上课前您已早早步入教室,即便教室内同学们仍然喧闹着。您背着手静悄悄地走向我,问我在看什么。我有些慌,"政治书……我选了政治。"您温和地点点头,感觉不到丝毫不妥,说道:"蛮好的……"同样的,那一幕,我也难忘至今。

或许,对您来说,对任何其他人来说,这都是微不足道的,但对于当时处于疲惫、失落、忧心,甚至有些迷茫的我来说,您的到来,您的话语,无疑是最好的关怀和支持。

感谢您当时为我推入一支强心针,令我消沉的心绪感到了温暖与柔和,感谢您总是默默无言地守护在学生们的身边。

兰老师,我从不是一个乐于表达的人,尤其是对于这些感性的内容。如今我讲起话来更是一板一眼,逻辑分明,时常被人说成是刻板,甚至冷冰冰硬邦邦的。那是因为,在我看来,最真挚的情感无需表达无需诉说,眼神、言行中都能表现出细腻真诚。

然而,据悉,您已离开母校一段时日,恐怕日后再难有机会与您相见,当面对您表达感激之情。因而,收到您邮件的当下,我终于还是按捺不住,向您发送了这封邮件。希望您能了解,在您的教学生涯中,原来有一个那么平凡的学生,被您温柔扶起,被您细心灌溉。不知何时我能长成苍翠的大树,不负您当日的灌溉。如今虽然已经本科三年级,但未来之路仍然是白雾之中的光影。

高考之后,我以一分之差与同济大学失之交臂,却最终阴差阳错来到了现在既爱又恨的华东政法大学,攻读国际经济法专业。日后也确定了志向,正徒步走在迈向律师的道路上。我知道,您学生中,优秀的孩子很多,我只是平庸的一个,但是我仍然希望您能知道我的去向,回忆回忆我的模样。

最后,衷心祝愿恩师、师母,身体健康,心想事成,阖家幸福。两个可爱的双胞胎妹妹,快乐成长。

王一婧　敬礼
2014 年 5 月 30 日

答王一婧同学

王一婧同学:

你好。读着来信中每一个温暖的文字,我的心中充满了感动,一个留着短发的、脸圆嘟嘟的、清秀俊美的女生的面庞不由得就浮现在我的眼前。没有想到的是,我在课上课下一些无意之举,竟然会在你心中引起那么大的反响,会对你的成长带来那么大的影响,这是我始料未及的。

送走你们这一届同学后,我就离开了浦西,到黄浦江对岸谋了一份新的教职,伴着一个个日出日落,每天在过江隧道里钻进钻出,或者从南浦大桥上爬来爬去,用车轮和脚步勾勒家庭与单位之间的轨迹,丈量职业和生活之间的距离。工作其实没有什么太大的变化,生活上却因奔波而平添了一些流落感,不像原来那样,学校就在家的楼下,家就在学校望中。于是,过去所教过的所有学生——不只是你们这一级,而是所有——基本上就很难再见到了,因为同学们一般都是到学校里集体看望老师,而我却不在这个集体中。我是多么想念我所教过的每一个可爱的同学啊，可是却很难能够见到。

　　做教师的幸福是什么？一是能够每天在课堂上，与那么多年轻的心灵交流，用自己倾力倾情的付出，让这些年轻的生命盛放芳华，让这些稚嫩的心灵越来越丰富，越来越高贵，就感觉自己的劳动有价值，就觉得任凭时间流逝，年华渐老，那些逝去的青春和年华都化进了一个个年轻的生命里去了，仿佛就获得了永生似的。二是在一届届学生毕业后，每逢节庆或假期，会有一批批学生来看望，带来成长的音信，带来花开的消息，就感觉自己当年埋下的种子发芽了，开花了，结果了。那种成就感，那种师生之间的情感的沟通，还有生命的联系，是那么实在而具体。

　　而曾经拥有的所有这些，在离开咱们曾经共同拥有的学校后，基本上便再也感受不到了，便觉得作为教师的幸福，差不多流失殆尽，心中的那种失落和枯涩，你是想而可知的吧。因此，收到你的来信，那么长的一封来信，我的感动，真的是不能言表的，就感觉慢慢空下来的心，突然一下子被填满了，慢慢枯涩的心，突然一下子又柔软起来，温润起来了。所以，我要谢谢你，谢谢你还记得有我这样一位老师；谢谢你让我曾经的教学生涯，在你的心湖里荡起过波纹，留下过影子；更要谢谢你传递给了我为师的幸福。

　　我知道高中三年里，在有些科目上你是感觉到压抑的，但是我从来不觉得某一门功课成绩不很理想是多么大的一件事。我一直认为，一个人最可宝贵的，就是她的心灵，一个心灵丰富、高贵、善良的人，无论她从事什么职业，无论她遇到什么样的人，碰到什么样的事，都会做出正确的选择，而在人的一生中，能够做出正确的选择，该是多么重要啊！所以，我从高一开始，就很看好你。虽然你并不是那种善于察言观色、能说会道的女生，在我的印象中，你甚至还有点"小叛逆"，应该是那种嘴上不怎么说，但心里却很有想法的女孩儿。但是你的想法、你的个性，却是让我欣赏的，因为你是一个内心很丰富的学生。

　　你的来信告诉了我你现在就读的学校，让我知道了花开的消息，谢谢你。华东政法是一所很不错的学校，能够在法律的道路上好好学习，今后不管做律师也好，或者从事其他职业也好，都会有一个不错的将来，我祝福你。

　　收到来信已经有一段时间了，直到现在才给你回信，原因还是太激动，而根据我的经验，这实在不是最好的状态；再加上前一段时间杂七杂八的事情又特别多，所以就晚了一些，请你原谅。最近比较忙，但心却很安静，除了幸福,什么也没有,于是便给你写了这样一封回信,言不尽意,还得请你原谅。
并再次

　　祝好

师友　兰保民

2014 年 6 月 22 日

后记

    终于整理完这几堂课的实录，有欣喜，更多的却是惭愧和遗憾。在整理过程中，师生间那种自如的交流和对话，学生在课堂上那种心灵的绽放和智慧的迸发，足以让我手之舞之、足之蹈之，整理到这样的教学环节，心中的幸福感、愉悦感，难与君说。但是，正如于漪老师所说："课堂永远是遗憾的艺术。"在这些课中，还有许多这样那样的问题，如有的问题提得不够明确、恰当，有的环节还不够顺畅，有的语言还不够精炼，本来应该直击要害，片言中的，却生怕学生不明白，拉里拉杂说了好多，其结果是否会是"你不说我倒明白，你越说我越糊涂了"也未可知，等等。每逢这样的环节，就不由得有芒刺在背的感觉，为自己的鲁钝而自责，为对不起学生而惭愧，为不可重复因而也就永远失去改正错误的机会而深感遗憾。现在要将这些小课整理出来出版了，我想还是仍如其旧，不加修正，一来可以更好地求正于语文同道；二来，让这些课记录下心中的自责、惭愧和遗憾，时时以此自警、自策，那么在今后语文之路上，也许会少犯些糊涂，少留些遗憾，这样的话，可能就还会有进步。

    收集在本书里的这几节课，虽然是从众多课中用心简择出来，觉得相比之下算是比较好的，自认为或者在文本解读的深度，或者在教学内容的确定，或者在课型安排的方式，或者在教学方法和教学环节的设计等方面，还有一些想法，有一些能够给同行带来启发的地方，但是如前所言，不足之处肯定仍有不少。在每堂课的"同行链接"和"专家点评"部分，同行老师和专家名师的点评，却多是肯定和鼓励之语，那种温暖的关爱和智慧的提点，既使我清醒，更令我感动。我自然知道，他们主要是借点评小课的机会，向我，也向同道指明语文教学之路向，因此我断不敢认为自己已经做得如他们所说的那么好了。还有老师和专家对课的不足直言不讳，那种坦率、挚诚、恳切之意，尤让我感激不已。我想借这个机会再次记下这些同行、专家、老师和朋友的名字,在书里,在心里,以表达我永远的敬意和谢忱:刘强、郑朝晖、张广录、程红兵、赵未琪、余党绪、程元、陈赣、顾燕文、谭轶斌、杨勇、邓彤、李琳、孙宗良、王希明、黄荣华、孙丽杰、陈军、耿慧慧、郑桂华。

于漪老师的指导、帮助和爱护,是我心中永远的阳光。仅以本书而言,其中好几堂课的备课、上课,如《中秋月》等,就渗透了先生指导的智慧,更不用说还有课后既有高度又接地气的评课了。先生春秋已高,手腕常感疼痛,但当我觍颜索序时,先生照旧欣然允诺,她左手捏住右手手腕坚持伏案作序的身影,是驱策我不敢怠惰的精神力量。

蔡飏飏、王一婧是我在上海市敬业中学教书时的学生,与她们有缘结为师生,是我的幸运和福分。对她们的感谢和祝福,不仅仅是因为书中所录她们的那些好文字,更主要的是,想以此向所有曾经与我共弦歌的青春生命致意。

是为后记。

图书在版编目(CIP)数据

上海名师课堂. 中学语文. 兰保民卷 / 兰保民著. —上海：
上海教育出版社,2017.11
ISBN 978-7-5444-6817-6

Ⅰ.①上... Ⅱ.①兰... Ⅲ.①中学语文课—课堂教学—教
学研究—初中 Ⅳ.①G633

中国版本图书馆CIP数据核字(2017)第261414号

书系策划 徐欢欢 李光卫
责任编辑 叶碧芬
封面设计 郭伟星 陈 芸

上海名师课堂 中学语文 兰保民卷
兰保民 著

出版发行 上海教育出版社有限公司
官 网 www.seph.com.cn
地 址 上海市永福路 123 号
邮 编 200031
印 刷 启东市人民印刷有限公司
开 本 700×1000 1/16 印张 17.25 插页 1
字 数 260 千字
版 次 2017 年 11 月第 1 版
印 次 2017 年 11 月第 1 次印刷
书 号 ISBN 978-7-5444-6817-6/G·5624
定 价 49.80 元(附赠光盘)

如发现质量问题,请向本社调换 电话 021–64377165